Conectado

Juliano Spyer

Conectado

O que a internet fez com você e o que você pode fazer com ela

ZAHAR
Jorge Zahar Editor
Rio de Janeiro

Jorge Zahar Editor
rua México 31 sobreloja
20031-144 Rio de Janeiro, RJ
tel.: (21) 2108-0808 / fax: (21) 2108-0800
e-mail: jze@zahar.com.br
site: www.zahar.com.br

Projeto gráfico e composição: Leo Boechat
Capa: Miriam Lerner

CIP-Brasil. Catalogação-na-fonte
Sindicato Nacional dos Editores de Livros, RJ.

Spyer, Juliano, 1971-
S759c Conectado: o que a internet fez com você e o que você pode fazer com ela / Juliano Spyer. – Rio de Janeiro: Jorge Zahar Ed., 2007.

Contém glossário
Inclui bibliografia
ISBN 978-85-378-0028-7

1. Internet. 2. Recursos de redes de computadores. 3. Grupos de discussões pela Internet. 4. Processamento eletrônico de dados em tempo real. 5. Comunicação – Inovações tecnológica. I. Título.

CDD: 302.2
07-2759 CDU: 316.772.3

Para Tati, conectada ao meu coração.

Chega um momento na educação de todo homem em que ele se convence que inveja é ignorância; que imitação é suicídio; que ele deve tomar a si mesmo para melhor ou para pior segundo sua porção...

RALPH WALDO EMERSON,
"Self-reliance," Essays: First Series, *1841*

Faça o que você conhece. Não tente apenas realizar a idéia de outra pessoa, e também não tente fazer o que você não acredita. O Slashdot ficou famoso primordialmente porque eu representava a minha audiência. Eu não estava tentando fazer um site para outras pessoas, eu estava fazendo o site que eu gostaria de ler. Eu acho que ninguém pode falsificar isso, e mesmo que você consiga, as pessoas acabam percebendo.

ROB MALDA,
na FAQ do site Slashdot

Sumário

Parte 3
Casos e debates

Prefácio
Ferramenta para o entendimento

Usei uma conexão via computador, pela primeira vez, em 1988. Morava na França, trabalhando como correspondente da *Folha de S.Paulo* e concordei em utilizar um laptop Toshiba T1000, equipado com um modem de 1.200 bauds, para transmitir minhas reportagens. Nem queira saber que tartaruga era esse modem, muito anterior aos de 9K ou de 14K. Pois eu o usava para chamar um número especial da Infonet, uma das pouquíssimas empresas do mundo, naquele momento, capaz de conectar meu computador com o servidor do jornal – e fazia a mais moderna conexão que alguém poderia imaginar!

O texto entrava direto nos terminais da redação, digitalizado, segundos depois de composto na tela de cristal líquido do pequeno Toshiba. O laptop sequer tinha disco rígido, era tudo comandado por disquete e gravado em disquete. Permitiu-me aposentar não só a Olivetti como o vetusto telex de casa. A máquina de teletipo acendia e apitava sempre que o jornal transmitia as pautas e fazia o mesmo barulho quando eu remetia meus textos. Eles viajavam sem acentos, todos compostos em letras maiúsculas, a letra A dobrada fazendo as vezes da crase, a palavra "*end*" no final para sinalizar que o texto acabara – era uma locomotiva a vapor perto do rapidíssimo trem elétrico que parecia aquele laptop.

Em seguida, eu pegava o telefone e chamava a redação para saber se o texto "entrara" bem. Até que um dia o engenheiro de informática do jornal me disse que dali em diante não precisaríamos usar mais a ligação telefônica internacional tradicional, muito cara, para saber se o texto havia chegado corretamente ou tirar dúvidas sobre o manuseio do computador. Poderíamos fazer aquilo via "chat", uma conversa textual na tela do próprio laptop. Essa maravilha seria possível por meio de um programinha de conversação. Precisava do disquete, claro, enviado pelo correio. Era só inserir o disquete, ligar a máquina e tudo daria certo, pois o laptop ainda não era moderno o suficiente para receber o programa pela conexão discada. O disquete chegou, inseri-o no devido "slot" e "rebutei" o Toshiba. Deu certo. Foi meu primeiro chat.

Logo depois me tornei assinante da Compuserve, a companhia que inventou o próprio chat via computador, engolida depois pela America OnLine. Na França, nos anos 1980, eu já era um usuário assíduo do Minitel, uma espécie de vovô da internet, onde colhia informações, comprava passagens de trem, consultava horários de cinema... Compuserve, Minitel, Toshiba, placa de modem: estava cada dia mais dependente do computador.

Seja por essa dependência, ou pelo fato de ter sido responsável pela informatização da redação do jornal em 1984, a *Folha* me convocou, em 1995, para arquitetar o projeto de um serviço online. Essa história não importa aqui, mas sim o meu espanto quando percebi ser possível trocar dados (a conversa por textos) via computador e o quanto essa facilidade melhorou a vida do correspondente internacional.

Talvez essa prática tenha colaborado com a minha teimosia em não lançar o Universo Online enquanto o sistema de bate-papo não estivesse pronto. Tanto fizemos que o bate-papo ficou redondo e o serviço estreou na madrugada de 29 de abril de 1996. Sucesso absoluto! Cada pessoa que entrava em uma das salas recebia uma salva de palmas na pequena salinha, onde acompanhávamos os ambientes de chat conectados então por um "velocíssimo" modem de 33,6K. Exibíamos como troféus as poucas salas com os poucos internautas escondidos por apelidos (*nicknames*), todos trocando conversa sobre tudo e nada. Como as pessoas gostaram daquilo!

Costumo criticar prefácios nos quais o prefaciador fala mais de si do que do livro. Peguei-me agora cometendo o mesmo crime de lesa-majestade que abomino. Faz sentido aqui porque Juliano Spyer entendeu a importância real de um serviço online ser lançado com um canal de chat e cita isso quando fala das ferramentas sociais. Ele mesmo revelou-me: "Experimentei com a sala de bate-papo do UOL a possibilidade de milhares de pessoas conversarem animadamente entre si. A internet me deu um rumo."

Essa possibilidade interativa, imanente à interconexão em rede, que existe desde o início da internet, com o advento do e-mail, e tornada simultânea com o chat, está no princípio do que se convencionou chamar Web 2.0, expressão que Juliano evita neste livro – mas que, no fundo, o determina; é sua razão de ser. O autor é o primeiro a explicar, de forma cristalina, o quanto os provedores não deram importância, logo no início da internet comercial, em meados dos anos 1990, a uma plataforma que era muito mais do que a possibilidade de colocar duas pessoas falando, em tempo real, a respeito de qualquer assunto. Não souberam ir além da mera troca de conversa, coisa que só ganhou corpo praticamente dez anos depois do advento da internet e lendo o livro você vai entender por que.

Juliano é daqueles historiadores que escrevem bem, o texto flui, a leitura anda confortavelmente mesmo espargindo siglas, neologismos e termos em inglês – cuja maioria ele se esforça em explicar, em traduzir. Poucas vezes vi em bom português tanta informação e tanta capacidade de argumentação como em *Conectado*. Há aqui uma enorme capacidade de agrupar informação de qualidade, analisar os fenômenos, explicar as técnicas e universalizar as experiências.

Juliano era criança quando minha geração entrava na faculdade e enfrentava a dura realidade de um país dominado pelos militares. Eles controlavam a informática e criaram uma reserva de mercado que só seria quebrada quase duas décadas depois, mas que reduziu demais nossa capacidade de desenvolvimento na indústria de ponta da informática. O país ainda sofre com isso, mas paradoxalmente conseguiu ter uma realidade de internet que o coloca em destaque em relação ao tempo de navegação em todo o mundo. Juliano faz jus a isso.

Nascido em 1971 em São Paulo, ele foi morar com os pais na Argentina e se alfabetizou em espanhol. Adolescente, fez intercâmbio em Bethalto, Illinois. Concluiu o curso colegial nos Estados Unidos. Humanista, estudou História na USP e especializou-se em história oral. Depois de formado, deu aula no cursinho e no colégio Objetivo. Ao mesmo tempo, produzia o programa radiofônico de música étnica *Planeta Som* para a Rádio USP. Voltou a morar nos EUA – seu pai foi implantar um canal de comunicação latino-americano para a CBS em Miami – e, em 1997, acabou contratado pela StarMedia como editor do site em português da empresa que pretendia ser a líder da internet da América Latina. Foi transferido para Nova York para cuidar do projeto StarMedia Eventos, o canal de bate-papo com convidados de toda a América Latina. Poderia ter ganhado bastante dinheiro se tivesse vendido as ações que adquiria mensalmente da StarMedia, mas "micou" com elas na mão com o estouro da bolha que levou muita gente à bancarrota no começo do século. Em 2001, recebeu uma proposta para ser o gerente de comunidades da America OnLine, de onde saiu em 2003, dois anos antes de ela se acabar no Brasil. Foi convidado para desenvolver o projeto Leia Livro, da Secretaria de Estado da Cultura de São Paulo, onde cuida do site e do programa de rádio distribuído nacionalmente para emissoras comerciais, educativas e públicas – o projeto é financiado com recursos do governo do estado. Além disso, cuida do projeto Viva São Paulo, um empreendimento particular que vai ao ar na paulistana Rádio Eldorado. Grava boletins feitos a partir de relatos publicados no site do projeto, o www.vivasp.com.

Iniciou a pesquisa sobre mídia social com o intuito de produzir um livro no final de 2005. Quando começou a escrever, não sabia onde aquilo iria dar. Queria encerrar o ciclo iniciado em dezembro de 1997, quando, contratado pela StarMedia e, de passagem pelo escritório da empresa no Brasil, viu em pleno trabalho a equipe de chat com convidados. Lembra-se de ter acompanhado o bate-papo com um cantor sertanejo, totalmente desconhecido da classe média culta, da qual faz parte. Ficou impressionado com a pertinência das perguntas e dos comentários postados pelas pessoas que realmente acompanhavam a carreira do convidado. Aquilo mostrou-lhe um caminho a seguir, viu sentido num espaço virtual para a comunicação entre grupos de pessoas. Trabalhando exatamente como gerente de comunidades da AOL, em Porto Rico, fazia reflexões metafísicas. "O que é isso que eu faço? Como é o nome dessa profissão? Qual é a relação dela com o jornalismo e em que ela se diferencia?" Ele se perguntava, e a sensação era de tatear no escuro.

O livro nasce dessa necessidade de respostas e desse olhar para o passado, de sua experiência pessoal e profissional desde um encontro revelador com um totem de Videotexto no shopping Eldorado, em São Paulo, no começo da década de 1980 – seu primeiro encontro com a comunicação em rede. Registrou por escrito a memória desses oito anos de vida e trabalho. Viu que tinha então uma história. Sentiu a necessidade de explicar de maneira mais técnica no que consistia esse trabalho. Descreveu sua rotina, a convivência como produtor de canais, o relacionamento com arquitetos, programadores e o pessoal de negócios. Depois decidiu, porque fazia total sentido, apresentar as ferramentas de chat, de fórum, de criação compartilhada de conteúdos (wiki) e todas as outras que você verá adiante. Após seis meses de trabalho constante, ele tinha pronta a primeira versão do livro. Uma das pessoas que leram o manuscrito sugeriu-lhe dar ao livro um caráter mais prático, seria melhor ser mais um manual do que o relato de uma experiência pessoal. Por que não um capítulo especial para professores? Juliano jogou metade do livro no lixo, reconstruiu o conteúdo, pesquisou para atender professores, agrupou os casos de ativismo, negócios, mídia e até os dos "efeitos colaterais" da rede.

Dividido em três partes, o livro passa por todos os pontos substanciais daquilo de mais importante que a internet trouxe ao mundo, a possibilidade de o usuário não somente se comunicar universalmente em rede, mas também ser capaz de gerar conteúdo próprio. Nele, o leitor vai saber muito mais do que sabe intuitivamente sobre chats, comunicadores instantâneos, fóruns, listas de discussões, blogs, ferramentas wiki, agregadores de conteúdo, folksonomia, algoritmos sociais, automoderação e *cross-mídia* além de entender por que os aspectos negativos da rede sempre atraem mais atenção da mídia. No fim, ele mesmo se pergunta se a internet é um destino ou um desafio, arrola ingenuidades e monstruosidades que envolvem o debate a respeito dessa indústria e apela para o bom senso dos indivíduos. É um livro, ao mesmo tempo, técnico e humanista, didático e profundo. Vai muito além do lugar-comum das obras produzidas no Brasil sobre essa nova indústria.

Talvez quando você estiver lendo este prefácio não se fale de outra coisa na imprensa especializada que não da Web 3.0, ou seja, aquele mecanismo para fazer busca relacional capaz de unir textos sobre um mesmo assunto e descartar as repetições e redundâncias, a busca inteligente (e ninguém disse ainda se ela será inteligente ao ponto de descartar as informações não confiáveis...). Talvez, quando este livro estiver pronto, uma outra bolha, que inflou a Web 2.0 e fez Rupert Murdoch pagar mais de meio bilhão de dólares pelo My Space, esteja murcha, desmanchada pelo ar rarefeito das realidades virtuais. Nada disso, porém, será suficiente para tirar deste livro o caráter de testemunho dos mais verazes do quanto o inter-relacionamento mais une as pessoas do que as separa ou individualiza, mais cria comunidades afins do que as distancia pela frieza interposta pela máquina; ou que a enorme dispersão necessária ao bom andamento das redes tenha encontrado na tecnologia interativa a redenção para o individualismo relativista.

Faça bom proveito dessa leitura e descubra as razões de um historiador que aposta firme na comunicação livre entre os homens.

Caio Túlio Costa

Jornalista, professor de ética jornalística da Faculdade Cásper Líbero, fundador do UOL e presidente do iG

Introdução

Caro leitor, talvez você não tenha ficado sabendo, mas em 2006 a revista *Time* escolheu você como Pessoa do Ano. Não é piada!

Em 83 anos de história, a principal atração desse semanário norte-americano é a escolha do indivíduo ou do grupo de indivíduos que teve destaque nas notícias do ano. Antes, a revista destacou pessoas como Mahatma Gandhi, Adolf Hitler, Martin Luther King, mais recentemente o Papa João Paulo II, o casal Bill e Melinda Gates e o cantor Bono Vox, além de quase todos os presidentes norte-americanos desde 1927. O motivo para você ter sido escolhido? "Por tomar as rédeas do mercado mundial de mídia, por fundar e direcionar a nova democracia digital, por trabalhar sem remuneração e por derrotar os profissionais no jogo que eles costumavam dominar."[1]

A percepção em relação ao futuro da internet – particularmente pelos profissionais da mídia – mudou nos últimos dez anos. Em fevereiro de 1995 a revista *Newsweek* publicou uma coluna intitulada "The Internet? Bah", qualificando a rede mundial de computadores como "bobagem".[2] A *Time*, em 1994, manifestava suas dúvidas a respeito do novo canal: "Ele não é apropriado para o comércio, e não acomoda facilmente a chegada de novatos."[3] Mas o *boom* da **INTERNET COMERCIAL** em meados dos anos 1990 "roubou" o acesso, quase exclusivo, à comunicação via computador de um grupo reduzido de usuários – composto principalmente por universitários de Estados Unidos, Europa e Japão – para permitir que qualquer pessoa navegasse e construísse sites e tivesse sua conta de correio eletrônico. Atualmente, 1/6 da população do planeta consulta e participa da criação de um acervo livre constituído por mais de meio trilhão de páginas de informação.

Assim como a Web serve hoje de instrumento de trabalho, pesquisa e entretenimento para uma variedade imensurável de usuários – de estudantes recém-alfabetizados a doutores, incluindo profissionais de todas as áreas –, este livro também pretende guiar o leitor sem conhecimento específico em tecnologia para aproveitar as vantagens e pensar a respeito das responsabilidades de viver em um mundo interconectado. Ele é destinado especialmente a estudantes e professores de cursos técnicos e superiores na área de comunicação, que até o momento não dispõem de um roteiro consistente de estudo a respeito de "mídia social" – termo que descreve ferramentas, plataformas e práticas usadas para o compartilhamento de opiniões e experiências via internet.

Começo explicando as teorias e as tecnologias relacionadas à colaboração online, passando pelo confronto entre conhecimento teórico e observação de casos práticos e por fim proponho debates a respeito de questões polêmicas relacionadas à internet. A proposta é ir além da descrição de como operar ferramentas, fugindo da percepção de que o desenvolvimento da Web seja um trabalho exclusivo das ciências exatas. Ao mesmo tempo, evito análises rebuscadas que visam "entender o fenômeno da internet" – freqüentes nas ciências humanas.

Seguindo por uma linha tênue entre a descrição técnica e a ruminação acadêmica, a obra reúne fragmentos de conhecimento – psicologia, artes, lingüística, economia, arquitetura e ciência da informação, para citar algumas – que permitiram que pessoas comuns operassem equipamentos complexos como o computador digital.

É importante esclarecer que este livro não é resultado de uma pesquisa científica e seu propósito se resume a apresentar reflexões e informações recolhidas nas mais diversas fontes, incluindo observações pessoais, livros de divulgação científica, notícias veiculadas pela imprensa, conversas com especialistas e profissionais de áreas diversas e também artigos acadêmicos. Por se tratar de uma abordagem multidisciplinar voltada ao público em geral, muitos assuntos serão apresentados de maneira introdutória, mas nas páginas finais o leitor encontrará algumas indicações de leitura para aprofundar o estudo em relação a temas específicos e também um glossário para os termos menos conhecidos, destacados ao longo do texto.

O fato de quase 1/3 dos internautas do mundo ser de língua inglesa e boa parte dos outros escolherem o inglês como segundo idioma faz com que haja uma concentração de experiências inovadoras desenvolvidas entre Estados Unidos e Inglaterra. Mas apesar dos muitos exemplos examinados terem sido produzidos no exterior este livro foi escrito no Brasil, levando em consideração limitações e necessidades de quem usa a internet e está no mercado de trabalho nacional.

Defensores do termo Web 2.0 dizem que ele identifica sites de networking social, ferramentas de comunicação, wikis e etiquetagem eletrônica (*tags*), baseados na colaboração e que entendem que a natureza da rede é orgânica, social e emergente. Seguindo essa linha de raciocínio, trataremos exclusivamente da Web 2.0. Mas pelos motivos apresentados logo no primeiro capítulo, optei por não adotar o termo, mesmo levando em conta que ele já tenha se disseminado principalmente dentro da indústria tecnológica e dos veículos de notícia especializados.

Faz sentido que um livro a respeito da internet vá além do papel impresso. Os capítulos da segunda e da terceira partes estão recheados de sugestões de sites a serem explorados. A experiência não será a mesma sem essa etapa de confronto entre o que está escrito e a percepção direta do leitor. Consultas ao buscador Google e à Wikipedia também fazem parte da proposta. E, paralelamente à leitura, o blog do livro (www.naozero.com.br) oferecerá aos interessados uma plataforma para debates e troca de informações, além de exemplificar uma série de idéias apresentadas ao longo do texto.

Nos encontramos online?

Parte 1
Teoria e tecnologia

1. De muitos para muitos

A internet é uma mídia diferente das outras porque possibilita a comunicação simultânea e de duas vias entre várias pessoas. A imagem mostra a conversa por telefone (1), caracterizada pela comunicação de duas vias entre duas ou poucas pessoas. A TV e outros meios de difusão (2) alcançam milhares de espectadores, mas a transmissão tem apenas uma via, o transmissor "fala", os receptores "escutam". Com a rede mundial de computadores (3), grupos podem conversar usando aplicativos como murais de mensagem, listas de discussão ou salas de chat.

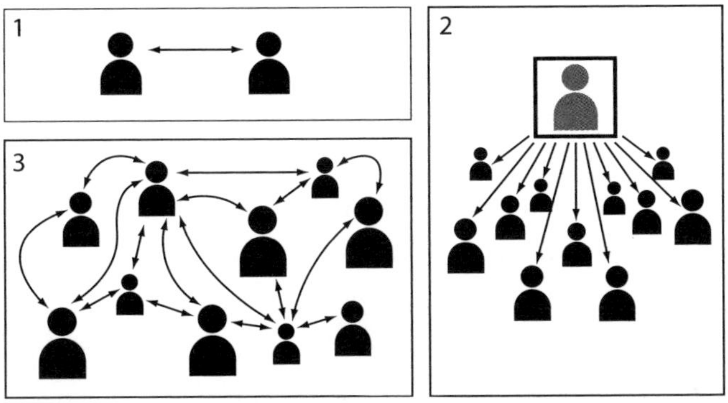

Desde 2002, o termo "social software" é usado para se referir ao tipo de programa que produz ambientes de socialização pela internet, ele é o que está por trás da colaboração online. Sua aplicação funde a difusão (*broadcasting*) que transmite informação de um ponto para muitos, com a interatividade característica da comunicação de duas vias. Em outras palavras, a internet representa a união das possibilidades de interação do telefone com o alcance maciço da TV.

Cooperar e colaborar

Em 2004, Chris Allen, empreendedor do campo da tecnologia, publicou em seu blog Life With Alacrity (www.lifewithalacrity.com) um artigo retraçando a evolução do conceito de software que sustenta a comunicação grupal. Essa trajetória serve como roteiro para se contar a história das **FERRAMENTAS SOCIAIS**, do contexto e dos problemas que motivaram seu desenvolvimento e dos efeitos provocados por sua aplicação crescente desde a década de 1970.[1]

Segundo Allen, a idéia de uma máquina que aproxima os indivíduos e fortalece suas possibilidades de interação na sociedade apareceu pela primeira vez em um ensaio de 1945 do engenheiro norte-americano Vannevar Bush. Ele escreveu a respeito do "memex", que hoje poderia ser comparado ao computador pessoal. "Memex é um equipamento no qual um indivíduo registra todos seus livros, discos e mensagens, e que é automatizado de maneira a ser consultado com velocidade e flexibilidade extremas. É um suplemento íntimo e ampliado de sua memória." A aplicação do memex para a comunicação coletiva é descrita da seguinte maneira no artigo de Bush:

> Formas completamente novas de enciclopédias irão aparecer, desenvolvidas com uma rede de trilhas associativas [links] enlaçando-as, prontas para serem conduzidas ao memex e lá amplificadas. O advogado tem ao seu alcance as opiniões associadas e decisões de todas as suas experiências e das experiências de amigos e autoridades. O advogado de patentes tem à sua disposição os milhares de patentes distribuídas, com trilhas relacionadas para todos os pontos de interesse de seu cliente. Um médico, intrigado pelas reações de um paciente, explora a trilha estabelecida pelo estudo de um caso anterior e similar, e passa rapidamente pelo histórico de casos análogos, com referências aos clássicos para [consultas sobre] anatomia e histologia pertinentes...[2]

O autor dessa passagem descreveu a internet como a conhecemos hoje meio século antes de ela ter sido criada, prevendo o surgimento de ferramentas como blogs para o registro de experiências pessoais, como a Wikipedia para o compartilhamento de experiências e do conhecimento, e sites de busca para pesquisa e acesso a informação.

A idéia de usar computadores para a colaboração reaparece no início dos anos 1960 nos EUA, em resposta ao lançamento da nave Sputnik pela União Soviética. Para aumentar a possibilidade de cooperação entre pessoas que não estavam ao mesmo tempo nos mesmos lugares, o governo norte-americano criou, em 1958, a Agência de Projetos para Pesquisas Avançadas (Arpa), que financiou o desenvolvimento de uma rede de comunicação chamada Arpanet e, posteriormente, tendo como inspiração o ensaio visionário de Vannevar Bush, implementou o conceito de hipertexto* para criar o oNLine System (NLS).

Aqui começam a se delinear duas tendências para a utilização de computadores na comunicação: na primeira, a tecnologia serve para a cooperação, na outra, objetiva a colaboração. A cooperação é por natureza estática, propicia a discussão a respeito de um problema definido e compartilha as tarefas relacionadas à solução do mesmo. Colaboração é um processo dinâmico cuja meta é chegar a um resultado novo – como aperfeiçoar um verbete da Wikipedia – a partir das competências diferenciadas dos indivíduos ou grupos envolvidos. Na cooperação, os participantes são unidades de produção subordinadas ao resultado; na colaboração, existe uma relação de interdependência entre indivíduo e grupo, entre metas pessoais e coletivas, o ganho de um ao mesmo tempo depende e influencia o resultado do conjunto.

Enquanto a Arpanet tinha a intenção de solucionar problemas definidos reunindo os recursos intelectuais de um grupo restrito e fechado de participantes, a NLS pretendia – nas palavras de seu idealizador

> aumentar o intelecto humano ... ampliando a capacidade do homem de se inteirar da situação de um problema complexo, ganhar compreensão para satisfazer necessidades particulares, e derivar soluções para problemas. Capacidade ampliada nesse sentido significa a mistura dos seguintes [elementos]:

* Hipertexto é uma forma de organizar material que procura superar as limitações inerentes ao texto tradicional, em particular à linearidade. O prefixo hiper (termo do grego moderno que indica acima de ou além) significa a superação dessas limitações. A forma mais discutida de documento de hipertexto contém referências cruzadas inseridas automaticamente para outros documentos chamadas hiperlinks. Selecionando o hiperlink o computador acessa e mostra o documento relacionado. Fonte: Wikipedia.

> compreensão mais rápida, melhor compreensão, a possibilidade de ganhar um nível útil de compreensão em uma situação que previamente era complexa demais, soluções mais velozes, melhores soluções, e a possibilidade de encontrar soluções para problemas que antes pareciam insolúveis. E por "problemas complexos" nós incluímos os problemas profissionais de diplomatas, executivos, cientistas sociais, cientistas naturais, físicos, advogados, projetistas – tanto para problemas que existem há 20 minutos ou 20 anos. Nós não falamos de truques inteligentes isolados que ajudam [a resolver] situações particulares. Nós nos referimos a um modo de vida em um domínio integrado onde pressentimentos, dados, assuntos intangíveis, e a "sensação da situação" coexistam de maneira útil junto com conceitos poderosos, facilitada [capacidade de consulta de] terminologia e anotação, métodos sofisticados e auxílios eletrônicos poderosos.[3]

A finalidade do NLS não está definida. Seu objetivo é ser a infra-estrutura para o indivíduo se encontrar com pares e com pessoas de quaisquer áreas visando aumentar sua capacidade de compreensão a respeito de um problema que o esteja mobilizando. Na medida em que ele se beneficia com a rede, também está enriquecendo o conhecimento comum.

Também foi no NLS que se falou pela primeira vez em "integrar o desenvolvimento psicológico e organizacional a todos os avanços da tecnologia de computação". Junto com a tecnologia para o desenvolvimento do sistema, foram levadas em consideração as características do ser humano no que se refere a relacionamentos em grupo.

Tendo a cooperação como meta, empresas e fundações emprestaram fundos para o desenvolvimento do Electronic Information Exchange System (EIES), o primeiro software para comunicação coletiva de grande escala, lançado em 1972. Entre as suas principais aplicações estavam: preservar o anonimato dos participantes, organizar a comunicação de grandes audiências e facilitar o contato entre pessoas independente da distância física e das limitações de tempo de cada um. Isso demonstra a tentativa de usar conhecimentos da psicologia para entender a dinâmica dos relacionamentos em grupo, o que levou à criação de soluções tecnológicas adotadas até hoje em softwares como fóruns e programas de e-mail.

A evolução do conceito

Com a popularização do acesso a essa tecnologia, em 1978 os usuários do EIES adotaram o termo *groupware* (associação das palavras "group" e "software") para designar relações intencionais em grupo e os programas que dão infra-estrutura para que isso aconteça. Como não foi reconhecido pela academia norte-americana, no início dos anos 1980, uma pesquisadora do MIT propôs o termo Trabalho Colaborativo Sustentado por Computador (Computer Supported Collaborative Work ou CSCW), sigla que continua aceita até hoje, mas restrita às universidades.[4]

Porém, surgiram problemas com essas duas definições. O significado de *groupware* ficou manchado pela apropriação feita por corporações para a denominação de softwares como o Lotus Notes, usados para automatizar processos de trabalho em escritórios.

Adina Levin, do site SocialText, explica que

> *groupware* e gerenciamento de conhecimento (*knowledge management*) foram usados para representar a taylorização* do conhecimento do trabalho – a idéia de que você pode automatizar o conhecimento do trabalho em etapas predefinidas e "capturar a propriedade" nos cérebros das pessoas. Geralmente essa idéia soa bem para gerentes, mas as ferramentas faziam pouco pelas pessoas que as usavam.[5]

A palavra "trabalho" na sigla CSCW também vem provocando debate entre especialistas. Segundo Danah Bo yd, pesquisadora da Universidade da Califórnia, os estudos relacionados a CSCW se fundamentam em métodos da psicologia quantitativa, tendo como finalidade a busca da eficiência cooperativa. Esse termo não leva em consideração aspectos como vida social, relacionamento cotidiano baseado em trocas e outros estímulos diferentes do trabalho remunerado.[6]

---

* Gerenciamento científico ou taylorismo é um método na teoria de gerenciamento que determina mudanças para melhorar a produtividade do trabalho. A idéia, apresentada por Frederick Winslow Taylor em *The Principles of Scientific Management*, sustentava que decisões baseadas na tradição deveriam ser substituídas por procedimentos precisos desenvolvidos pelo estudo cuidadoso do indivíduo em seu trabalho. Fonte: Wikipedia.

Os debates relacionados a *groupware* e CSCW não chegaram ao Brasil. Aqui, "comunidade virtual" continua sendo aplicado genericamente para se referir a projetos que usam ferramentas para a comunicação em grupo. O termo, popularizado em 1993 com a publicação do livro *Virtual Community* de Howard Rheingold, acabou associado à noção romântica e ingênua de um ciberespaço politicamente independente.[7] A exploração de oportunidades comerciais online e a popularização do acesso à Web a partir de meados de 1990 mostraram que a internet está longe de ser um ambiente protegido e que a rede mundial de computadores muitas vezes potencializa os conflitos ao ampliar as possibilidades de contato entre pessoas desconhecidas entre si e com valores diferentes.

Dentro do ambiente empresarial também se nutriu a idéia de que era possível cultivar "comunidades" paralelamente a marcas reconhecidas. A expectativa era de que esses ambientes virtuais servissem para promover valores associados a um produto ou a uma marca, mas logo ficou aparente que áreas de publicação livre como fóruns e salas de bate-papo freqüentemente tornavam-se canais de expressão para consumidores descontentes.

Enquanto isso, também na passagem da década de 1980 para a de 1990, o termo software social começou a ser usado pelos estudiosos da nanotecnologia, numa tentativa de descrever programas de computador voltados para a colaboração. A idéia é que o software servisse para filtrar o resultado da produção dos participantes (por exemplo, as mensagens), reduzindo o ruído para melhorar a troca de informações relevantes. Ao contrário do CSCW, o foco não está em alcançar uma meta, mas em utilizar o poder de processamento dos computadores para permitir e estimular as relações de grupos. Em última instância, a aplicação do termo software social pressupõe que a internet em si seja uma grande plataforma colaborativa para a sociedade se comunicar e trocar experiências desde o nível local ao mundial.

Clay Shirky, um estudioso dos efeitos sociais e econômicos dessas novas tecnologias, foi quem popularizou o termo ao organizar a conferência "Social Software Summit", em 2002. Para ele

> a questão principal é que não existia uma palavra ou frase que agrupasse as correntes ligadas ao CSCW às comunidades virtuais sem incluir coisas

que não fossem orientadas a grupos. Comunicação Mediada por Computador – CMC, por exemplo, inclui sites convencionais, troca de e-mails entre duas pessoas e spam – é amplo demais.[8]

Software social resgatou o significado original de *groupware* sem trazer embutida a percepção negativa associada a ele. Além disso, incorporou as noções de CSCW e comunidades virtuais e também abrangeu idéias novas como a de jogos grupais pela internet e ferramentas que produzem colaboração off-line.

Menos difundido, o termo "mídia social", assim como *groupware*, descreve ferramentas, plataformas e práticas usadas para o compartilhamento de opiniões e experiências via internet.

Já o termo "**NOVA MÍDIA**" surgiu em meados dos anos 1990 nos Estados Unidos, referindo-se primeiro a CD-ROMs com finalidade educativa ou de entretenimento, mas em seguida se popularizou como sinônimo de novas tecnologias e métodos de comunicação, principalmente relacionados à internet. A Wikipedia em inglês explica que por não ter uma definição precisa, o termo é considerado uma "*buzzword*"*.

Ao longo deste livro, optei por utilizar os termos comunidade virtual ou ambiente colaborativo para me referir à plataforma de interação, ou seja, o espaço onde os usuários convivem, se relacionam e compartilham informações. Aplico software ou ferramenta social para me referir aos programas que fazem funcionar as comunidades. E escolhi o termo mídia social para falar do tipo de veículo que possibilita a interlocução grupal e que, por isso, estabelece uma categoria diferente do *broadcasting* e da comunicação de duas vias.

Por que não Web 2.0?

Atualmente, Web 2.0 é o termo mais difundido dentro da indústria de tecnologia como sinônimo de sites colaborativos. Logo que comecei a ouvir

* Uma palavra ou frase, relacionada a uma área especializada e que geralmente soa de modo sofisticado ou técnico, usada para impressionar pessoas sem conhecimento no assunto. Fonte: American Heritage Dictionary.

falar dele, imaginei uma espécie de condomínio virtual privado – um espaço desenvolvido por megacorporações, acessível por um canal diferenciado do da internet comum, funcionando como plataforma de publicação mais controlada e protegida e oferecendo soluções de e-commerce e vantagens para usuários com acesso rápido. Nada disso. Na verdade Web 2.0 se refere a uma relação de características que supostamente diferenciam novos sites daqueles que naufragaram com o estouro da **BOLHA DA INTERNET** na virada do século XX para o XXI.

A idéia foi lançada em 2004 pela O'Reilly Media, uma editora e empresa de comunicação. O termo se tornou o nome de uma conferência que acontece anualmente nos Estados Unidos, e alastrou-se a ponto de uma busca pelo Google indicar a existência de centenas de milhares de páginas fazendo referência ao assunto.

Em sua origem ele deveria distinguir sites ou aplicativos com baixo custo de desenvolvimento, em que o conteúdo surge de baixo para cima (**BOTTOM-UP**) a partir do relacionamento entre participantes (**USER GENERATED CONTENT** ou **UGT**), e que pode combinar as soluções e o conteúdo de mais de um site para produzir uma experiência integrada – o que no jargão tech se convencionou chamar de **MASH-UP**.

Como reconheceu o fundador da O'Reilly Media, Tim O'Reilly, "companhias agora estão passando [o termo] adiante como uma *buzzword*, sem terem um entendimento real sobre o que ela quer dizer".[9] Por esse motivo alguns críticos consideram que o nome Web 2.0 vem sendo aplicado indiscriminadamente como sinônimo de originalidade tecnológica para entusiasmar possíveis clientes e investidores.

A associação vaga entre "2.0" e a idéia de inovação abre precedente para que, por exemplo, um projeto comum que inclua um blog seja promovido como Web 2.0 pela equipe de vendas encarregada de oferecer a solução. Ao invés de defender os valores por trás do conceito, o nome passa a ser usado para benefício privado. Desconfia-se de que muitas companhias promovendo essa bandeira estejam desenvolvendo produtos sem modelos de negócio sérios apenas para se aproveitar do aquecimento do mercado, o que traria junto com a "nova internet" uma "nova bolha".

2. Economia da colaboração

No primeiro capítulo apresentamos como a tecnologia por trás da rede mundial de computadores se desenvolveu e como isso possibilitou a evolução de uma nova forma de comunicação, reunindo as qualidades do *broadcasting* e da comunicação de duas vias. Agora observaremos o aspecto humano dessa mudança para entender como a internet favoreceu a expansão de uma cultura da colaboração.

Começaremos procurando um sistema econômico que explique o fato de pessoas oferecerem gratuitamente online informações que custam caro fora da rede. Veremos de que maneira a informação digitalizada reduz custos, expande benefícios e torna mais eficiente a produção de bens públicos. E analisaremos as motivações para pessoas oferecerem ajuda a desconhecidos que provavelmente não retribuirão o favor no futuro.

O professor Peter Kollock do Departamento de Sociologia da Universidade da Califórnia em Los Angeles se especializou no estudo dos fatores que favorecem ou dificultam a emergência de cooperação, comunidade e trocas, particularmente em ambientes virtuais. Vamos procurar respostas para as questões acima tendo como referência o seu artigo "The Economies of Online Cooperation: Gifts and Public Goods in Cyberspace", publicado em 1999.[1]

Muitas das pessoas acostumadas à utilização de sites como Orkut e ferramentas como listas de discussão e MSN nunca pensaram em como é improvável que exista alguma ordem nesses ambientes. É surpreendente que algum tipo de resultado positivo exista na internet levando-se em consideração que as pessoas que interagem são relativamente anônimas e desconhecidas entre si, que não haja autoridade central para mediar atritos entre participantes e que seja difícil ou impossível impor sanções físicas ou monetárias a algum usuário.

A dica para entender esse suposto paradoxo partiu do ensaísta norte-americano Howard Rheingold. Ele participou intensamente de uma das primeiras comunidades virtuais de grande escala, a **WELL**, iniciada em 1985 nos Estados Unidos. A partir de suas observações, Rheingold sugeriu que as trocas online acontecem dentro de um modelo econômico conhecido como economia de doação, no qual ajuda e informação são oferecidas como favores ou presentes, sem a expectativa de retribuição direta e imediata.

Esse é o ponto de partida do professor Kollock: por que as pessoas oferecem gratuitamente online aquilo que elas vendem off-line?

> Em comp.sys.laptops, um grupo de discussão na Usenet dedicado a laptops, é comum aos participantes contribuírem enviando especificações detalhadas e resenhas de novos modelos que chegam ao mercado. Participantes também respondem perguntas que outros usuários postam com conselhos detalhados e respostas para perguntas técnicas... Consultores especializados em computadores pessoais oferecem [fora da internet] as mesmas informações por cerca de US$40 a hora. Em comp.lang.perl, um grupo de discussão dedicado à linguagem de programação PERL, participantes constantemente ajudam outros respondendo questões técnicas e oferecendo código novo para os outros usarem. [Fora da rede] Um programador de PERL reconhecido cobra US$75 a hora. Em uma variedade de discussões online para advogados, participantes constantemente oferecem, uns aos outros, aconselhamento jurídico detalhado em relação a casos em que eles estão trabalhando... Os advogados afirmam que freqüentemente se recusam a dar esse mesmo tipo de informação pelo telefone e cobram várias centenas de dólares por hora para dar o mesmo conselho [off-line].[2]

Presentes

A economia de doação ou de oferta se baseia na troca de presentes. Tecnicamente, Kollock define um presente como uma transferência obrigatória de objetos ou serviços inalienáveis entre negociantes com vínculos e obrigações entre si. A transação por presentes ou favores envolve uma difusa e geralmente subentendida necessidade de retribuição em algum momento no futuro. Aquele que recebe não reclama ou barganha,* e, pelo mesmo motivo, quem oferece o presente não deve exigir reciprocidade. Mas uma relação em que apenas uma pessoa oferece sem receber retribuição está fadada ao rompimento.

Essa definição pode provocar estranheza na medida em que nos acostumamos a pensar na doação de presentes como uma ação desinteressada para demonstrar o afeto que sentimos por alguém. Esse sistema econômico talvez fique mais aceitável se o relacionarmos com situações em que a amizade não esteja presente entre as pessoas envolvidas.

Por exemplo, é comum no mundo corporativo as empresas enviarem no final do ano presentes caros para seus parceiros e clientes mais importantes, sinalizando o interesse de manter portas abertas para negócios futuros. Da Antigüidade até hoje é conhecida a prática de líderes trocarem presentes quando se encontram durante visitas oficiais. Sultões árabes ofereciam mulheres e jóias aos seus visitantes ilustres. Mas esse tipo de relacionamento também se estabelece em ambientes de convívio menos pomposos, como é o caso de moradores que compartilham durante muitos anos a mesma vizinhança:

> Faltava farinha pra fazer o bolo, lá ia eu na dona Adelaide, duas casas abaixo da nossa, pedir uma xícara desse fundamental ingrediente, pois a mãe tinha mandado. E pensa que ela dava a xícara? Era logo o saco todo, de um quilo. E geralmente até dava os ovos também.
>
> — Dona Adelaide, amanhã a mãe devolve.
>
> — Não tem problema, não. Pode ficar.
>
> E a mãe não só devolvia, como ainda mandava, para a tristeza da nossa incontrolável gula, quase a metade do bolo pra dona Adelaide.[3]

Como esclarece a Wikipedia, na economia de doações, as trocas de presentes ocorrem geralmente em contextos culturais onde existe uma expectativa de retorno ou de que a dádiva seja passada adiante de alguma maneira.

---

* Isso nos permite entender mais profundamente o significado da expressão popular: "A cavalo dado não se olham os dentes."

Os intercâmbios são de bens ou serviços de valor comparável, apoio político, lealdade, favores, honra para o doador, entre outras formas.

Para explicitar as características da economia de doação, Kollock a compara à economia de mercado. O presente representa um vínculo inalienável com a pessoa que o oferece, isso quer dizer que presentes são únicos. Uma calça não é apenas um produto, mas a calça que fulano de tal me deu. No relacionamento comercial, o objeto é apenas o objeto e as partes não mantêm vínculos de obrigação entre si depois que a troca for consumada. Nesse sentido, enquanto o mercado é movido pela busca da eficiência produtiva e do lucro, a economia de doação funciona pelo aumento e pela diversificação dos relacionamentos sociais. Mas é importante mencionar que esses modelos são ideais e que, na prática, qualquer economia mistura esses dois tipos de troca.

Economia de doação aplicada a grupos

A partir da definição de economia de doação, é possível dizer que as trocas de informação e ajuda na internet podem ser consideradas presentes? A diferença dos exemplos apresentados acima e o que acontece nos fóruns e listas de discussão é que os freqüentadores de comunidades online geralmente não se conhecem e, depois que uma pessoa ajuda a outra, é possível que nunca mais se encontrem online. Portanto, a reciprocidade entre dois indivíduos específicos é difícil ou impossível de acontecer no ciberespaço.

A diferença é que nos ambientes virtuais, presentes "informacionais" e aconselhamento não são oferecidos a indivíduos, mas a um grupo. Uma pessoa que ajuda outra pode sentir que o grupo tem uma dívida com ela e acreditar que no futuro algum outro participante irá ajudá-la quando surgir a necessidade.

O problema é que esse tipo de troca grupal favorece aos indivíduos se colocarem na posição de parasitas ou receptores passivos, o que cria um dilema social. Se uma pessoa não quiser contribuir, ela continuará se beneficiando do esforço e da ação dos outros. Eventualmente os participantes ativos podem se sentir explorados por oferecer sem receber nada em troca quando precisam, e assim também desertarão levando ao abandono completo da oferta de ajuda.

Bens públicos e bens digitais

A definição de bem público também pode soar estranha para o leitor que associa esse termo apenas aos bens oferecidos pelo governo, como transporte coletivo, hospitais públicos, infra-estrutura das redes de esgoto e elétrica. Mas Kollock se refere a qualquer coisa que alguém produz e que fica disponível para que todos se beneficiem.

Por exemplo, alguém que voluntariamente cuida do jardim de uma praça se beneficia e estende essa vantagem a qualquer pessoa. Nesse sentido, um bem público tem duas características fundamentais: de certa maneira ele é indivisível no sentido de que seu consumo por uma pessoa não reduz a sua quantidade disponível para outras. (O fato de você assistir a uma queima de fogos, não impede que outras pessoas façam o mesmo.) Além disso, ele não é excludente, pois qualquer um poderá usufruir dele, independente de ter ou não contribuído para a sua existência.

É vantagem para todos manter as provisões de bens públicos, mas não existe a garantia de que serão produzidos. O estímulo ao seu oferecimento passa, então, por dois desafios: a) *motivação*: fazer indivíduos superarem a tentação de se aproveitarem sem nada oferecer. A decisão de não participar pode ter duas motivações, o desejo de se beneficiar do trabalho alheio ou a falta de perspectiva de que o esforço vá ser efetivamente aproveitado; e b) *coordenação*: mesmo que um grupo esteja motivado a contribuir em favor de um bem público, haverá um esforço extra – além do dedicado ao próprio trabalho – de coordenação, que envolve custos e dificuldades.

Um dos motivos para a proliferação de ações colaborativas desde o surgimento das redes de computadores é que os custos para se produzir bens públicos caíram expressivamente, enquanto os benefícios aumentaram, e isso motiva e estimula a coordenação.

Kollock explica que:

> Comunidades online existem em ambientes radicalmente diferentes. O espaço de troca é uma (1) rede (2) de informação (3) digital, e cada uma dessas características motiva mudanças importantes. É um mundo de informação ao invés de objetos físicos. Além disso, a informação é digital, o que significa que é possível produzir um número infinito de cópias perfeitas de um pedaço de informação, seja ela um programa de computador, uma apresentação multimídia, ou arquivos de e-mail contendo uma longa discussão... E, finalmente, essa informação não está sendo produzida em isolamento, mas em uma rede de atores profundamente entrelaçada.[4]

Isso influencia o custo de produção de bens públicos, o valor que pode ser extraído deles e também a relação entre a quantidade de contribuintes e a proporção do bem público produzido.

Custos e benefícios em ambientes virtuais

Qual é o custo envolvido no envio de uma carta de protesto a um representante político que você tenha ajudado a eleger? Basta redigir o texto, colocar no envelope, encontrar o endereço do destinatário, adicionar um selo postal e levar até uma agência dos Correios. Pensando racionalmente, o esforço é pequeno, mas o trabalho pode ser em vão se outras pessoas não tomarem a mesma atitude. A simplificação desse processo em ambientes virtuais causou um aumento sensível na circulação de denúncias, abaixo-assinados, pedidos de ajuda para doentes esperando por transplantes de órgãos e mais uma longa variedade de assuntos.

Considere, a seguir, as vantagens oferecidas pelos ambientes virtuais para a colaboração na forma de compartilhamento de informações ou ajuda:

- *Redução no custo de produção e disseminação*: para quem está conectado, o esforço para a participação – por exemplo, no envio de uma mensagem de protesto – se resume em repassar o conteúdo adicionando à mensagem para os endereços de e-mail de conhecidos.
- *Redução do esforço de coordenação*: encontrar-se com outras pessoas com interesses compatíveis com os seus já não depende das limitações de tempo e localização de cada um. E pesquisar online uma informação é muito fácil.

• *Ampliação do benefício*: o valor que pode ser extraído de bens públicos aumenta na medida em que o bem online nunca será escasso. Se um arquivo estiver disponível na Web ele poderá ser copiado e distribuído infinitas vezes como é o caso dos arquivos em MP3 compartilhados pelas redes **P2P**.
• *Redução do número de envolvidos na produção*: quando é necessária a atuação conjunta de várias pessoas para a produção de um bem, existe a possibilidade de o esforço ser em vão se alguém não cumprir sua parte. Por isso, o fato de se poder fazer o trabalho sozinho, sem depender da motivação de um grupo, já é em si um facilitador.

O ex-editor chefe da revista *Wired*, Kevin Kelly, resumiu as vantagens da colaboração pela Web na seguinte passagem: "Eu faço um blog sobre ferramentas bacanas. Eu escrevo para o meu próprio deleite e para o benefício de amigos. A Web estende a minha paixão para um grupo incomparavelmente extenso de usuários sem adição de custo ou esforço."[5]

Quanto custaria para se atingir os mesmos resultados sem a internet? Kollock responde:

> Um indivíduo ou grupo talvez tenha recomendações incrivelmente úteis em relação a como lidar com pacientes com Alzheimer, mas essa informação deve manter-se conhecida apenas dentro de um grupo e de seus contatos locais. Eventualmente a informação poderá se difundir por intermédio das redes sociais dessas pessoas na medida em que elas falam umas com as outras ou publicam artigos, mas isso pode levar tempo e tem sua própria lista de custos associados [à propagação]. Mesmo que um grupo esteja motivado para tentar distribuir a informação amplamente como um ato de cooperação, os custos para fazer isso podem ser imensos. Poucos grupos têm os recursos para, por exemplo, publicar uma revista com distribuição nacional ou pagar por anúncios comerciais em rádios e TVs. E mesmo que essas ações ambiciosas fossem possíveis, anúncios comerciais eventualmente saem do ar, revistas se perdem e é difícil ou impossível manter a informação atualizada e permitir que outros ajudem a aperfeiçoar a informação. Um grupo de apoio online resolve cada um desses desafios e cada pedaço de nova recomendação ou informação fica instantaneamente disponível para o grupo como um todo.[6]

Motivações

A queda nos custos de produção, distribuição e coordenação, além das vantagens de se poder trabalhar sozinho e da amplificação do valor da contribuição tornam mais fácil que um indivíduo contribua com informação ou ajuda em ambientes colaborativos, mas a participação dependerá da motivação que ele tem para isso. Kollock conclui seu artigo examinando os estímulos que levam pessoas a participar de comunidades a curto ou longo prazo.

- *Reciprocidade*: Uma pessoa fornece informação relevante para um grupo na expectativa de que será recompensada recebendo ajuda e informações úteis no futuro. Há registros indicando, por exemplo, que participantes ativos de comunidades virtuais recebem respostas mais rápido do que desconhecidos. Da mesma maneira, uma pessoa que apenas pede e não oferece ajuda aos outros acaba ignorada dentro da comunidade.
- *Prestígio*: Para ser respeitado e reconhecido dentro de um determinado grupo, um indivíduo pode oferecer informações de qualidade, fartura de detalhes técnicos nas respostas, apresentar disposição para ajudar os outros e redação elegante. Em função do prestígio, é comum que usuários que atuam em uma comunidade incrementem sua participação ao receberem um título diferenciado, como o de líder ou moderador.
- *Incentivo social*: O vínculo a um determinado grupo leva pessoas a oferecerem voluntariamente ajuda e informações. Isso vale, por exemplo, para alunos e ex-alunos de uma escola ou universidade, torcedores de um time, freqüentadores de um estabelecimento comercial, entre várias possibilidades. Uma possível contrapartida para isso é a expansão dos vínculos sociais dessa pessoa dentro do grupo. Um programador respeitado por suas contribuições ao sistema operacional Linux, por exemplo, se torna conhecido entre seus pares e aumenta sua rede de contatos.
- *Incentivo moral*: O prazer associado à pratica de boas ações estimula pessoas a doarem seu tempo e esforço. Na medida em que os custos de compartilhamento e distribuição forem próximos a zero, alguém que desenvolveu um programa para resolver um problema particular pode submeter seu trabalho para que outros se beneficiem dele. Um executivo da área de finanças pode se sentir bem oferecendo duas horas semanais para participar

de um espaço colaborativo. Ele aplica sua experiência para, por exemplo, ajudar organizações assistenciais a resolverem questões ligadas à captação ou investimento de recursos.

Funcionalidades

Tendo em consideração as motivações apresentadas acima, é possível indicar características técnicas que favoreçam a formação de comunidades a partir de ambientes colaborativos. Por exemplo, a capacidade de medir a reputação de usuários influencia a atuação daqueles interessados em receber ajuda no futuro (reciprocidade) e também dos que esperam receber reconhecimento por suas ações (prestígio). Alguns dos itens que servem para registrar a reputação de usuários são:

- *Identidade*: Para que a pessoa tenha uma reputação, ela precisa ser identificada. Algumas ferramentas oferecem aos usuários a possibilidade de registrar seus nomes ou apelidos e confirmar esse registro utilizando um e-mail ativo, como forma de impedir que uma pessoa seja confundida com a outra.
- *Karma*: Serve para medir o comprometimento do usuário em termos de seu tempo de acesso e volume de participação. Esse tema é explorado detalhadamente no Capítulo 7.
- *Arquivo*: É positivo também que a ferramenta ofereça um arquivo com busca para os participantes terem elementos para avaliar a contribuição de determinados usuários quando eles solicitam ajuda.
- *Comentários*: Essa funcionalidade permite que outros participantes da comunidade interajam entre si avaliando e respondendo às contribuições postadas.

O usuário motivado pela perspectiva de estabelecer vínculos sociais tirará proveito da seguinte funcionalidade:

- *Perfil*: Muitas comunidades permitem que o usuário crie seu perfil e compartilhe nesse espaço informações relacionadas a seus interesses sociais, profissionais e educativos.

No caso das contribuições por estímulo moral, uma pessoa pode se motivar a contribuir oferecendo informações e ajuda se perceber que seu esforço está sendo aproveitado e faz diferença dentro do ambiente. Nesse sentido, favorece incluir as seguintes funcionalidades:

- *Participação simplificada*: Faça com que seja fácil contribuir e acessar a informação dentro da comunidade.
- *Registro de aproveitamento*: Para o usuário que se motiva em participar por sentir que seu trabalho faz diferença, a ferramenta pode dispor de soluções que contabilizem o sucesso das contribuições. Isso pode ser medido registrando e mostrando, por exemplo, o número de vezes em que o texto foi lido, comentado ou enviado por e-mail. As contribuições relevantes devem ser aproveitadas nos espaços de maior visibilidade da comunidade.

3. Chats e comunicadores instantâneos

Um ambiente colaborativo geralmente é composto por ferramentas com características diferentes, para dar vazão ao potencial da comunidade e atingir os objetivos do projeto. Neste e nos próximos dois capítulos, apresentamos os programas que atualmente fazem parte desses pacotes, descrevendo a maneira como cada um opera e chamando a atenção para as situações em que são úteis.

Existem dois tipos característicos de ferramentas colaborativas. A síncrona, apresentada neste capítulo, é como a conversa telefônica, os participantes precisam estar sincronizados para que a interação aconteça. Se a pessoa do outro lado não atender, o diálogo não se estabelece. Fazem parte desse grupo o chat aberto e moderado, e as várias versões de comunicador instantâneo.

Chat

Ferramenta que iniciou usuários nos anos 1990 na comunicação de muitos com muitos, perdeu espaço e agora vem sendo redescoberta.

O chat ou bate-papo, como ficou conhecido no Brasil, funciona como um fórum online onde os participantes podem transmitir, em tempo real, mensagens para outras pessoas que estejam dentro do mesmo ambiente.

Apesar do chat usar uma solução de comunicação parecida com a dos comunicadores instantâneos (MSN e ICQ), as salas de bate-papo têm finalidades diferentes às dessas ferramentas. A dinâmica de funcionamento do chat é parecida com a das mesas de bar, onde muitas pessoas, conhecidas ou não entre si, falam e escutam conversas distintas simultaneamente. Nos comunicadores instantâneos, os participantes se conhecem previamente e em geral os diálogos ocorrem entre duas ou poucas pessoas e não entre várias, como nos sites de chat aberto.

As primeiras salas de chat permitiam apenas a troca de mensagens escritas, mas a ferramenta foi sendo aprimorada e as versões recentes possibilitam a publicação de imagens, de áudio e mesmo de vídeo transmitido por webcams, recursos utilizados comercialmente para a realização de conferências, reuniões, treinamento e cursos à distância. Para diversão, o chat vem sendo aproveitado pela indústria de games, permitindo a interação entre participantes de jogos coletivos.

O UOL Chat parece ter sido responsável pelo primeiro *case* de participação maciça em um veículo de mídia nova no Brasil. Em meados dos anos 1990, logo que a internet comercial surgiu no país, as salas de bate-papo do UOL foram a porta de entrada para usuários comuns experimentarem a possibilidade das conversas coletivas mediadas pela rede – o que representa uma inovação real em relação ao envio de e-mails e à leitura de notícias pela internet. Mas apesar da empresa ter reconhecido o potencial da ferramenta, oferecendo um canal eficiente para atender às demandas do público, esse conteúdo permaneceu isolado dos produtos editoriais "sérios" da Folha S.A. e da Editora Abril. As salas eram e continuam sendo vistas como um playground, sem a perspectiva de serem aproveitadas sistematicamente na cadeia de produção do conteúdo noticioso e informativo.

Enquanto solução tecnológica, a sala de chat registra o conteúdo das conversas permitindo que ele seja consultado ao longo da interação. Uma pessoa que participa de um treinamento usando o bate-papo pode recuperar trechos da discussão enquanto seu navegador estiver aberto na sala. Pensando nessas características, a ferramenta é ideal para a discussão de temas pontuais, o chamado *brainstorming*, onde não exista a preocupação com a organização do conteúdo discutido e a participação seja descentralizada. Para diálogos de longa duração e que exijam maior grau de controle e organização da informação, ferramentas assíncronas como wikis e murais são mais indicadas (*ver* Capítulos 4 e 5).

Como os usuários assíduos de chat sabem, as salas são programadas para se multiplicar quando o número de participantes atinge um limite determinado. Isso significa que o sistema cria uma nova sala para receber as pessoas que não couberam nas que já estavam abertas. Essa solução se justifica porque o excesso de pessoas falando simultaneamente torna a conversa difícil de ser acompanhada.

O número máximo de usuários varia de site para site, segundo o público freqüentador. Os mais velhos preferem ambientes com até 30 pessoas, que permitem a publicação de mensagens mais longas, às vezes do tamanho de um parágrafo. Jovens escolhem salas com até 40 pessoas e suas trocas são feitas por frases completas. Já os adolescentes costumam optar por ter muita gente enviando mensagens curtas e cifradas, segundo o dialeto de cada grupo.

A possibilidade de transformar uma sala em auditório moderado costuma fazer parte das ferramentas de chat desde o início da internet comercial. O administrador configura o sistema para limitar a participação, restringindo as mensagens dos usuários à aprovação prévia do moderador. Essa solução permite realizar entrevistas coletivas do público com convidados, porque organiza o fluxo de informação que chega da audiência. O moderador pode selecionar as melhores participações e publicá-las como achar conveniente, controlando a cadência do evento.

Uma versão mais recente dessa tecnologia mistura o ambiente da sala ao do auditório, permitindo que a audiência se comunique com outras pessoas na mesma sala e, se desejar, envie uma pergunta ou comentário ao moderador. Dessa forma, quando o evento atrai centenas de interessados, a frustração por não ter sua participação publicada para o convidado se reduz pela alternativa de contato com outras pessoas na mesma situação.

A Wikipedia registra no verbete "chat" que a popularidade dessa ferramenta vem caindo, e que atualmente cerca de 90% dos usuários são do sexo masculino. Essa queda no interesse pela ferramenta pode estar relacionada ao fato do usuário da internet estar mais cuidadoso ao entrar em contato com pessoas desconhecidas. Atualmente as ferramentas de networking social como o Orkut oferecem maneiras um pouco mais protegidas para se fazer amizades e contatos com outras pessoas. Ao contrário dos chats, onde aqueles que se encontram costumam ser estranhos entre si, as ferramentas de networking costumam exigir registro com validação por e-mail, e permitem a construção de vínculos de confiança a partir da lista de contatos.

Uma pessoa que é abordada por um estranho pode checar se eles têm conhecidos em comum. O chat não dá essa segurança.

O Orkut e os comunicadores instantâneos tomaram o posto do chat como promotor de relacionamentos, de amizade, de encontro de turmas e também de busca por companhia íntima. As salas de bate-papo são lembradas pelos usuários como lugares para a prática de sexo virtual e casual, onde as pessoas se excitam por meio de mensagens ou pela publicação de fotos, e também como locais que permitem a ação de pessoas má-intencionadas, inclusive sedutores de menores, o que justifica a criação de sites como Chat Danger (www.chatdanger.com), onde o usuário – em especial o norte-americano – pode denunciar ações suspeitas e aprender a se proteger nesse tipo de salas.

Finalmente, as versões mais sofisticadas de chat permitem que os usuários incorporem alteregos virtuais chamados popularmente de avatares. Nos novos ambientes de chat, os participantes não dependem exclusivamente das palavras publicadas na janela de texto para interagir. Ao entrar no chat, cada pessoa escolhe características visuais como cor da pele, sexo, roupas e outros objetos de identificação. As salas recriam espaços físicos como bares, cafés ou boates, que podem ter, dependendo da sofisticação do programa e da conexão do usuário, duas ou três dimensões e oferecer elementos como som ambiente, que façam com que a experiência pareça mais realista.

Usuários tradicionais reclamam, com razão, que a sofisticação gráfica das ferramentas em 2D e 3D dificulta a conversa. Porém, estimula uma tendência de comportamento comum que encontrou na internet um ambiente favorável: a criação de eus paralelos, não necessariamente fictícios, pois expressam parte da personalidade do usuário, embora não seja a mesma identidade sustentada publicamente. E, dando vazão a esse interesse de parte dos internautas, os chats ambientados ganharam adeptos e sobrevivem como opção de entretenimento no ciberespaço. O mais conhecido deles é o Second Life (http://secondlife.com), que permite a seus usuários modificar e construir um mundo em realidade virtual, inclusive participando de sua economia – por exemplo, comprando e vendendo terrenos (*ver* Capítulo 14) – para ganhar dinheiro real. Em outubro de 2006, a população do jogo ultrapassou a marca de 1 milhão de usuários registrados; no fim de março de 2007, esse número passava de 5 milhões.

Comunicador instantâneo

Atualmente conhecido no Brasil como Messenger, essa ferramenta faz sucesso entre adolescentes e produz dor de cabeça nas empresas, mas pode ser incorporada de maneira produtiva.

Em inglês o termo usado para descrever essa forma de comunicação é "instant messaging". No Brasil, um dos países que abraçou primeiro essa tecnologia, foi adotado o nome do produto que a popularizou, o ICQ. Quando essa solução perdeu a fidelidade da maioria dos usuários, mantivemos a tradição e passamos a chamá-la "messenger", nome que na verdade se refere ao produto da Microsoft para essa finalidade.

Usar o termo "messenger" pode confundir o leitor, sugerindo que essa seja a única solução ou a melhor. Portanto, chamaremos de "comunicador instantâneo" ou "comunicador" a ferramenta genérica.

Pode parecer estranho, mas o conceito do comunicador instantâneo é semelhante ao do e-mail. Para ambos existe um programa instalado no computador do usuário que serve para gerenciar o fluxo de informação. Ele permite que cada pessoa registre seus contatos da mesma forma como o gerenciador de e-mail permite a inclusão dos endereços de conhecidos.

O comunicador possui um sistema parecido com uma secretária eletrônica, que define o status do usuário após se conectar. Se está com tempo livre, registra a disponibilidade para conversar, ou seja, que os amigos não precisam se sentir constrangidos em procurá-lo. Ou pode informar que saiu por uns instantes e não poderá responder imediatamente às mensagens recebidas. Também mostra se está ocupado, indicando que mensagens só devem ser enviadas caso a informação seja urgente ou importante.

O que torna essa ferramenta vantajosa em relação ao e-mail é que as versões recentes permitem ao usuário saber quais pessoas de sua lista estão disponíveis para conversa no momento, já no e-mail não se sabe quando o interlocutor irá abri-lo para responder. Em relação ao telefone, o comunicador permite que o mesmo usuário fale simultaneamente com vários outros – o que é comum observarmos entre adolescentes e crianças – e também porque os participantes da conversa não ficam presos àquela interação. Cada um pode priorizar as tarefas que precisa resolver até ter tempo para abrir a janela do comunicador para ler e responder a mensagem. (Os usuários mais experientes na internet desenvolvem tarefas múltiplas ao longo do dia: redigem e-mails, discutem questões pontuais com colegas ou fofocam com amigos pelo comunicador, falam ao telefone e consultam informações na rede.) E como os diálogos costumam ficar arquivados como os e-mails, ele oferece uma alternativa rápida e segura para a troca de informações.

A Wikipedia lista entre os programas para comunicação instantânea mais populares, os seguintes: Qnext, MSN Messenger, AOL Instant Messenger, Yahoo! Messenger, Skype, Google Talk, NET Messenger Service, Jabber, QQ, iChat e ICQ. As versões mais recentes dos comunicadores vêm incorporando soluções que permitem a transmissão de vídeo e áudio. Como o fluxo de dados é livre pela internet, aqueles que transmitem voz representam alternativas econômicas para chamadas de longa distância.

Mas apesar do verbete "instant messaging" da Wikipedia informar que a ferramenta "impulsiona a comunicação e permite a colaboração fácil [sendo, por isso, cada vez] mais importante em ambientes corporativos", a adoção do comunicador não é unânime nas empresas. Isso porque representa uma forma discreta – em relação ao telefone, por exemplo – para os funcionários se distraírem de suas obrigações. E é bem mais divertido que jogar Paciência.

Existem prós e contras que devem ser pesados antes que haja a proibição do uso da ferramenta dentro da empresa. Às vezes, um trabalho de conscientização eficiente, realizado pela equipe de Recursos Humanos, permite que ao invés de punir se incentive o uso de comunicadores entre os funcionários e deles com clientes e outros contatos.

Na StarMedia eu usava o comunicador para conversar continuamente com os editores distribuídos por 12 países para, por exemplo, saber se uma celebridade ou especialista chamariam a atenção de sua audiência. Era como se estivesse simultaneamente em dois escritórios: um físico, cercado de pessoas de outras áreas, e também um virtual, composto pelos funcionários que trabalhavam no mesmo produto que eu espalhados pelo continente.

Na AOL, a operação em Porto Rico dependia dos técnicos mexicanos para resolver problemas de publicação. O escritório prescindia de um funcionário para essa área porque a demanda era pequena e podíamos contar com a assistência praticamente imediata do escritório maior, onde os funcionários falavam a mesma língua. Essa troca constante e eficiente de experiências e informações seria praticamente impossível se dependêssemos de ligações telefônicas internacionais.

Desde que o conceito da troca instantânea de mensagens se popularizou em 1996 com o lançamento do ICQ, o dilema para o usuário tem sido decidir a ferramenta que pretende adotar. Todas as megacorporações ligadas à internet, como AOL, Yahoo!, Google e MSN, promovem seus produtos e criam restrições tecnológicas para que comunicadores diferentes não "conversem" entre si. Os usuários acabam optando por aquele utilizado por seu grupo de relacionamentos, ou instalam mais de um, o que eventualmente pode comprometer o desempenho da máquina, tornando o computador lento. Uma alternativa é instalar programas como Gaim, Trillian ou Miranda, que permitem a inclusão de contatos de comunicadores diferentes. Mas, como isso acabaria com a competição pela hegemonia do mercado, as grandes corporações incluem modificações em seus comunicadores que comprometem o desempenho das soluções que permitem as redes múltiplas, de modo que o usuário que opta por essa saída precisa constantemente atualizar sua ferramenta para que ela funcione.

4. Fóruns e listas de discussão

Os softwares que compõe a "família" das ferramentas assíncronas, como o nome indica, dispensam a presença simultânea de quem recebe a mensagem para que a comunicação se estabeleça. Fórum, lista de discussão, blog e wiki representam as opções mais comuns dessa categoria.

Fóruns de discussão

Permitem a colaboração em diversas frentes e organizam o conteúdo para deixar as discussões em evidência.

Se o comunicador instantâneo confunde por ser uma ferramenta sem nome em português, o mural atrapalha por ter nomes demais. Mural, mural de discussão, fórum de discussão, fórum de mensagens e também as variações que existem em inglês e que são utilizadas internacionalmente, como web forums, message boards, discussion boards, discussion forums, discussion groups, bulletin boards, talk boards, fora (plural de forum) ou simplesmente fóruns.

"Mural" – tradução literal de "bulletin board" – se refere ao objeto comum nas escolas e nas faculdades, usado pela comunidade de alunos, professores e administração para se comunicarem entre si por meio de recados escritos presos sobre uma superfície perfurável. O mural na Web cumpre essa função – a comunicação grupal – mas se diferencia do físico porque além de disseminar informação, possibilita que a audiência dialogue entre si a partir dos anúncios. Essa qualidade interativa lembra os locais públicos onde os cidadãos da Roma Antiga se reuniam para discutir assuntos de interesse comum. Daí vem o nome fórum aplicado também à ferramenta.

Murais ou fóruns e os atuais grupos de discussão por e-mail foram desenvolvidos a partir dos *newsgroups* ou listas de mensagens eletrônicas. Por meio dessas ferramentas, populares entre entusiastas da computação já no início dos anos 1980 nos Estados Unidos e em alguns países europeus, usuários assinavam as listas para trocar mensagens a respeito de tópicos específicos. O conteúdo enviado por uma pessoa chegava a todos os participantes que podiam também responder a todos eles. Hoje, murais e grupos usam tanto a Web como os e-mails para promover discussões, a diferença é que o primeiro privilegia a Web dando ao usuário a possibilidade de ser notificado por e-mail quando um determinado tópico recebe participação. Já o grupo oferece a solução inversa: as trocas acontecem por e-mail, mas caso o participante perca uma mensagem, ele poderá consultar o arquivo do grupo na Web.

Iniciei a pesquisa para escrever sobre essa ferramenta achando que ela estava caindo em desuso porque apareceram recentemente soluções assíncronas mais fáceis de usar, como o blog, ou mais versáteis como o wiki. Essa impressão decorria do fato de eu vir observando nos últimos anos o desenvolvimento das ferramentas do ponto de vista da América Latina. Mas segundo a Wikipedia, os fóruns continuam populares em países desenvolvidos, o que pode ser creditado aos seguintes fatores: ao contrário do blog, onde o foco fica nos conteúdos publicados mais recentemente, o mural permite que várias frentes de discussão estejam abertas simultaneamente, e, em relação ao wiki, ele tem uma estrutura de publicação mais rígida que ajuda na hora de recuperar informações.

O mural japonês 2channel* é o líder mundial em número de mensagens publicadas: recebe dois milhões por dia. Em países como França, Estados Unidos e Holanda, a ferramenta também é utilizada extensivamente,

---

* 2channel tornou-se uma referência no Japão em função de seu tamanho e estilo de gerenciamento. É o fórum de maior abrangência do país, oferecendo mais de 600 tópicos ativos a respeito de assuntos que vão de "computadores" a "culinária". Cada tópico recebe diariamente milhares de participações, que incluem comparação de produtos eletrônicos ou sugestões sobre o melhor trigo para se fazer pizza. A maior parte da moderação é feita por um grupo de voluntários escolhidos entre usuários. O site não tem finalidade comercial e se mantém com a verba publicitária proveniente de anúncios por *banners*. Apesar do fórum ser considerado por muitos um espaço *underground*, é sabido que várias organizações importantes já publicaram mensagens nele ou acompanham as discussões.

mas ao invés de milhares de usuários se distribuírem em poucos megamurais, existem muitos murais, não só para a discussão de assuntos relacionados a tecnologia mas também a uma variedade de temas, e com número menor de participantes. A Wikipedia esclarece que a diferença talvez seja motivada pela forma diversificada como a ferramenta foi adotada por usuários ocidentais e orientais.

Na Ásia predomina a tradição de participação anônima, enquanto no Ocidente a maioria dos usuários prefere ter alguma forma de identificação, seja utilizando um avatar ou a confirmação do registro por e-mail. Como dentro das comunidades ocidentais o autor fica exposto, o tom do discurso é mais formal – para minimizar a incidência de críticas ou provocações de pessoas estranhas – e, ao mesmo tempo, propicia a formação de vínculos de amizade entre aqueles que convivem continuamente pelo site.

Depende da decisão do administrador se o sistema permitirá a publicação aberta ou mediante registro. O artigo "Building online communities", comentado no Capítulo 8, apresenta os prós e contras de uma ou de outra opção. O fórum de tecnologia **SLASHDOT** optou por uma solução conciliatória que exige que os participantes se registrem para enviar conteúdo, mas permite que o autor registrado publique anonimamente.[1]

O mural é uma ferramenta indicada para usuários com fluência em Web, e motivados para a discussão do assunto proposto pela comunidade. Resultados positivos aparecerão se um grupo de participantes estabelecer uma rotina de funcionamento onde cada um ganha o hábito de acompanhar as discussões com alguma freqüência.

O mural estabelece hierarquias para ordenar a informação. Existe a parte superior definida pelos responsáveis pela ferramenta, e as áreas inferiores onde os participantes se encontram para trocar mensagens. Dependendo do programa escolhido, pode-se estabelecer mais ou menos níveis entre a capa do site e as áreas de discussão, mas neste estudo vamos considerar apenas quatro: tópicos, subtópicos, discussão e mensagens (ver diagrama a seguir). Os administradores definem o número de tópicos e subtópicos, o nome de cada um e a ordem em que vão aparecer na capa do site. Os usuários abrem os subtópicos e podem responder publicando mensagens nas discussões abertas por outras pessoas ou criar novas.

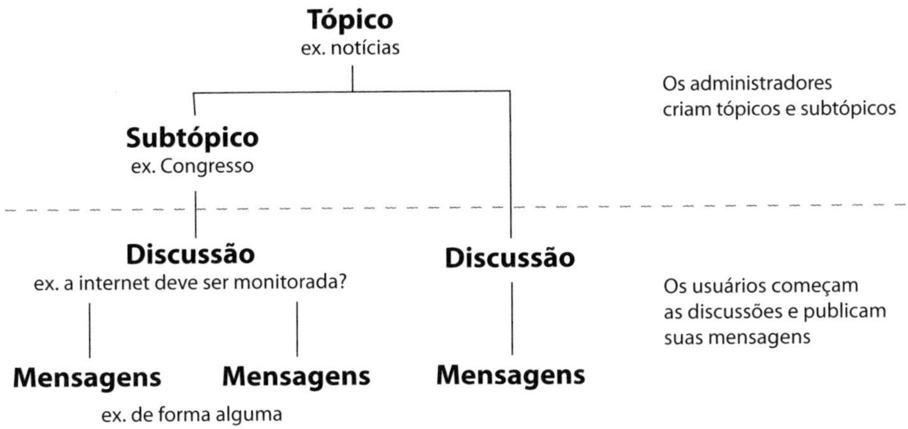

Postar uma mensagem em um fórum é, de certa forma, como escrever um e-mail, até os campos de publicação são parecidos: título, autor e texto. Mas ao invés dessa informação ser transmitida para a caixa postal de pessoas previamente definidas, a discussão do mural fica disponível à comunidade de usuários.

Algumas ferramentas permitem que cada participante da comunidade defina como quer ver listado o conteúdo das pastas. As mensagens podem ser organizadas cronologicamente ou por blocos de discussão. Quem entra assiduamente para acompanhar os debates prefere a listagem cronológica para ver todas as mensagens novas. Se a freqüência do usuário for ocasional, e o volume de participações for alto, ele provavelmente preferirá se concentrar nos temas que geraram maior movimentação dentro dos tópicos.

Em comunidades pequenas, que geralmente são formadas para debater apenas um assunto, costumam existir pastas para discussão livre chamadas *off-topic* ("fora do tópico"). Esses espaços simulam os ambientes de *happy hour* das empresas, um lugar para relaxar jogando conversa fora, "fazer social", falar a respeito dos assuntos do dia, contar piadas e, eventualmente, abrir novas frentes de discussão não previstas na idéia original.

As ferramentas de administração geralmente permitem que os responsáveis pelo site moderem as participações editando ou apagando o conteúdo publicado, com o objetivo de manter a harmonia dentro da comunidade. Isso também permite que entrevistas moderadas com convidados aconteçam pelo mural. O subtópico pode ser programado para que o conteúdo enviado só apareça depois de ser aprovado pelos editores. Pelo painel do administrador também pode-se mudar o status de usuários, proibindo-os de acessar ou publicar mensagens, ou atribuindo-lhes poderes de **MODERAÇÃO**. Dependendo do programa utilizado, o usuário pode criar uma página com seu perfil. Ao clicar sobre seu apelido nas mensagens, os outros participantes podem saber mais a seu respeito e também ver a lista de todas as suas contribuições ao mural.

Há uma variedade de programas de murais de discussão disponíveis na internet, sendo que vários são gratuitos e têm código aberto, o que significa que podem ser adaptados segundo as necessidades da comunidade. E as ferramentas mais populares – como o phpBB – se tornam assunto de discussão em comunidades onde usuários experientes, geralmente programadores, disponibilizam blocos de código com soluções específicas que podem ser adicionados ao programa principal. Entre as soluções com código fechado o WebCrossing é o preferido de grandes organizações de mídia como *The Guardian*, *The New York Times* e CNN. A utilização de programas proprietários reduz a preocupação dos responsáveis pelo projeto por geralmente incluir assistência técnica e direito de baixar e instalar atualizações.

Listas de discussão

Representam uma das soluções mais populares para a colaboração online por facilitar a vida dos participantes usando o e-mail como canal de distribuição.

Listas ou grupos de discussão, como já foi falado acima, são um tipo de mural de mensagens que usa e-mail para distribuir conteúdo para seus assinantes. O conceito é parecido com o da mala direta, onde uma relação de endereços serve para se enviar a mesma informação a um grupo de pessoas pelo correio. Esse modelo, transposto para a internet, descreve uma *newsletter*, porque a mensagem parte de um lugar para muitos. Já a lista funciona a partir de um refletor de mensagens eletrônicas que gera um endereço de e-mail especial para cada grupo criado. Isso permite aos participantes mandar mensagens ao refletor, que então transmite seu conteúdo a todos os inscritos, proporcionando a experiência da comunicação grupal.

Empresas como Yahoo! e Google oferecem serviços gratuitos para a criação de listas, mas programas para a administração de grupos por e-mail podem ser instalados para funcionar em ambientes fechados, atendendo a necessidades específicas de privacidade e segurança.

As alternativas mais populares da internet permitem ao criador do grupo definir como o refletor irá funcionar. A lista pode servir como *newsletter* onde apenas os moderadores têm permissão de enviar conteúdo, ou para discussão entre os participantes onde todos enviam e recebem mensagens. Ela pode ser aberta, para qualquer usuário interessado no assunto, ou restringir a entrada a pessoas convidadas. O moderador pode determinar que as mensagens, antes de serem transmitidas ao grupo, sejam aprovadas por ele, assegurando dessa forma sua qualidade, filtrando conteúdo como **SPAM** e e-mails que não acrescentam à discussão. Ou permite a troca livre de e-mails entre associados e educa os participantes sobre como proceder para não gerar ruído e incomodar os demais usuários da comunidade.

O ato de se inscrever para participar de uma lista é chamado "assinar". Uma pessoa assina determinada lista. Para sair e parar de receber e-mails, ela deve cancelar a assinatura.

Além de receber e retransmitir mensagens para o grupo, alguns serviços incorporaram funcionalidades que permitem à comunidade se organizar e fortalecer os vínculos entre os participantes. A agenda de atividades pode ajudar os indivíduos a se programar e a lembrar eventos. A galeria de fotos serve para estimular o grupo a formar uma história conjunta. A área de compartilhamento de arquivos possibilita aos participantes disponibilizar determinados documentos sem precisar anexá-los à mensagem – porque, dependendo de seu tamanho, ele pode encher a caixa postal de algumas pessoas, criando frustração dentro do grupo.

5. Blog e wiki

A internet não seria tão interessante se não existissem os blogs e a Wikipedia. Especialistas apostam que o futuro da comunicação e dos profissionais dessa área passa necessariamente pelo domínio de ferramentas assíncronas, que apareceram nos anos 1990 e se destacam pela simplicidade de funcionamento.

Blog

A "vedete" das ferramentas colaborativas não funciona sozinha; a força de um blog é proporcional à qualidade de sua rede de interlocutores.

Tecnicamente um fórum de discussão não é um blog, mas um blog pode funcionar como um fórum, o conceito é parecido: mensagens publicadas em seqüência, alinhadas cronologicamente. Ambas as ferramentas podem limitar a participação a usuários registrados ou serem abertas a qualquer pessoa interessada em colaborar. As duas podem estar disponíveis pela Web ou dentro de uma rede privada como uma intranet. Mas, na prática, o blog ganhou maior evidência que qualquer outra solução colaborativa, tornando-se uma das mais célebres na Web. Se do ponto de vista da tecnologia as diferenças entre blog e fórum são imprecisas, o que então justifica o fato de uma delas ter rompido o limite do bolsão de usuários da internet e se tornado um assunto tratado pela mídia tradicional e discutido pela sociedade?

O blog é uma ferramenta simples de ser operada tanto por quem a atualiza quanto pelos usuários que apenas lêem o conteúdo. Esse material geralmente aparece em ordem cronológica invertida, o que quer dizer que o texto publicado mais recentemente estará posicionado na parte superior da capa do site.

Tratando-se de um público tão cheio de alternativas de informação como o internauta, o blog sai na frente por exigir o mínimo de atenção dos usuários. O caminho da informação é linear, é só mover a barra de rolagem para baixo para se ter uma idéia do conteúdo. E para quem se interessa em criar um blog, o esforço para manter a página atualizada é correspondente ao de se enviar um e-mail, basta publicar a mensagem ou anexar a imagem, não precisa se preocupar em organizar a distribuição do conteúdo entre páginas diferentes.

Os blogs evoluíram a partir da publicação de diários pessoais na internet em 1994. A opção de organizar as entradas em ordem cronológica invertida atendia à necessidade de tornar o processo de atualização fácil e rápido, inclusive porque esse trabalho acontecia manualmente. Não havia uma interface indicando os campos a serem preenchidos, o usuário abria o **CÓDIGO-FONTE** da página e acrescentava o conteúdo novo, fazendo a edição gráfica em html. (Isso é simples de se fazer em nível básico: separar parágrafos e negritar palavras. Nada a ver com níveis avançados de programação.) Mas apesar de ter as mesmas características, estes ainda eram protoblogs.

Apesar de freqüentemente ser associado ao usuário adolescente, o blog é um veículo conceitualmente superior ao de um diário íntimo. É uma ferramenta de articulação social e essa condição só emergiu no final dos anos 1990. Para entender a projeção que recebeu, principalmente a partir de 2001, vale a pena entender que o termo blog foi cunhado a partir da união das palavras "Web" e "log", sendo que "log" significa registro ou entrada em um *booklog* ou diário de bordo de um navio. Esses diários cumpriam a função das atuais caixas-pretas dos aviões: registrar os acontecimentos da viagem para, em caso de acidente, ajudar na reconstituição dos seus motivos.

Da mesma forma como uma formiga não existiria sem o formigueiro, o blog não faz sentido sem a blogosfera, termo que representa as interligações de todos os blogs para formar uma comunidade ou uma rede social. Muitos blogs são largamente interconectados. Os blogueiros se lêem mutuamente, fazendo links e referências uns aos outros em seus textos.

A possibilidade de formação de redes pelos blogs emergiu das experimentações feitas por adolescentes e jovens universitários, que adotaram essa mídia como parte de seu cotidiano, utilizando-a para manterem-se atualizados em relação a eventos e compartilhando suas opiniões. Cada um lê o que tem vontade e quem publica não tem a necessidade de ficar avisando um por um das coisas que vai fazer. Mas além da dinâmica de funcionamento, houve também diversidade em relação aos assuntos. A disponibilidade crescente de serviços de blog simples e baratos abriu um canal para usuários de computadores com pouco conhecimento tecnológico disponibilizarem poemas, prosa, pensamentos ilícitos, reclamações e experiências diárias.

A partir de 1999, com a oferta de serviços grátis por empresas como a Blogger, a possibilidade de formação de redes colaborativas atingiu nichos específicos. Destacam-se alguns tipos recorrentes de blogs como os de viagem, que servem para registrar experiências e reduzem a necessidade de mandar e-mails contando a mesma história para familiares e amigos. O fotolog escoa uma parte do volume crescente de imagens que as pessoas passaram a produzir com a popularização das câmeras digitais. Mais recentemente surgiram o Moblog e o Vlog: o primeiro é atualizado por meio de aparelhos móveis como celulares, e o outro utilizando vídeos ao invés de fotos.

Além de entreter, os blogs também servem para o trabalho e para se ganhar dinheiro. Investidores usam a ferramenta para anunciar oportunidades, discutir a viabilidade de modelos de negócio e também para especular disseminando informações que possam influenciar a flutuação do mercado de ações. A cobertura de eventos pode acontecer em tempo real, com o participante acompanhando uma palestra ou apresentação e, ao mesmo tempo, apresentando suas impressões. Profissionais e cientistas podem compartilhar registros com pessoas com interesses afins, comentando artigos e notícias e opinando a respeito de temas do dia, fugindo dessa forma das limitações impostas pela telecomunicação tradicional e, também, se impondo a ela.

Blogs dedicados à política vêm ganhando atenção da mídia e de acadêmicos, particularmente nos Estados Unidos. Seus autores geralmente publicam links para artigos em sites de notícia, adicionando seus comentários. O ano de 2002 talvez assinale o momento de maturação do blog como veículo de comunicação independente. Naquele ano, a grande mídia norte-americana praticamente ignorou as declarações racistas do então líder do Senado, o republicano Trend Lott. Em um evento público, Lott disse que a nação estaria melhor se um determinado candidato à presidência favorável à segregação racial tivesse vencido a eleição em 1948. A declaração, presenciada por jornalistas, só entrou para o noticiário nacional em função da disseminação de mensagens de indignação por meio de blogs sobre política. Além do repúdio ao senador, os blogueiros reclamavam da parcialidade dos veículos de informação, que haviam escolhido não dar publicidade ao ocorrido. A mobilização via internet chegou à imprensa e até o presidente Bush viu-se obrigado a denunciar Lott, um de seus principais aliados no Senado, e a pressão o levou a renunciar ao posto de líder da Casa.

No Brasil existem poucos casos como o do jornalista Ricardo Noblat, que graças à popularidade de seu blog sobre política, conseguiu se tornar autônomo em relação às empresas de mídia. Mas seu blog, como o de Juca Kfouri e outras celebridades da imprensa, utiliza a ferramenta como um veículo alternativo para a distribuição de conteúdo. A interlocução entre pares – que são pessoas do mesmo nível intelectual, com o mesmo acesso à tecnologia, com opiniões variadas – ainda acontece de maneira tímida na blogosfera brasileira. Nesse sentido, abre-se a possibilidade da utilização de blogs coletivos ou comunitários e do uso paralelo à internet de um veículo de *broadcasting* para amplificar o sinal do blog (*ver* Capítulo 10).

Nos blogs comunitários ou colaborativos, vários usuários participam publicando conjuntamente na mesma página. O grupo pode ser fechado e constituído, por exemplo, de uma turma de amigos que interage entre si e com os leitores, ou pode ser aberto, como no caso do Slashdot, que oferece a milhares de usuários um espaço para interlocução e troca de informações a respeito de tecnologia, e seus editores escolhem *posts* feitos no mural para destacar na capa do site. O modelo de jornalismo colaborativo do site Indymedia, criado para militantes de esquerda trocarem informações e se mobilizarem para protestar durante a reunião da Organização Mundial do Comércio em 1999 em Seattle, acabou se espalhando pelo mundo. Em meus projetos Viva São Paulo e Leia Livro, qualquer pessoa pode publicar e o melhor conteúdo rende boletins transmitidos pela rádio, disseminando a ação para fora da rede.

Wiki

Esta ferramenta é a solução mais eficiente para a redação colaborativa, mas para ser útil, exige dos participantes a capacidade de hierarquizar a informação.

A Web pode ser descrita como um computador coletivo onde qualquer pessoa pode entrar para ver o conteúdo. Mas a maior parte das páginas informativas ou corporativas representa vitrines de informação: você pode olhar mas não deve pôr a mão. O artigo do *The New York Times* serve apenas para ser lido. O administrador que permite a publicação e a modificação do conteúdo fica fora do alcance do usuário comum. O wiki surgiu na contracorrente desse modelo. Essa ferramenta gera páginas na internet que podem ser modificadas de forma rápida e simples, diretamente pelo browser, representando uma solução eficiente para a redação colaborativa.

Se os sites de hoje forem reduzidos ao menor denominador comum, restarão texto e link. A internet é um emaranhado de conteúdo escrito interconectado. O principal *insight* do programador Ward Cunningham, quando desenvolveu o primeiro wiki em 1994, foi adotar a utilização da **MARKUP LANGUAGE** para a formatação de textos a serem publicados na Web. O html é uma *markup language*, ou seja, uma linguagem de programação usada em combinação com texto para gerar efeitos de formatação como negrito, itálico e aumento do tamanho da letra. Mas redigir usando html é pouco prático porque a sinalização trunca a leitura e exclui usuários que não conheçam seu funcionamento. O wiki utiliza uma linguagem *markup* simplificada, semelhante ao que se costumava usar para formatar textos na época da máquina de escrever mecânica, de modo que não é difícil para o novato aprender os sinais básicos (ver tabela ao final do capítulo). Por exemplo, o asterisco representa um item de lista, quatro hífens em seqüência produzem uma quebra de página, três sinais de igual servem para separar uma seção do texto, o intervalo de duas linhas produz um parágrafo. E o usuário também pode facilmente criar páginas internas colocando uma seqüência de palavras entre colchete duplo. Se você está fazendo esforço demais para entender, vai se confundir. É simples mesmo.

A diferença de um wiki para um site comum é que cada página gerada por ele tem um botão de "editar" em destaque. Entre na wikipedia.org, o maior wiki em funcionamento hoje – que usa o programa MediaWiki, um dos mais completos – para constatar que se trata de um site aparentemente igual a qualquer outro: o conteúdo no centro da página, a identidade (nome e logo) no campo superior esquerdo e um menu na lateral esquerda, seguido de uma área de busca. A novidade está em quatro botões na parte de cima, ao lado da identidade, que parecem abas de um fichário: "Artigo", "Discussão", "Ver fonte" e "História".

Clique sobre a opção "Ver fonte" e o conteúdo central da página aparecerá dentro de uma janela de edição. Clique sobre esse texto e você verá que o documento está aberto a modificações. Na parte de baixo da página, abaixo da janela, existem três botões, sendo o primeiro "Salvar página". Se após modificar o texto você o salvar, suas alterações aparecerão no artigo, e qualquer pessoa que, em seguida, entrar no site visualizará a página como você a deixou. Sem segredos, sem dificuldades.

Não é por acaso que a palavra wiki vem da expressão havaiana "wiki wiki", que pode ser traduzida informalmente para o português como "rapidinho", no sentido de ser uma coisa sem complicações.

Suponha que você decidiu fazer um site pessoal usando um wiki e, depois de escolher e instalar no servidor uma entre as várias versões que estão disponíveis gratuitamente na internet, acessa a sua página. Uma das coisas que pode fazer para começar é, clicando em "Ver código fonte", escrever "Esta é a página de [[Fulano de tal]]. Os meus interesses pessoais são [[cinema]], [[games]], [[tecnologia]]". Salvando esse texto, o sistema gerará links para páginas novas em cada trecho colocado entre duplo colchete – o *markup* será ligeiramente diferente dependendo da ferramenta que você escolher. Clicando sobre "Fulano de tal", você abrirá uma página em branco para se apresentar.

Uma vantagem do wiki em relação ao blog é que ele permite ao usuário construir uma estrutura de navegação hierarquizando o conteúdo publicado segundo sua conveniência. Enquanto o blog impõe que os textos sejam publicados em seqüência cronológica, a arquitetura do wiki é aberta. Pode-se dizer que o wiki está para o blog assim como o Lego para o Playmobil: ele é mais versátil, mas exige mais empenho e rigor para a construção de objetos. A manutenção de um wiki onde várias pessoas trabalham conjuntamente pressupõe que esses usuários entendam que existe um padrão a ser seguido para que os outros encontrem o conteúdo. Do contrário, o site tende a se tornar um labirinto caótico de conteúdo desordenado, com links criados aleatoriamente segundo os critérios de cada participante.

Como é fácil modificar as páginas do wiki, seu conteúdo está constantemente exposto a vândalos e também a **PROGRAMAS-ROBÔ** que alteram as páginas incluindo links (geralmente para sites pornô) com o objetivo de aumentar a visibilidade de seus sites na busca pelo Google. Essa preocupação não afeta quem usa o wiki para projetos fechados, onde o acesso seja limitado a um grupo de participantes. Mas essa vulnerabilidade pode se tornar inconveniente para os projetos abertos de usuários que não estão disponíveis para acompanhar as modificações inseridas ao longo do dia. Em 2005, em virtude do vandalismo excessivo, o *Los Angeles Times* decidiu desativar o recém-lançado projeto "wikitorial", uma área para os leitores redigirem coletivamente editoriais para o jornal.

Ainda assim, projetos como a Wikipedia, lançada em 2001 e que em maio de 2007 dispunha de aproximadamente 7,2 milhões de artigos escritos e corrigidos por voluntários, sobrevive graças a uma combinação de força comunitária e soluções tecnológicas. A função "História" disponível no MediaWiki* lista as versões prévias do documento. Cada vez que um usuário modifica e salva um texto, o wiki mantém registrada a versão anterior. A qualquer momento uma pessoa pode recuperar a história da composição de um verbete, desde sua redação original até a edição mais recente. O programa permite ainda a concessão de direitos administrativos para que usuários mais comprometidos com o projeto tenham poderes para,

* Programa responsável pelo funcionamento da Wikipedia.

por exemplo, serem avisados a respeito de modificações em páginas mais visadas por baderneiros ou mais suscetíveis a provocar polêmica.

No caso da Wikipedia, acessada diariamente por mais de 66 milhões de pessoas,[1] é possível ainda detectar modificações pequenas como substituição de palavras, usando a função "Diff" que compara duas versões destacando o conteúdo alterado. Isso serve principalmente para preservar o site contra vandalismos mais sutis ou ações relacionadas a autopromoção. (Congressistas dos Estados Unidos foram pegos inúmeras vezes editando seus próprios verbetes para apagar informações que comprometessem sua imagem pública como, por exemplo, suas promessas eleitorais não-cumpridas.) E no caso de artigos polêmicos, onde existe disputa em relação a pontos de vista, o debate não acontece na área do artigo, mas em uma página relacionada a ele que serve para discussões.

O wiki pode ser usado para se produzir um blog – basta que a função "Ver código fonte" seja travada para pessoas não-autorizadas. Ele serve também como espaço para o gerenciamento de conteúdo pessoal. Os primeiros rascunhos deste livro foram escritos em um wiki, o que permitiu que o conteúdo da pesquisa estivesse sempre reunido, organizado e atualizado independente de onde eu me conectasse para trabalhar. Mas a função natural do wiki, o motivo pelo qual e a partir do qual a ferramenta vem se desenvolvendo, é a formação de comunidades para a redação colaborativa.

Como é o caso de outros softwares comunitários, existe uma variedade de versões do wiki à disposição de quem quiser instalar a ferramenta em um servidor próprio, o que pode ser uma opção para empresas que precisam manter o acesso restrito e o conteúdo protegido. Outra solução é contratar um serviço privado que já vem com o wiki instalado e assistência técnica incluída. O usuário comum pode escolher entre as soluções disponíveis nas "wiki farms" – servidores que oferecem hospedagem grátis de wikis.

É simples formatar artigos no wiki

Essas instruções servirão mais precisamente a wikis criados a partir do software MediaWiki. Apesar dos símbolos gráficos algumas vezes serem diferentes para cada programa, esses exemplos demonstram como funcionam as *markup languages*. Para fazer com que o texto se pareça com o que está na coluna da direita (resultado obtido), escreva aquilo que se encontra na coluna central (código).

Função	A escrever	Resultado obtido

Cabeçalhos	`== Nova seção ==`
	`=== Subseção ===`
	`==== Subsubseção ====`
		Nova seção
		Subseção
		Subsubseção

Novo parágrafo	`Um final de linha apenas é usado para separar frases dentro de um parágrafo.`
	`Um novo parágrafo é criado pressionando-se duas vezes a tecla "enter", no seu teclado.`
	
	`Ou seja, para iniciar outro parágrafo deve haver uma linha em branco entre as frases.`
		Um final de linha apenas é usado para separar frases dentro de um parágrafo. Um novo parágrafo é criado pressionando-se duas vezes
		a tecla *enter*, no seu teclado.
		
		Ou seja, para iniciar outro parágrafo deve haver uma linha em branco entre as frases.

Quebrar linhas	`Você pode quebrar linhas sem começar um novo parágrafo.`	Você pode quebrar linhas sem começar um novo parágrafo.

Lista com marcadores	`* Listas são fáceis de fazer:`
	`** comece cada linha com um asterisco`
	`** mais asteriscos significam níveis mais profundos`
		• Listas são fáceis de fazer:
		– comece cada linha com um asterisco
		– mais asteriscos significam níveis mais profundos

Lista numerada	`# Listas numeradas também são boas`
	`# aqui está um item`
	`## aqui está um subitem`
	`## e aqui outro`
	`#Mas lembre-se que o símbolo # tem de estar completamente encostado à esquerda.`
		1. Listas numeradas também são boas
		2. aqui está um item
		1. aqui está um subitem
		2. e aqui outro
		3. Mas lembre-se que o símbolo # tem de estar completamente encostado à esquerda.

Função	A escrever	Resultado obtido

Lista combinada	`* Você pode até mesmo com-`
	`binar funções`
	`*# para formar um lista`
	`diferente`
	`*#* como aqui`
		• Você pode até mesmo combinar funções
		1. para formar um lista diferente
		– como aqui

Título com texto	`; Título : com texto`
	`; Item : a definição do`
	`item`
		Título
		com texto
		Item
		a definição do item

Identação	`: Dois pontos servem para`
	`identar uma linha ou pa-`
	`rágrafo.`
	`::Duas vezes dois pontos`
	`identam ainda mais.`
	`Um caracter numa nova`
	`linha inicia um novo pa-`
	`rágrafo.`
		Dois pontos servem para identar uma linha ou parágrafo.
		Duas vezes dois pontos identam ainda mais.
		
		Um caracter numa nova linha inicia um novo parágrafo.

Fonte: Wikipedia.org

6. Agregadores de conteúdo, folksonomia e networking social

Chat, blog, comunicador instantâneo, wiki e mural são meios para duas ou mais pessoas se comunicarem e, juntas, produzirem conteúdo. Mas as ferramentas têm limites para propiciar a troca direta de informações. O aumento do número de participantes em uma conversa multiplica as possibilidades de colaboração mas, em certo momento, a mídia atinge seu ponto de saturação. Imagine uma conversa em um bar. Quando ele fica cheio, a soma das vozes se converte em ruído e cada indivíduo precisa falar mais alto para ser escutado, o que aumenta a dificuldade de audição no ambiente. O mesmo acontece na internet.

A moderação é uma das maneiras de filtrar o ruído, mas a participação de milhares de usuários em ambientes online levou ao desenvolvimento de programas que compartilham com os administradores a responsabilidade de gerenciar o fluxo de informação dentro da comunidade. Neste e no próximo capítulo apresentaremos as principais soluções usadas atualmente com essa finalidade.

Agregadores de conteúdo

`Ao invés do usuário ir ao conteúdo, o conteúdo vai ao usuário.`

Em inglês, "sindicar conteúdo" (*content syndication*) significa utilizar o serviço de uma empresa para distribuir o produto de um autor para diversos meios de comunicação. Ao invés da sindicalização de pessoas, que em português é a união de indivíduos com interesses comuns, trata-se da reunião comercial de produtos editoriais para que sejam reaproveitados em praças diferentes. Um cartunista pode "sindicar" suas tiras para que elas apareçam em jornais de várias cidades.

O mesmo conceito se popularizou na internet a partir da comunidade de blogueiros. A *syndication*, ou distribuição de conteúdo por assinatura, permite que os leitores de um determinado site sejam informados a respeito de novos artigos ou documentos multimídia disponíveis, o que é extremamente útil para a blogosfera, onde existem inúmeras fontes de informação e o usuário perderia muito tempo checando suas referências uma a uma para saber qual delas publicou novidades.

Desde 2001 grandes veículos de mídia adotaram essa tecnologia, permitindo ao internauta uma experiência de navegação personalizada ao acessar a Web. Utilizando um **AGREGADOR**, ele pode assinar gratuitamente o conteúdo de seus sites preferidos e, sempre que acessar a rede, seu computador importa as atualizações dessas fontes montando um informativo sob medida. Receberá, digamos, as notícias do canal de ciências da BBC, as resenhas de livros do *The New York Times*, a agenda da semana da *The Economist* e as últimas notícias do trânsito e do clima do jornal de sua cidade.

Para que a distribuição funcione, é necessário que exista um disponibilizador e um captador. O disponibilizador de conteúdo (*feed*) é um arquivo para fornecimento de informação que lista em linguagem de sistema o conteúdo oferecido pelo site.

Existem dois padrões de documentos *feed* dividindo a opinião de especialistas sobre qual é mais eficiente: RSS e Atom. Mas não é nosso objetivo esmiuçar o funcionamento dessa tecnologia. Basta saber que se um artigo novo é alimentado na página, o *feed* inclui em sua lista parte dessa informação, como título e resumo, ou mesmo o conteúdo completo. O captador, conhecido como *feed reader*, *news reader* ou agregador, é um programa que consulta periodicamente o *feed* dos sites que o usuário assinou para checar se há novidades. Em caso afirmativo, ele "importa" e organiza esse conteúdo em um local especificado no computador.

Agregadores geralmente são programas independentes que podem ser instalados no leitor de e-mail ou em browsers como o Mozilla Firefox e o Internet Explorer a partir da versão 7. Portais como Yahoo! e Google oferecem soluções online que dispensam instalação e incluem listas de sites que distribuem seu conteúdo por assinatura. Pelo browser, o usuário identifica a existência do serviço por meio de ícones específicos, como . A assinatura pelo programa de e-mail acontece com a inclusão do endereço do site onde está localizado o *feed* na lista do serviço. Assim, as notícias passam a chegar ao usuário como mensagens de e-mail.

Para se distribuir o conteúdo de um site por assinatura usando essa tecnologia, a solução mais simples é utilizar uma ferramenta que gere o *feed* automaticamente com a atualização. No caso de um blog, o sistema que oferecer esse recurso atualiza o *feed* ao processar cada novo conteúdo publicado. O usuário que optar por essa solução deve ter também uma mensagem fixa convidando as pessoas que visitarem seu *site* a assiná-lo e, como essa tecnologia ainda está pouco difundida fora do grupo de internautas experientes, vale a pena incluir um tutorial explicando como a assinatura de conteúdo funciona e como aproveitá-la.

Alguns agregadores filtram *feeds* de vários sites para relacionar apenas as informações referentes a temas específicos – por exemplo, os que vierem com a palavra "futebol" ou "dólar" – de modo a reduzir o número de notícias desinteressantes para o usuário. Há também ferramentas de busca como Feedster e Blogdigger para pesquisa de conteúdo publicado via *feeds*.

Além da aplicação ao blog, a assinatura de conteúdo tornou-se ainda mais relevante com a popularização dos *podcasts*, que podem ser descritos como blogs em áudio. O blog está para o veículo impresso assim como o *podcast* para o rádio. Em resumo, trata-se de um arquivo de áudio, geralmente em formato MP3, mais compacto, oferecido por internautas em seus sites usando a mesma tecnologia de *feeds* e agregadores. Essa solução permite que o cidadão comum transmita a grandes audiências programetes feitos em casa, com tecnologia barata, que podem ser escutados em tocadores de MP3 como o IPod – daí o nome *podcast*. Para os autores desse tipo de conteúdo, que geralmente dependem de tecnologia caseira para criar seus arquivos, a receita de sucesso tem sido apostar na espontaneidade de diálogos, que podem ser gravados a partir de conferências telefônicas pela internet.

O caminho natural dessa idéia é que ela passe do arquivo de áudio para o de vídeo, permitindo ao usuário de internet fazer transmissões de longa distância e para uma audiência com usuários que disponham da mesma tecnologia. Mas o vlog (vídeo blog) acarreta um problema: disponibilizar um arquivo na rede quer dizer armazená-lo em um servidor acessível ao público em geral por meio da internet. Cada transferência de informação, quando se copia dados de um servidor para um computador, tem um custo. Não tanto para a pessoa que carrega o arquivo, mas para quem o está oferecendo, porque pagará pelo consumo da **BANDA** a cada vez que o material sair do servidor. Se o documento ocupar pouco espaço no disco de memória, como um arquivo de texto, o gasto é desprezível, porém arquivos MP3 podem causar prejuízo, e os de vídeo, ainda mais.

A solução que surgiu para permitir a troca de arquivos maiores chama-se BitTorrent, que funciona de forma associada a sistemas de distribuição de conteúdo por assinatura. O Torrent, como também é conhecido, tira o ônus da transferência exclusivamente da pessoa que disponibiliza o arquivo. Os arquivos convertidos para o formato Torrent são organizados em pequenos pacotes de informação identificados, o que possibilita a uma pessoa carregar o mesmo arquivo de várias cópias simultaneamente. Ao deixar um arquivo Torrent disponível, a maior parte da transferência ficará por conta dos usuários que quiserem baixá-lo, porque cada parte recebida fica imediatamente acessível para cópia. Se eu coloco um documento na rede e alguém começar a carregá-lo, o usuário seguinte a solicitar o download usará parte da minha banda e parte da daquele que chegou primeiro. E assim sucessivamente. Quanto mais interesse o documento gerar, mais pessoas ajudarão a disseminá-lo.

A distribuição por assinatura de arquivos Torrent recebeu o nome de "*broadcatching*" – formado pelo jogo das palavras *broadcasting* ("difusão") e do verbo *to catch* ("receber"). O arquivo Torrent enviado dessa maneira permitirá (e já está permitindo) que conteúdo amador de boa qualidade seja distribuído amplamente sem onerar o produtor. Ao mesmo tempo ele aumenta o aproveitamento do conteúdo da mídia tradicional transformando o computador em um Digital Video Recorder*. O "*broadcatch*" proverá o mesmo serviço e com um custo mínimo de transmissão. O usuário usará o computador para receber e enviar seus programas favoritos, e poderá assisti-los segundo sua conveniência.

---

* Esse aparelho, que não chegou a se popularizar no Brasil, grava o conteúdo da TV em um HD para ser assistido nos horários convenientes ao espectador.

Folksonomia – a busca colaborativa

Sistema de etiquetas eletrônicas que permite aos participantes de comunidades categorizarem o conteúdo compartilhado.

A maioria dos usuários assíduos da Web tem uma idéia mais ou menos clara de como ferramentas de busca "descobrem" novos sites na internet. O serviço depende de um browser automático que navega pela rede seguindo os links de uma página para outra. Em cada página, ele coleta dados que podem ser títulos, campos de texto ou mesmo etiquetas especiais (*meta tags*), criadas pelos administradores do site justamente para facilitar o trabalho dos buscadores. A informação recolhida é, então, indexada, ou seja, é classificada dentro de um índice geral segundo os parâmetros de organização usados pela ferramenta. Isso funcionou bem durante alguns anos, mas recentemente essa forma de se mapear a Web enfrenta dificuldades.

A Web cresce mais rápido que as tecnologias disponíveis para fazer a indexação dos sites. Uma parte das páginas costuma ser atualizada continuamente, o que força os buscadores a fazerem visitas periódicas para alterar o registro de dados. O crescimento e a diversificação do conteúdo levam os usuários a utilizar cada vez mais palavras nas buscas, em um esforço para descrever com maior precisão aquilo que estão procurando, forçando o sistema dos buscadores a realizar cálculos estatísticos mais demorados. Além disso, sites de notícias ou aqueles que têm informação freqüentemente adicionada sobrecarregam a memória dos buscadores e exigem a utilização de mais parâmetros para classificar a relevância de seu conteúdo, assim como empresas provedoras desse serviço eventualmente dão destaque aos sites de seus anunciantes. Também já se tornaram de conhecimento público truques para manipular as buscas de modo a relacionar sites com várias palavras-chave, dando a eles evidência em relação aos demais.[1]

A queda na eficiência dos buscadores vem dando margem ao crescimento de uma solução colaborativa para se encontrar conteúdo na rede, a folksonomia – neologismo formado por *folk* (gente, povo) e taxonomia (ciência ou técnica de classificação). Funciona a partir de ferramentas que dão às comunidades o poder de indexar o conteúdo que consideram relevante na Web. Ao invés de usar mecanismos de busca que se baseiam em critérios ocultos – e às vezes questionáveis – para relacionar seus resultados, permite que a movimentação dos indivíduos pela rede se reverta em favor da comunidade.

A folksonomia, portanto, é a classificação direta dos recursos da internet pelos usuários, geralmente dentro de ambientes sociais, utilizando etiquetas digitais (*tags*).

O primeiro experimento para classificar a Web a partir do padrão de navegação dos internautas surgiu em abril de 1996 com o lançamento do site itList.com. A proposta era permitir que os usuários registrassem publicamente as páginas da internet que consideravam interessantes. Esse projeto levou ao aparecimento de serviços semelhantes de "bookmarking social", mas todos eles fecharam com a explosão da Bolha da internet por não conseguirem estabelecer um modelo de negócio rentável.

A idéia de bookmarking social, ou compartilhamento de listas de sites favoritos, reapareceu em setembro de 2003 com o site del.icio.us (http://del.icio.us). E hoje vários dos projetos mais badalados da Web têm em comum o fato de se apoiarem na colaboração entre seus participantes. Neles, a idéia de bookmarking social de páginas evoluiu para a classificação de qualquer recurso da Web, tanto dos existentes como daqueles gerados pelo internauta. Entre os sites mais conhecidos que tiram proveito das *tags* estão Flickr (www.flickr.com), comunidade baseada no compartilhamento de fotos, o YouTube (www.youtube.com), de vídeos caseiros e o Technorati (www.technorati.com) de conteúdo publicado na blogosfera.

Para ser relevante, a folksonomia depende da participação maciça de usuários, e isso está relacionado à utilização de uma ferramenta que exija esforço mínimo e resulte em benefício claro. O objetivo é que a solução transfira para a comunidade as vantagens do trabalho que o internauta faz para si.

No caso do bookmarking, o internauta já registra seus sites favoritos no navegador para não ter o trabalho de se lembrar ou de digitar o endereço cada vez que acessar determinada página. Mas ao invés de armazenar esses links no próprio computador, ele pode registrar os seus favoritos em um site na internet. Assim, ele terá acesso a essa informação de qualquer computador conectado à rede – em sua casa, no trabalho ou em uma lan-house, por exemplo. E, além da vantagem individual, o compartilhamento de milhares de listas possibilita o cruzamento desses dados indicando quais usuários têm interesses em comum por visitarem os mesmos sites, registrarem as mesmas páginas, usarem as mesmas etiquetas ou procurarem pelos mesmos assuntos. Por isso, participantes de sites como o del.icio.us aumentam sua capacidade de encontrar conteúdo relacionado a seus interesses observando a relação de favoritos de pessoas com as quais ele se identifica.

Além de registrar o endereço na Web, o sistema convida o internauta a descrever o que está armazenando por meio de etiquetas digitais (*tags*), que são palavras-chave indicando os assuntos relacionados àquela informação. Por exemplo: as *tags* para o site do *The New York Times* podem ser "jornal", "mídia", "diário", "notícias" e "nova york". Para classificar um artigo sobre a descoberta do gene que provoca a calvície, eu usaria "cabelo", "ciência", "calvície", "genética" e "artigo". Para o usuário, a vantagem de relacionar essas palavras a um determinado link é permitir que o sistema organize a sua informação em pastas temáticas. Isso permite que ele veja toda a informação "tagueada" com a mesma palavra.

O site del.icio.us, como boa parte da tecnologia explorada nestes primeiros capítulos, ajudou no processo de pesquisa e redação para este livro. Na medida em que encontrava artigos e páginas com conteúdo interessante, registrava-os no del.icio.us indicando os *tags* eletrônicos, e graças a isso pude recuperar sem dor de cabeça tudo o que fui garimpando na Web. E, para diferenciar o material sobre internet e tecnologia, criei o *tag* "intercolab" para associá-lo a cada link relacionado ao livro. O leitor pode, dessa forma, fazer uma pesquisa pelo del.icio.us buscando essa etiqueta e encontrará a lista integral das referências usadas ao longo deste trabalho.

Essa tecnologia de etiquetagem eletrônica não serve só para o registro de conteúdo que já existe na internet. O mesmo sistema vem sendo usado para a classificação de conteúdo gerado pelo próprio usuário – por exemplo, suas fotos, seus filmes e os textos publicados no seu blog. E para que você visualize como a folksonomia funciona nesse caso, imagine que está descarregando as suas fotos digitais em um site como o Flickr para que fiquem disponíveis aos seus conhecidos e familiares. Junto com cada foto existe um campo de texto para você inserir palavras-chave que servirão tanto para o sistema organizar álbuns por temas como para identificar relações entre as suas fotos e a de outros participantes da comunidade.

Quem registra no Flickr uma imagem usando o *tag* "floripa", por exemplo, pode estabelecer um elo entre as pessoas que veraneiam ou moram em Florianópolis. Dessa maneira, ao invés de mostrar as suas fotos só para conhecidos, você terá contato com uma série de outras pessoas que compartilham dos seus interesses.

Porém, apesar das vantagens, o sistema de etiquetagem online também acarreta problemas. Cada pessoa pode usar *tags* diferentes para descrever o mesmo item. A palavra "massa" pode ser associada por um baiano ao site de um bloco carnavalesco e por um paulista ao de um restaurante italiano. Mas se a taxonomia usa um vocabulário profissionalmente preciso e controlado, a folksonomia reduz drasticamente os custos de classificação de conteúdo porque não exige o aprendizado de uma nomenclatura complicada. A pessoa inventa seus *tags* de passagem e, por não depender de regras fixas, essa classificação reage mais rapidamente a mudanças e inovações na forma como os usuários categorizam o conteúdo da internet.

Por serem geradas por pessoas genuinamente interessadas pelo assunto de suas pesquisas, as etiquetas são ao mesmo tempo um registro pessoal, social e, até certo ponto, sistemático. Como os *tags* comunitários reúnem informação em múltiplos níveis, incluindo a subjetividade do usuário que o criou, eles convidam ao engajamento de pessoas que reconhecem uma sinalização específica. Por exemplo, programadores brasileiros costumam chamar de "bugado" um software que apresente falhas de funcionamento. (Em inglês, *bug* é gíria para problema técnico.) Mesmo que outras pessoas considerem esse termo estranho, os envolvidos com programação no Brasil se identificarão com esse usuário e se sentirão encorajados a explorar outros objetos que ele registrou. Por isso, mesmo sendo imperfeita e provisória, a busca por *tag* pode ser mais eficiente que os buscadores em termos de recuperação de informação relevante.

A utilização de algoritmos (*ver* Capítulo 7) nos sistemas de classificação colaborativa ajuda a resolver questões como erro de digitação dos *tags*, utilização despadronizada de maiúscula e minúscula ou de singular e plural, ambigüidades e esquemas herméticos excessivamente pessoais. Ao registrar um endereço, o sistema pode apresentar ao usuário a lista de termos mais recorrentes utilizados para descrevê-lo e também hierarquizar os recursos pelo número de usuários que os registraram. Se você for salvar o endereço do site apple.com entre os seus favoritos usando o del.icio.us, saberá as palavras que foram usadas com mais freqüência para descrever esse link. Relacionando os *tags* dos usuários que visitam o site da Apple, o algoritmo terá elementos para distinguir que se trata do fabricante de computadores e não do produtor de maçãs.

Com o registro da freqüência de *tags* específicos, o sistema pode destacar os temas comuns à comunidade usando soluções gráficas. Por exemplo, o *tag cloud* (nuvem de *tags*), inaugurado nos sites Flickr e Technorati, lista os *tags* em ordem alfabética e destaca os mais freqüentes, publicando-os em tamanho maior.

Dessa forma, pode-se identificar a palavra e ter idéia de sua popularidade. Ao selecionar um item da nuvem, geralmente o sistema abre uma lista de subitens associados a ele. A comunidade tem, então, um mecanismo de feedback para uniformizar o padrão de classificação.

Ferramentas para a construção de redes sociais

É uma maneira de favorecer a colaboração, permitindo que pessoas com interesses comuns se encontrem.

A idéia não é nova. Até o final dos anos 1990, eram populares os sites de relacionamento que ajudavam pessoas a encontrar namorados e namoradas. Os participantes preenchiam formulários indicando as próprias características e o perfil da pessoa que consideravam ideal para si. Por meio das informações dos usuários cadastrados a ferramenta cruza os dados para encontrar semelhanças entre pares segundo quesitos como orientação sexual, etnia, nível de educação formal, idade, tipo físico, entre outros aspectos que se leva em conta na hora da escolha de uma companhia íntima.

Esse conceito evoluiu para atender à demanda por relacionamento em outros níveis como o profissional e o social, ou ainda por temas de interesse específico. Pessoas que gostam de autorama, leitores compulsivos, assessores de imprensa, vegetarianos, fanáticos por fotografia digital entre outros usam sites que rodam softwares para a construção de redes sociais com o objetivo de se comunicarem com seus pares.

A característica diferenciadora dos novos "*social network services*" é que eles não se limitam a cruzar informações para aproximar desconhecidos com potencial de relacionamento, mas também oferecem uma maneira para as pessoas reconstruírem na internet sua rede de familiares, amigos e colegas. O programa funciona como uma agenda de endereços coletiva: cada usuário cria seu perfil preenchendo um formulário e, a partir daí, procura conhecidos que também estejam cadastrados no sistema. Na medida em que você encontra essas pessoas, pode convidá-las a fazer parte da sua rede de contatos, que funciona como uma caderneta de endereços: uma relação de nomes de conhecidos e suas informações pessoais, com a diferença de que essas cadernetas se interconectam permitindo que uma pessoa explore a lista de conhecidos das outras. Soa familiar? Esse é o conceito por trás do Orkut (www.orkut.com), um dos maiores fenômenos da internet no Brasil.

As ferramentas para a construção de redes sociais servem para ampliar e fortalecer a teia de relacionamentos dos usuários porque facilitam a recuperação e a preservação de vínculos. Um dos elementos que impulsionou a "febre" do Orkut no Brasil foi a possibilidade de reencontrar amigos com os quais se havia perdido o contato. Isso pode ser feito usando a busca com a intenção de encontrar determinada pessoa a partir do nome dela. Outra forma é "esbarrando" sem querer com ela ao navegar pelas listas dos seus conhecidos. Pessoas que viveram no mesmo bairro, estudaram juntas, têm a mesma profissão ou trabalharam na mesma empresa fatalmente possuem colegas em comum. Pela internet, e usando essas soluções, um grupo de amigos que havia se afastado pode voltar a se aproximar, trazendo consigo outras listas de conhecidos que contêm mais nomes perdidos.

Além das ferramentas genéricas, existem softwares desenvolvidos para reunir pessoas com características afins. É o caso do BookCrossing (www.bookcrossing.com), um site de relacionamento para leitores. Mais do que estabelecer o contato direto entre os usuários, esse site serve para administrar uma espécie de biblioteca pública virtual. Os participantes são convidados a "liberar" livros, registrando-os pelo site e identificando-os com uma etiqueta, em locais movimentados para que possam ser lidos por outras pessoas.

Quem encontra o livro, é convidado a descobrir pela internet o trajeto daquela obra, pois cada leitor pode publicar no site as suas impressões a respeito da leitura e indicar também a cidade onde vive. Se alguém gostou de determinado livro, faz o seu registro no site BookCrossing e indica onde pretende abandoná-lo – pode ser em lugares como um café, um banco de praça ou em um ponto de ônibus. O usuário inscrito no site pode ir até o local e pegar o livro; a obra também pode ser encontrada por um transeunte qualquer. Na contracapa o dono original colou uma mensagem com o número de registro do livro e quem o encontrar poderá acompanhar a viagem do livro e também as impressões que for provocando nas pessoas que o leram.

Projetos como o BookCrossing não se tornaram populares em países como o Brasil onde um livro encontrado na rua normalmente é vendido para sebos. As pessoas preferem doar seus livros para bibliotecas, o que aumenta as chances de ele circular livremente.[2]

Outra maneira de aplicar o networking social à circulação de livros foi criada pelo brasileiro Luciano Ramalho. Ele foi contemplado em 2006 pelo Summer of Code, uma bolsa de estímulo oferecida pela Google Inc. para programadores do mundo inteiro desenvolverem projetos selecionados. Wandering Books – título orginal enviado por Luciano ao Google – é uma aplicação que estimula a circulação de livros em pequenos acervos particulares.

Quem gosta de ler costuma, ao longo da vida, ir montando uma biblioteca particular que, salvo para eventuais consultas, serve para acumular pó. Jogar fora, nem pensar. Emprestar é complicado porque muitos livros não voltam. Wandering Books funciona como um Orkut: os participantes constroem teias de relacionamento. A diferença é que cada um será convidado a listar no site os livros que quiser deixar à disposição de seus amigos. Quanto maior o rol, mais extensa será a biblioteca coletiva. E como essas pessoas se conhecem umas às outras e provavelmente moram na mesma cidade, não é necessário se preocupar com a logística de entrega dos livros. O importante é que cada um saiba o que os outros têm à disposição, pois a entrega é acertada diretamente entre o interessado e o dono do livro. Há mais uma vantagem: o programa mantém o registro de quais obras estão emprestadas e para quem, resolvendo (ou, pelo menos, minimizando) o problema da perda de títulos por esquecimento.

Mais um exemplo de ferramenta de networking social aplicada à criação de sites comunitários – nesse caso, comunidades fora do mundo virtual – é o Meet Up (www.meetup.com), apelidado ironicamente de "America Off-Line". Ele funciona como um agenciador de encontros entre pessoas com interesses em comum. O usuário se cadastra informando a cidade onde vive e, em seguida, se associa a comunidades temáticas, como "programadores de PHP", "ciclistas urbanos", "fanáticos por rock pauleira", "colecionadores de caixinhas de cigarro", "maníacos por wasabi", entre uma infinidade de opções. Qualquer elemento que estabeleça vínculos entre pessoas, seja profissão, área de conhecimento ou hobby, entra nessa lista.

O serviço, que é pago, cruza informações de duas listas, a de onde a pessoa está e a de quais grupos ela participa. Em cada cidade, os associados sugerem locais para os encontros, e o sistema se encarrega de conferir se existem pelo menos cinco inscritos na mesma cidade que pretendem ir. Se houver quorum, os participantes são convidados, por e-mail, a decidirem o local votando entre as opções preestabelecidas. Finalmente, poucos dias antes do encontro, o sistema faz uma verificação final e, dependendo das respostas, confirma ou não o evento.

E, finalmente, existem os sites de networking social exclusivos, fechados para convidados. Um dos mais conhecidos se chama A Small World (www.asmallworld.net), freqüentado por celebridades e socialites como as modelos Naomi Campbell e Paris Hilton, o cineasta Quentin Tarantino e o golfista Tiger Wood. No total apenas 128 mil pessoas têm acesso ao site – contra 49 milhões de usuários inscritos no Orkut, por exemplo. Para ser aceito, uma pessoa precisa ter contatos muito quentes. E para ter o direito de convidar outras pessoas, além de estar bem relacionado, o usuário deve ser ativo dentro da rede.

Como nos sites abertos de networking social, os participantes compartilham os perfis de seus contatos, um calendário de eventos e um sistema de comunicação interno. Os usuários também ajudam a produzir guias para compras, passeios, restaurantes, bares e diversões em geral e têm acesso a um sistema para comprar, vender, alugar ou leiloar seus itens pessoais.

Sites como A Small World podem causar muita dor de cabeça aos ricos e famosos se houver vazamento de informação. Para manter a privacidade e a segurança, o site monitora de perto o comportamento dos participantes e exila os que "vacilam" para um outro site chamado A Big World. Os exilados continuam acessando o site, mas perdem o direito de ver as informações privadas dos outros usuários. Mas os perfis dos exilados continuam acessíveis para quem está dentro, de modo que eles podem ser reconvidados com a permissão do administrador.

7. Algoritmos sociais e automoderação

O trabalho do administrador de ambientes colaborativos é parecido com o do jornalista: ele identifica e destaca o conteúdo que em sua avaliação gerará maior interesse entre os usuários. Mas quanto maior for a comunidade, mais gente precisará trabalhar filtrando os *posts*, o que pode suscitar conflitos e disputas pelo poder entre grupos internos. Com a utilização de algoritmos sociais, a responsabilidade pela moderação do conteúdo postado passa para os participantes, segundo a dedicação de cada um ao coletivo.

Algoritmos – distribuindo o controle

Medir a participação da comunidade serve para identificar e premiar os usuários comprometidos.

Na matemática e na computação, o algoritmo pode ser informalmente descrito como uma receita: uma seqüência finita de instruções para realizar uma tarefa. Os programas são em essência algoritmos que dizem como o computador deve proceder, de modo a resolver tarefas específicas, sejam elas jogar xadrez ou calcular declarações de Imposto de Renda.

Exemplos simples de algoritmos podem ser enunciados em linguagem convencional. Por exemplo, um programa para determinar se um número é par ou ímpar indicaria os seguintes procedimentos ao computador: primeiro leia o valor de N e divida-o por dois, se o que sobrar da divisão for igual a zero, imprima na tela "o número N é par" e encerre o processamento. Caso contrário, imprima "N é um número ímpar" e encerre o processamento.

À primeira vista, pode parecer vaga, talvez estranha ou até assustadora a idéia de usar algoritmos em ambientes sociais online. Para começar, seria possível definir critérios quantificáveis para avaliar as intenções e o compromisso de participação? Nossa imaginação pode sugerir orquestrações totalitárias de um sistema tecnocrático, onde cada pessoa é um número e o Grande Irmão friamente escolhe os mais produtivos e obedientes e descarta os que não se comportam segundo as expectativas. Mas na verdade a aplicação de algoritmos em comunidades tem o objetivo oposto ao da centralização das decisões.

Vamos começar com a primeira questão: é possível definir critérios quantitativos para avaliar a qualidade da participação de indivíduos dentro de uma comunidade? Um elemento de aferição pode ser o tempo. Um usuário registrado em 1999 tem mais "tempo de casa" que um registrado em 2002. Isso é um dado quantificável que sugere que o primeiro pode ter maiores vínculos com a comunidade que o segundo. Mas aquele talvez freqüente o site sem constância, uma vez a cada dois ou três meses, enquanto o outro, pelo menos duas vezes por semana. Assiduidade, portanto, é outro parâmetro. E existe o tempo de uso: quantas horas cada pessoa permanece navegando pelo site? Alguém que acessa diariamente pode permanecer só cinco minutos enquanto outro dedica duas horas todos os sábados.

Existem ainda outras maneiras de detectar o compromisso do usuário com o site: uma pessoa talvez acesse o site e saia para trabalhar; outra, quando entra, publica fotos ou vê as de outras pessoas, interage, lê e deixa comentários. Qual dos dois é mais dedicado? Qual demonstra maior interesse pela comunidade? Se os textos que envio provocam a reação da comunidade, que lê e tece comentários a respeito das coisas que digo, e outro usuário escreve com maior freqüência, mas poucas pessoas se dão ao trabalho de ler e interagir com ele, será que isso diz alguma coisa sobre a qualidade da minha contribuição para a comunidade?

A função dos algoritmos sociais é registrar e processar informação derivada da utilização do site pelos participantes. É o usuário quem define que tipo de dados deseja disponibilizar para o sistema. Se ele concorda em se registrar para acessar um site específico, sua participação junto àquela comunidade poderá ser medida para quantificar sua performance. No caso de ambientes que não exigem o registro, as ações dos participantes podem qualificar o conteúdo, indicando os textos mais populares pelas reações que ele provocar.

A forma mais eficiente de medir o comprometimento dos participantes da comunidade é por meio do cadastro. Para se cadastrar, o usuário geralmente precisa oferecer uma prova de compromisso com a comunidade, por exemplo, revelando um endereço de e-mail ao qual ele tenha acesso e que esteja funcionando. O formulário pode ser mais ou menos intrusivo, mas o mínimo necessário é a definição de um nome de usuário, de uma senha e de um e-mail válido. O sistema envia uma mensagem automática ao usuário com um link que deve ser acionado para confirmar o recebimento, o que cela o acordo entre as duas partes. Para o cadastramento valer a pena para o usuário, o site precisa oferecer vantagens como acesso a conteúdo restrito e a pessoas que têm interesses em comum. O indivíduo aceita se ligar ao site porque sabe que dessa forma terá direito a entrar em áreas reservadas a assinantes e a interagir com a comunidade.

O registro permite que o site recolha dados para ir construindo a reputação de cada participante registrando seu "tempo de casa", a quantidade de vezes que acessa o serviço, qual seu período de permanência e quantas mensagens lê e publica. Um usuário mais atuante ganha reputação e suas participações passam a ser mais respeitadas dentro da comunidade. Em um site freqüentado por milhares de pessoas, o algoritmo atesta o mérito de cada usuário servindo como parâmetro para que a comunidade acredite ou desconfie de suas contribuições.

O vândalo raramente está interessado em acompanhar uma discussão, ele quer criar o problema e desaparecer. Isso acontece, por exemplo, na forma de uma notícia plantada, com informações inventadas ou alteradas. O fato de ele ter demonstrado até o momento pouco comprometimento com o site servirá de orientação para a comunidade desconfiar daquela notícia. Já um usuário que construiu sua reputação, tem o cuidado de preservá-la preocupando-se sempre em checar a qualidade da informação que ele compartilha. Agindo dessa forma ele garante que será ouvido e, quando precisar de ajuda para resolver um problema, poderá contar com a boa vontade dos outros assíduos da comunidade.

Os algoritmos sociais não servem apenas para avaliar a performance dos participantes, eles também qualificam a relevância do conteúdo publicado. A medição da performance do conteúdo pode ser estimada a partir dos seguintes elementos: número de acessos, de comentários relacionados, de notificações enviadas por e-mail para que outras pessoas acessem, de recomendação de usuários com boa performance, entre outros. Esses dados servem para o sistema avaliar, por exemplo, se um vídeo postado como "muito engraçado" tem realmente essa característica. Se foi assistido muitas vezes e os usuários tiverem publicado comentários e enviado recomendações por e-mail, é sinal de que essas pessoas aprovaram o conteúdo.

Se a comunidade, ao navegar pelo site, avalia a qualidade do conteúdo, isso significa que o administrador terá elementos claros para escolher, por exemplo, quais textos merecem ser destacados nas áreas acessíveis a usuários sem registro. Ao invés de ler e determinar o valor editorial de cada texto enviado, o administrador se limita a publicar nas áreas abertas o material que produziu melhor repercussão dentro da comunidade. Assim, cria um atrativo para que quem não conhece a comunidade, se interesse em participar. Caso o material oferecido livremente seja excelente, segundo os critérios de um determinado usuário, ele pode se dispor a se registrar para acessar todo o conteúdo e ter contato com a comunidade.

Karma, automoderação e metamoderação

O karma é um mecanismo de feedback que transfere para a comunidade a responsabilidade por identificar o conteúdo relevante do site.

Karma é uma palavra sânscrita que significa "destino" e exprime a idéia de ciclo de causa e efeito. Por exemplo, se fizermos o mal teremos uma "dívida" com a existência, se for o bem, "crédito". Ao matar uma pessoa, o indivíduo adquire uma "dívida" porém, ao ajudar quem passa necessidades recebe um "crédito". O termo foi apropriado pelo programador Rob Malda para denominar uma solução tecnológica para qualificar a participação de usuários na comunidade para *nerds* Slashdot (www.slashdot.org).

Nesse contexto, o karma é um número que expressa o seu crédito ou a sua dívida com a coletividade a partir de sua participação. O algoritmo mede sua freqüência, a quantidade de textos que lê ou publica, entre outros elementos, para avaliar se você merece receber vantagens dentro da comunidade. Funciona como um sistema de bônus para quem se dedica mais ao trabalho. No caso do Slashdot, os usuários com karma positivo se tornam aptos a moderar o conteúdo do site, ou seja, poderão ser convidados a dizer se um texto é bom ou ruim.

No Slashdot, a condição de moderador não é fixa. O sistema sorteia periodicamente um grupo de usuários aptos, conferindo a eles 15 pontos com prazo de expiração de três dias. Devemos levar em consideração que o Slashdot comporta milhares de usuários registrados, o que significa que sempre haverá moderadores vasculhando o conteúdo publicado nos murais do site. Ao acessar uma mensagem, o usuário com poder de moderação atribui a ela um ponto positivo ou negativo, subtraindo esse ponto do total que recebeu do sistema. Essa solução permite que a comunidade se encarregue de determinar o conteúdo mais relevante, distribuindo a responsabilidade pela triagem das informações entre os participantes assíduos.

A lógica dessa solução é parecida com a da folksonomia: aproveitar a energia do usuário usando a favor da comunidade aquilo que ele está fazendo para si. Ao ler as mensagens, é natural que a pessoa tenha uma opinião a respeito, não custa nada compartilhar essa opinião dizendo se é positiva (+1) ou negativa (-1).

O karma permite que a comunidade assuma a responsabilidade de avaliar o conteúdo publicado no site. O Slashdot tabula a opinião de milhares de usuários para classificar cada mensagem em uma escala que varia de -1 a +5. O algoritmo leva em consideração quantidade de votos como indicativo de popularidade e proporção de classificações positivas ou negativas. Dessa forma, um texto que tenha recebido um voto positivo e, portanto, tem 100% de aprovação não fica mais bem posicionado que aquele com 60% de aprovação mas que possua centenas de votos.

O valor do karma do usuário também influi no "peso" inicial da mensagem que ele publica. A mensagem de um participante assíduo pode começar avaliada como +1, enquanto as participações de um usuário com karma baixo ou negativo chegam no sistema classificadas como -1.

A automoderação permite ainda que os textos sejam pré-qualificados antes de serem publicados na capa do site para o acesso de usuários não-cadastrados. Dessa forma, o editor do site não precisa adivinhar os textos mais representativos da comunidade, basta selecionar aqueles que receberam classificação +5 naquele dia para saber o conteúdo com maior potencial de gerar interesse para usuários com o perfil do projeto.

Nesse sentido, a automoderação é uma ferramenta de feedback como os mecanismos que medem a popularidade de programas de TV dizendo quantas pessoas assistem um canal em um determinado horário, indicando o número de pontos de audiência. No Slashdot, os textos mais populares dentro da comunidade são destacados na capa, o campo de maior evidência do site, para convidar pessoas ainda não-cadastradas a se interessarem por explorar o conteúdo e eventualmente se tornarem colaboradoras.

O Slashdot dispõe de uma solução ainda mais refinada de feedback. Seguindo o padrão de navegação de cada participante, os usuários relacionados entre a elite do site, os 6% com karma mais positivo, se tornam metamoderadores e, durante a navegação pelas mensagens, sua interface indica a lista de moderadores (sem mostrar seus nomes de tela, para evitar avaliações tendenciosas) e como cada um classificou aquela participação. O metamoderador pode, então, avaliar o desempenho desses moderadores, o que será considerado pelo sistema na hora de sortear os pontos de moderação. Os moderadores cujos critérios se identificarem com os dos metamoderadores terão maiores chances de atuar novamente nessa função.

Algoritmos e soluções para medir karma de usuários indicam uma solução possível para a questão da falta de critérios para definir o que é bom ou ruim, ou para dizer em quem se pode ou não confiar, o que é fundamental quando a proposta envolve colaboração.

O usuário que compra pela Amazon (www.amazon.com) é convidado a publicar sua resenha a respeito dos produtos, enquanto outros podem qualificar essa avaliação dizendo se ela foi útil ou não. Aquelas que corresponderem mais precisamente às impressões da comunidade são apresentadas em evidência no site.

No site de leilões Ebay (www.ebay.com), confiança é um item que pesa na decisão de compra. Por isso os vendedores constroem um histórico de relacionamentos que depende da avaliação dos compradores. Depois que a transação é fechada, o comprador é convidado pelo site a dizer se o item confere com a descrição do anúncio, se ele chegou no prazo prometido e se estava nas condições indicadas. Os vendedores com histórico de muitos negócios positivos sinalizam favoravelmente conquistando a confiança dos interessados em seus produtos.

Pela automoderação, o site transmite à sua comunidade o poder de decidir o que merece destaque e o que é irrelevante. Mas na medida em que um ambiente online passa a ser controlado pelos usuários, pode acontecer de a maioria dos participantes entrar em conflito direto com os interesses dos administradores. Foi o que aconteceu em 1º de maio de 2007 no Digg! (www.digg.com), o site de notícias automoderado mais popular dos Estados Unidos.

No final de abril, alguns usuários começaram a postar no site uma seqüência de números e letras que correspondia a uma das chaves digitais para se fazer cópias de HD DVDs e discos Blue Ray.* Os advogados representantes da indústria de entretenimento enviaram aos responsáveis pelo Digg! um pedido formal de retirada do ar dos artigos contendo o código, alegando violação de segredo industrial. Na medida em que os administradores começaram a apagar as páginas e a cancelar as contas daqueles que insistiam na publicação, a comunidade reagiu energicamente inundando o site com *posts* contendo a chave, muitos de maneiras criativas como a representação da seqüência alfa-numérica na forma de escala musical ou de cores. Logo, a capa do site, cujos textos são escolhidos por votação, estava coberta com links para o código e manifestações de repúdio à atitude do site. Assim, os administradores do Digg! recuaram da decisão de apagar o conteúdo e punir os envolvidos, declarando: "Agora, depois de ver centenas de histórias e ler milhares de comentários, vocês deram o recado. Vocês preferem ver o Digg! derrotado lutando do que vê-lo abaixar a cabeça para uma companhia maior. Nós escutamos vocês, e a partir de agora não apagaremos os artigos e os comentários contendo o código e enfrentaremos as conseqüências que aparecerem."[1]

---

* HD DVD e Blue Ray são discos ópticos de alta densidade criados para armazenar dados e imagens de alta definição. Eles devem substituir os DVDs como forma de empacotamento de filmes e jogos.

Advogados e outros representantes da indústria de entretenimento expressaram surpresa pela decisão do site, mas optaram por recuar na medida em que um processo contra o Digg! faria apenas com que o código fosse ainda mais divulgado. Mas a informação já havia saído da internet. Veículos de comunicação tradicionais, no início, evitaram citar a chave, mas vários publicaram integralmente a seqüência, creditando a informação ao Digg!

Parte 2
Prática

8. Cultivando comunidades virtuais

A implantação e manutenção de uma comunidade online, como tudo na Web, pode ser muito mais barato que o custo de outras mídias, cuja produção envolve dezenas de profissionais, equipamento e material caros. Entretanto, com o tempo, uma ferramenta complicada ou que não tenha definidos estímulos à colaboração (*ver* Capítulo 2) tende a criar ceticismo entre os participantes. Como não existem ferramentas sociais ideais e as melhores soluções nem sempre são as mais caras, os interessados no desenvolvimento de ações colaborativas devem ter critérios para avaliar e decidir a respeito das opções disponíveis e os procedimentos necessários para viabilizar projetos dessa natureza.

Como foi apresentado nos Capítulos 3, 4 e 5, existem soluções genéricas de ferramentas sociais disponíveis gratuitamente, sendo as mais populares blogs, fotologs, chats, wikis, comunicadores instantâneos, fóruns e listas de discussão. E há ferramentas desenvolvidas sob encomenda para atender a situações específicas, como os sites Amazon e Ebay, cujo conteúdo é em parte ou integralmente "*user generated*" – baseado na colaboração.

Essas soluções podem ser aplicadas conjuntamente para atender a projetos de dois tipos: abertos (colaborativos) ou fechados (cooperativos). Estes têm um número limitado de participantes enquanto os abertos são acessíveis a quem se interessar (*ver* Capítulo 1). Em termos técnicos, a diferença entre um e outro está no ruído que a troca de informações pode provocar e na forma como esse ruído é filtrado.

Na colaboração entre grupos fechados costuma ser mais eficaz o filtro a partir da definição de regras de procedimento – a "**NETIQUETA**" ou etiqueta usada em ambientes virtuais sociais. Os participantes aprendem o que, quando, onde e de que maneira falar. Como o grupo é formado por pessoas pré-selecionadas, a participação geralmente é menor e fica mais fácil definir e cobrar obediência a regras como, por exemplo, não publicar ofensas pela ferramenta. Nos grupos abertos, dependendo da quantidade de envolvidos, as soluções mais eficazes incluem a participação do moderador ou usam soluções tecnológicas para filtrar o ruído da comunicação (*ver* Capítulos 6 e 7).

Lições práticas de um veterano

É mais comum encontrar artigos analíticos sobre comunidades virtuais do que textos descritivos que expliquem como as pessoas se relacionam e se organizam quando são mediadas pela internet. Quais são as formas de atrair usuários para conversar sobre determinado tema? Como chegar às pessoas certas? Em qual contexto elas se sentem à vontade para compartilhar seu tempo, seu esforço e suas idéias? Como agir em caso de disputa entre subgrupos com opiniões conflitantes?

O artigo "Building online communities" pode ser considerado um manual de instrução a respeito do aspecto humano das comunidades. O texto resume a experiência do autor, um programador e especialista em desenvolvimento **OPEN SOURCE**, que ocupou "os mais diversos papéis [nos ambientes colaborativos], de usuário iniciante a veterano, de observador a administrador, de empregado a dono". Pragmático, o autor recomenda: "Considere estas regras como genéricas. Apenas seja realista e use o bom senso em relação à comunidade."[1]

Eu já havia verificado muitas das conclusões apresentadas nesse artigo administrando comunidades na StarMedia e na America OnLine (AOL), e elas continuam atuais em relação às questões que enfrento em projetos mais recentes. A seguir, reproduzo e comento as principais propostas do autor. Tudo o que está entre aspas pertence ao texto original.

Antes de desenvolver a comunidade

O principal atrativo de uma comunidade não é seu conteúdo, mas seus participantes. Um usuário colabora com a discussão de um grupo se percebe que dessa forma terá acesso a interlocutores que poderão enriquecer sua experiência pessoal em relação a um determinado assunto. Mas para que esse **CAPITAL SOCIAL** se forme em torno de um site, é importante ter claro o motivo de existência da comunidade. Faça um exercício explicando para você mesmo por que criar essa comunidade, quais serão as diferenças entre ela e outras iniciativas parecidas, e quais benefícios ela oferecerá aos participantes. Se isso estiver confuso para os usuários, como saberão se querem pertencer à comunidade? "Agir assim seria como abrir uma empresa sem pensar que devem existir clientes para pagar pelo serviço."[2]

Tente ser específico. Se o assunto estiver claro e houver uma audiência interessada nele, ela encontrará a sua comunidade. Um site para conversar sobre futebol é diferente de um para os torcedores que acompanham o campeonato espanhol. O primeiro é genérico e tende a atrair usuários com expectativas diferentes. Quando, de início, isso não afasta os novos participantes, costuma provocar conflitos e estranhamentos. Ao esclarecer o motivo da existência da sua comunidade, você pode elaborar um slogan resumindo a informação. O Slashdot, por exemplo, traz "News for nerds. Stuff that matters." [Notícias para nerds. Aquilo que interessa.] Ele é mais que um site sobre tecnologia, é um clube para um segmento característico de usuários que se reconhecem nestas duas frases.

Pulso e imparcialidade

"Assegurar-se que as pessoas certas visitem a comunidade ... não deverá ser um problema seu. ... Um grupo ativo exala um senso de ajuda mútua."[3] Compete ao administrador do projeto fazer a indexação do site para que o conteúdo seja encontrado por ferramentas de busca e divulgar a comunidade por e-mail ou em outras comunidades. Mas se você estimular o encontro produtivo entre pessoas que se identificam, o boca-a-boca dos usuários mais ativos se encarregará de trazer novos participantes.

A harmonia necessária para permitir a colaboração dependerá da existência e da aplicação de regras claras de funcionamento. Comece listando os comportamentos considerados inaceitáveis, o que provavelmente incluirá "assédio ou ataques a outros usuários, publicação de material registrado ou plagiado, discussões fora do tema, ou mau uso do sistema com registros múltiplos ou robôs".[4] Em seguida, defina as conseqüências para os infratores, "que deve começar com uma notificação, passando por suspensões até chegar à expulsão".[5]

Esclarecer os propósitos da comunidade atrairá usuários interessados e a defesa das regras de conduta garantirá a coesão dos participantes com senso de responsabilidade. Mas "tratar casos parecidos de forma diferente pode estimular algumas pessoas a burlar regras".[6] Se você abrir exceções para agradar um participante assíduo permitindo que ele publique conteúdo diferente da temática em foco na comunidade, outros se sentirão no direito de fazer o mesmo. Assim como ceder a pressões de subgrupos para tirar do ar mensagens polêmicas, mas coerentes com o regulamento, fará com que outros subgrupos também se sintam no direito de exercer a censura.

Sem uma atitude imparcial, positiva e firme, a comunidade se fratura e os participantes se dispersam. Compete ao administrador relembrar aos descontentes que todos têm os mesmos direitos. Ao invés de censurar opiniões contrárias, a comunidade deve ser estimulada a discutir suas diferenças e a se reavaliar. "Não é bom ficar se repensando o tempo todo, mas ocasionalmente esse tipo de iniciativa limpa o ar e melhora o ambiente da comunidade."[7]

Territorialidade e divisão de responsabilidades

"Na medida em que o site cresce, a comunidade deve aprender a participar da sua própria manutenção."[8] Geralmente é um desafio para o "pai da criança" delegar funções aos participantes, por temer perder o controle ou expôr a comunidade a um indivíduo descontente que, com privilégios de moderador, atente contra o patrimônio coletivo apagando ou modificando textos segundo seus parâmetros e conveniências. Isso se resolve, em parte, com a utilização de tecnologia – criando soluções para proteger o conteúdo – e também pela escolha de pessoas confiáveis, levando-se em conta seu histórico de participação.

"Os usuários assíduos costumam assumir tarefas e responsabilidades dentro da comunidade."[9] Participantes podem desempenhar funções segundo seus interesses e capacitação. Uma pessoa com treinamento para produzir planilhas e tabelas pode cuidar da atualização e do envio do *mailing*; um jornalista terá facilidade para editar a *newsletter* do site; um programador ou técnico em informática será mais eficiente na hora de conversar com os funcionários da empresa que hospeda o site para resolver problemas ou introduzir novidades; e eventualmente um ou mais usuários têm bons contatos e podem captar recursos junto a patrocinadores. A contrapartida é que "a comunidade deverá ter uma participação na hora de decidir sobre seu próprio destino".[10]

Um efeito colateral da comunidade saudável é o aparecimento de um senso de territorialidade, "levando alguns usuários a se ofenderem por causa de mudanças mínimas como o acréscimo de uma nova área ou a ampliação do foco da comunidade".[11] A territorialidade também se manifesta em atitudes de desprezo, desatenção ou desinteresse pela participação de novos usuários, que não conhecem as regras e a cultura surgida dentro da comunidade. A postura e o exemplo do administrador ajudam a manter as portas do site abertas e um compromisso de relação transparente possibilita que a resistência às mudanças se suavize. "Seja honesto em relação aos seus propósitos. Quanto mais cedo você informar a comunidade sobre seus planos, melhor. Assim você poderá contar com as opiniões dos usuários mais valorosos para aperfeiçoar as suas idéias."[12]

Arquivos, tensões e caos

"Uma comunidade saudável também desenvolve um senso de história e de humor todo particular."[13] Esse conteúdo ajuda a fortalecer os vínculos entre os participantes por representar o acúmulo de experiências conjuntas e delinear aspectos de sua identidade coletiva. O administrador pode incentivar a formação de arquivos temáticos deixando à disposição "links para acessar partes da história do site – mensagens postadas, fragmentos de conversas em chat, eventos curiosos – em pequenas 'pílulas' de informação".[14] Também pode estabelecer a prática de fazer links dentro dos textos publicados, possibilitando que a comunidade retrace o diálogo a respeito de assuntos recorrentes.

Em resumo: administrar uma comunidade significa cercar-se de gente disposta a escutá-lo e a compartilhar as próprias idéias, mas também exige um trabalho contínuo para administrar a própria frustração e, até certo limite, a de outras pessoas. "Uma comunidade é sempre surpreendente. ... Os problemas e os temas que você considera importantes talvez não interessem à comunidade. Por outro lado, alguns membros se entregarão apaixonadamente à discussão de idéias que você nunca considerou relevantes ou sequer conhecia."[15] Reclamações de usuários que se sentem perseguidos, declarações de amor incondicional, rixas entre subgrupos e provocações anônimas são ocorrências cotidianas na gestão de comunidades. Em caso de crises, acostume-se a consultar usuários antigos e a "estimar resultados positivos como o crescimento dos registros e o número de usuários que retornam depois da primeira visita"[16] para avaliar o desempenho do site.

E, finalmente, "permita que exista um pouco de caos".[17]

Colaboração dentro de ambientes competitivos

É muito mais fácil empregados de uma mesma empresa colaborarem entre si do que pessoas ligadas a empresas concorrentes, certo? Não exatamente. É possível mapear temas que motivem um determinado setor produtivo a trabalhar, pensar e agir conjuntamente pelo benefício de todos. Da mesma maneira é possível que a competitividade interna, a falta de incentivos claros e de preparação comprometam a eficiência de ambientes colaborativos aplicados dentro da mesma empresa. Os casos apresentados a seguir ilustram essas situações.

Um por todos

As empresas aglomeradas tendem a desenvolver formas de ações conjuntas para tirar vantagens competitivas buscando a eficiência coletiva. Fazem isso pela troca de informações, compartilhamento de equipamentos, entre muitas possibilidades de ação. Em Birigui, cidade do interior de São Paulo conhecida como a capital nacional do calçado infantil, os empresários formaram o Sindicato das Indústrias de Calçados e Vestuário, uma organização patronal que foi determinante para a cidade enfrentar a crise no setor iniciada em 1990.[18] A abertura comercial, a valorização cambial e a diminuição das tarifas de importação trouxeram a concorrência dos mercados emergentes da Ásia. No contexto do ambiente de maior competitividade externa, o sindicato promoveu em 1996 o programa de Qualidade Total e em 1999 estimulou a constituição da Associação dos Pequenos e Médios Exportadores de Birigui. As duas ações criaram uma atmosfera propícia à colaboração, favorecendo a troca de experiências de gestão, produção e comercialização.

O ápice da busca de eficiência coletiva aconteceu em 2003 quando a empresa Radium Systems implementou, a convite do sindicato, a Rede de Colaboração, Conhecimento e Negócios no arranjo produtivo de Birigui, com o objetivo de agregar competitividade ao pólo. A rede funciona a partir de uma ferramenta colaborativa que aumenta as chances de articulação entre os agentes econômicos da cidade. Em menos de dois anos esse modelo de gestão de negócios gerou a criação de uma central de compras coletiva, produzindo uma economia de até 30% nos preços pagos pelos produtos; detectou a necessidade de criação de um curso de MBA em gestão calçadista; permitiu a recuperação de capital das empresas com a realização de leilões pela internet de excedentes de produtos de lançamentos passados; e propiciou um convênio com o Instituto Europeo di Design (IED), de Milão, para ajudar as fábricas de pequeno e médio porte a acompanharem as tendências da moda.

O projeto da rede, que teve apoio do Centro das Indústrias do Estado de São Paulo (Ciesp) e da Secretaria Estadual de Ciência e Tecnologia, reúne os participantes – empresários, fornecedores, trabalhadores, sindicalistas – pela internet por meio de um portal colaborativo. Eles utilizam softwares para chat, mural e outras funções, todos disponíveis gratuitamente, para compartilhar informações, discutir projetos e fechar negociações com fornecedores e compradores. O custo anual de manutenção da rede é bancado pelos fornecedores de produtos e serviços, que identificaram no processo uma forma de fomentar mercados, desenvolver canais de comunicação com grandes *clusters* empresariais e conquistar capilaridade para as suas operações. No caso de Birigui, a Rede de Colaboração, Conhecimento e Negócios dá acesso a 220 empresas calçadistas, que produzem em média 60 milhões de pares de calçados e faturam R$1,2 bilhão por ano.

Cada um por si

O caso descrito a seguir aconteceu recentemente. Uma das maiores empresas da América Latina decidiu criar uma plataforma para documentar sua maneira de gerenciamento – seu "jeito de ser" administrativo – para implementar esses processos de gestão em novas fábricas adquiridas no exterior.

Contratou-se uma consultoria para escolher e implantar a ferramenta, que foi lançada em 2003. Esta deveria ser a primeira parte de um plano para interconectar as unidades da empresa por meio de um canal interativo. Uma ou duas pessoas de cada área participante do projeto-piloto receberam 15 dias de treinamento sobre como criar e administrar comunidades, e ficaram encarregadas de repassar essas informações aos demais. O processo de capacitação terminou já com a formulação dos primeiros temas de discussão.

O software escolhido funciona a partir de um modelo que segue o padrão de navegação Windows. Além de ser rápido, é praticamente autoexplicativo para a pessoa acostumada a usar o PC. A ferramenta tem três componentes: biblioteca, central de *e-learning* e comunidades. A biblioteca serve para arquivar e organizar documentos que possam ser aproveitados por setores diferentes. O módulo de *e-learning* permite ao funcionário expandir suas qualificações por meio de cursos individuais com conteúdo pré-programado. E a área de comunidades oferece mural de mensagens, grupos de discussão e ferramenta para gerar enquetes.

Cada pessoa pode criar quantas comunidades quiser usando a mesma lógica de funcionamento das soluções abertas: publica-se pela interface um resumo a respeito do tema a ser discutido e envia-se convites àqueles que possam se interessar pelo assunto. Se a comunidade for aberta a todo funcionário, o interessado se cadastra e já começa a ter acesso às mensagens. Se for fechada, o administrador recebe o pedido e decide se aceita ou não o novo participante. A temática dos grupos é diversificada, vai da discussão de assuntos técnicos, passando pela troca de informações entre pessoas de áreas específicas, até grupos que falam sobre saúde e a prática de esportes por funcionários.

Em resumo, é uma ferramenta estável que oferece soluções fáceis para a administração da comunicação entre grupos. Ela funciona tão bem que as equipes técnicas das fábricas adotaram o sistema para detectar e acompanhar a resolução de problemas corriqueiros. Mas o mesmo não aconteceu nas áreas administrativas, onde a ferramenta hoje é percebida como "perda de tempo", utilizada por pessoas que "não têm mais o que fazer". Essa impressão negativa justifica o fato de muitas comunidades criadas por usuários das equipes corporativas passarem mais de um ano sem receber mensagens. Para não demonstrar desinteresse, ao invés de pedir para serem excluídos dos grupos, os funcionários simplesmente param de entrar nas comunidades. Uma das causas prováveis para o abandono da ferramenta foi a falta de definição dos arranjos de incentivos. Áreas relacionadas como, por exemplo, departamento jurídico e recursos humanos se beneficiariam de um grupo informal para trocar idéias sobre questões trabalhistas; a soma de experiências ajudaria cada participante a ser mais eficiente. Mas a consultoria instalou a infra-estrutura de trabalho sem se preocupar em convidar representantes dos diversos setores produtivos da empresa para mapear os temas com potencial colaborativo, e abriu mão da oportunidade de ganhar o apoio da diretoria administrativa esclarecendo aos executivos sobre como a rede poderia ser aproveitada.

A desaprovação não-declarada da chefia reduziu os estímulos aos funcionários mais jovens para explorar o potencial das comunidades. A massa crítica dentro dos grupos escasseou, as mensagens receberam progressivamente menos atenção – resultado: os participantes se frustraram com a ferramenta e foram deixando de acessá-la. Com isso, a perspectiva de expandir a solução para interligar as unidades foi para a geladeira. E para adotar soluções de compartilhamento de informação no futuro, a direção da empresa precisará trabalhar também o aspecto motivador dos funcionários.

Ecossistemas produtivos

No Capítulo 2 apresentamos as motivações para pessoas oferecerem informação e ajuda umas às outras. O pagamento que os participantes dessas comunidades recebem é reciprocidade, reconhecimento, sentimento de eficácia e prazer por ajudar. Mas é também possível estabelecer uma rede de interesses utilizando recompensas – na forma de produtos, serviços ou mesmo dinheiro – para incentivar os participantes de um ambiente colaborativo a produzirem bens públicos.

No projeto Leia Livro (www.leialivro.sp.gov.br), por exemplo, os grupos interessados na promoção do livro – leitores, governo, editoras e veículos de comunicação – juntam forças formando uma espécie de "ecossistema da leitura". Cada parte entra com o que tem e recebe o que precisa. O processo se retroalimenta: leitores dão resenhas e ganham livros, emissoras de rádio recebem conteúdo editorial e oferecem espaço promocional, e as editoras aproveitam a promoção e disponibilizam livros novos. E o governo, que mantém o site em funcionamento, oferece ao público um canal para estimular o hábito da leitura que inclui distribuição de livros, produção de conteúdo editorial e difusão por meio de veículos de comunicação.

O esquema tradicional de promoção de livros pelos veículos de comunicação funciona pela contratação de especialistas, que atuam basicamente em jornais produzindo resenhas de livros. Nesse caso, o arranjo de incentivos paga o trabalho do profissional e, em troca, impõe o título que ele deverá resenhar, estipulando geralmente prazos curtos compatíveis com a pressa característica da produção de diários e semanários. Como o jornalismo deve ser guiado pela imparcialidade e como a redação nesse caso é uma obrigação profissional, o texto que resulta desse processo costuma ser impessoal e distante. Compare isso à reflexão de um dos participantes assíduos do Leia Livro publicada para celebrar o marco de 50 resenhas enviadas no site:

> Como podem ter visto, fiz de ser resenhista um hobby. Usualmente não tenho muito tempo. Sou professor em tempo integral em um programa de pós-graduação em Educação onde oriento mestrandos e doutorandos. Dou aulas na pós-graduação e na graduação que me exigem bastante preparo. Tenho também viagens profissionais a diferentes estados do Brasil em cursos e conferências. [Por isso,] escrever uma resenha para o Leia Livro se constitui, antes de qualquer coisa, em algo prazeroso. ... Depois de algumas horas de trabalho, por exemplo, fazendo uma, às vezes, tediosa revisão de uma dissertação ou pesquisando para um seminário que tenha que dar, me premio com um tempo para me pôr a resenhar. Isso tem um dulçor quase erótico.[19]

O arranjo de incentivos do Leia Livro usa a própria obra como pagamento, o que não é desvantajoso para aqueles que gastam bastante com livros. Participando do projeto economizam o dinheiro que seria investido na leitura e, como o preço do produto é alto em virtude do mercado ser restrito, a possibilidade de trocar resenhas por livros faz com que essas pessoas leiam mais. Além dos incentivos de ordem econômica, os participantes do Leia Livro têm liberdade para escolher as obras que querem ler. O prazo para a publicação das resenhas é flexível e, como a atuação no projeto também é vista como oportunidade de fazer uma boa ação, elas têm um ar de recomendação pessoal que é a maneira mais eficiente de promoção de livros.[20]

9. Breve introdução à "ciência oculta" da produção de sites

A oportunidade de se envolver com a criação e manutenção de um projeto online faz o usuário comum enxergar a internet não como uma coisa pronta, mas como uma série de soluções tecnológicas combinadas segundo a necessidade de produzir interatividade visando a obtenção de resultados.

Alguns temas devem ser levados em conta por quem se depara com a perspectiva de desenvolver um site: arquitetura de informação, escolha do programa para fazer o site funcionar, documentação do projeto, testes de funcionamento do sistema e seleção e treinamento da equipe que pretende dar manutenção editorial ao projeto.

Arquitetura de informação

Ela garante que o usuário tenha facilidade de se locomover dentro do site e sempre encontre o conteúdo que está procurando.

O termo soa enigmático: como algo imaterial como a informação pode ocupar um lugar no espaço a ponto de ter uma arquitetura? Na verdade a idéia é simples. Pense na arquitetura da informação em um jornal ou em um livro com o texto sendo disposto em linhas horizontais e correndo da esquerda para a direita, dividido por vírgulas e pontos, compondo frases e parágrafos, páginas seguindo também da esquerda para a direita com um índice localizando os capítulos. A arquitetura indica a maneira de organização da informação no espaço segundo um padrão que permite a busca e a recuperação de dados específicos. O leitor não precisa ler o livro inteiro para encontrar uma informação. Para ir direto ao assunto, consulta a relação de capítulos ou o índice, vê o número da página e *voilà*.

Os sites são feitos de páginas como as casas são compostas por cômodos, que se interligam de uma maneira racional segundo suas utilidades. E a ligação acontece pelos links. Um site é composto de páginas e links dispostos em uma hierarquia que facilite a movimentação do usuário pelo espaço. Em termos gerais um site possui três camadas de informação: a *home*, que é a área central, as seções internas ou canais e o conteúdo, que pode ser um artigo informativo, um arquivo de vídeo ou de áudio, uma imagem, um formulário ou uma combinação desses elementos. O arquiteto procura eliminar as redundâncias do projeto para que o usuário tenha facilidade de se locomover de uma página para outra e sempre encontre o conteúdo que está procurando.

A primeira etapa do desenvolvimento do ambiente consiste em mapear as áreas de navegação do site para determinar a hierarquia da informação. A partir do mapa de navegação, programador e designer entram em cena para construir o site. O objetivo é desenvolver um produto adaptado às características psicomotoras do usuário, de modo que o site realize com eficiência as funções para as quais ele foi projetado, e que seu funcionamento faça sentido e produza satisfação ao público-alvo.

O termo *usability*, aplicado a essa situação, descreve o estudo para adaptar uma ferramenta específica às necessidades do usuário em termos de eficiência ou elegância. O designer propõe a distribuição e o formato dos elementos constituintes do site em cada página, pensando nos diversos contextos em que ele virá a ser acessado: da tela pequena de um celular ao monitor do PC. Para desenvolver a identidade visual do site ele projeta ou adapta o logotipo para a versão online, estabelece o padrão de cores e cria o *look and feel* ("aparência e sensação [de uso]"). Para o programador, "usabilidade" quer dizer estabilidade de funcionamento, garantir que as páginas do site rodem nos vários processadores e sistemas operacionais estabelecidos na descrição do projeto.

Como exemplo, apresentamos o mapa da arquitetura usada para construir o site Viva São Paulo (www.vivasp.com). A hierarquia do site está definida de cima para baixo e da esquerda para direita. Note que os retângulos estão sobrepostos em quatro colunas, cada uma representa um nível hierárquico do site. A primeira coluna tem apenas um retângulo – é a *home*, porta de entrada para o usuário. A segunda indica todas as áreas e funcionalidades disponíveis a partir da *home*. Os retângulos do terceiro nível estão subordinados aos do segundo e assim por diante. Assim, se o usuário entrar no site pela *home*, ele precisará ir da capa ao *post* completo para chegar ao link com o e-mail do autor. Essa seqüência aparece destacada na imagem a seguir.

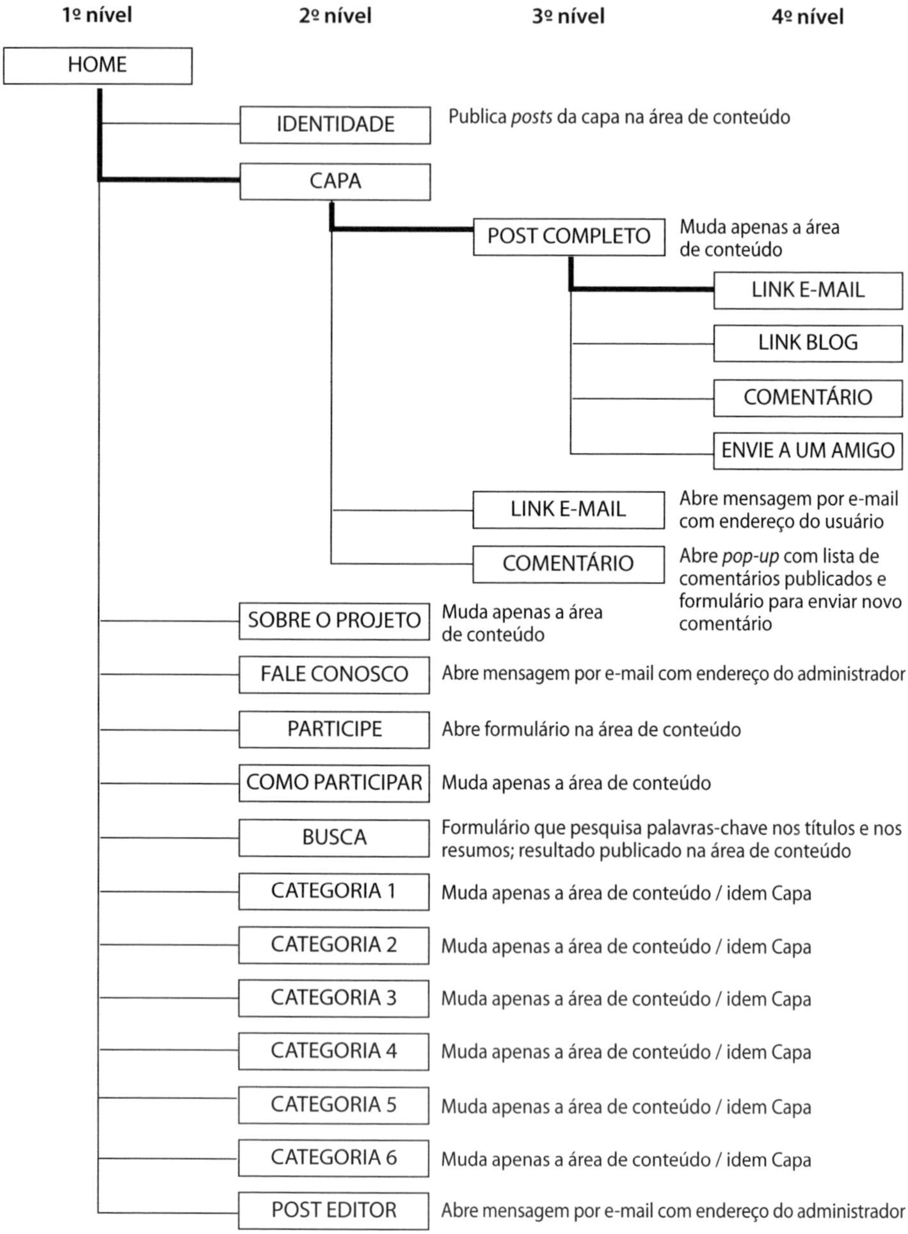

Comunicação dentro da equipe

A imagem a seguir sintetiza as dificuldades de comunicação e às vezes de motivação enfrentadas ao longo do desenvolvimento de projetos que envolvem profissionais de diferentes áreas, do marketing ao designer e ao programador. A gangorra representa um site e a seqüência de quadros mostra como as dificuldades de comunicação e os conflitos de interesse entre as partes envolvidas fazem uma coisa muito simples ficar complicada e cara.

Como o cliente explicou a idéia. | Como o gerente de projetos entendeu. | Como o analista planejou. | Como o programador desenvolveu. | Como o consultor de negócios descreveu.

Como o projeto foi documentado. | Quais funções foram instaladas. | Como o cliente foi cobrado. | Como foi a manutenção. | O que o cliente realmente queria.

Esta imagem fez tanto sentido para profissionais de Web, que se tornou um desses fenômenos virais que muita gente recebeu e passou adiante ou publicou em seus blogs, porém não se sabe quem a produziu.

Tendo em vista a variedade de softwares sociais, a quantidade de opções de implementação e eventualmente o número de pessoas envolvidas no trabalho, é aconselhável escolher a ferramenta que produza o resultado esperado da maneira mais simples para o usuário.

Solução *open source* ou proprietária?

Desfazendo uma confusão comum: programa *open source* sai mais caro, mas é melhor.

É ainda o programador quem sugere a tecnologia a ser usada como "motor" do site. Você pode basear o projeto em tecnologias com código livre (Unix+PHP+MySql) ou tecnologia com código proprietário (Windows+ASP+SQL Server). A percepção geral em relação a essas possibilidades segue o senso comum: a vantagem do serviço público é ser gratuito e a do particular é ser de boa qualidade. Mas isso não se aplica à questão do software em função da ambigüidade da palavra *free*, que pode ser traduzida para o português como "grátis" ou "livre".

O programa *open source* é grátis apenas na aparência. Como não tem garantia ou assistência técnica, demanda que o administrador aprenda como ele funciona ou impõe a contratação de profissionais para instalar e dar manutenção ao sistema. A vantagem do código livre está no fato de ele, não tendo restrições de direitos autorais, permitir que a comunidade de programadores que usa o programa faça alterações no código. O sistema operacional Linux, por exemplo, pode ser modificado por qualquer pessoa e por isso diariamente milhares de usuários corrigem e adaptam o código segundo as próprias necessidades. Muitas dessas mudanças retornam à organização que cuida do desenvolvimento do Linux e algumas acabam incorporadas ao programa nas versões seguintes.

Os softwares feitos em código aberto custam mais caro porque precisam receber atenção contínua, mas se diferenciam pela performance superior resultante de um sistema de feedback eficiente, onde o próprio usuário contribui para a correção de erros e a incorporação de novas tecnologias.

Mesmo que você, como eu, entenda pouco ou nada de programação, poderá identificar a diferença entre as linhas de código abaixo, que servem para mandar e-mail. A primeira está escrita em ASP, uma linguagem proprietária que pertence à Microsoft, e a outra, chamada PHP, tem licença pública. A mesma função exige 13 linhas em ASP e apenas quatro em PHP. Esta eficiência é conseqüência do PHP estar constantemente sendo aperfeiçoado pelos programadores que escolheram trabalhar com essa linguagem.

Em ASP:

```
< %
strbody = request("mensagem") strnome = request("nome")
stremail = request("email") email_dest = "info@naozero.
com.br" strSubject = "Fale Conosco"

Set objCDOMail = Server.CreateObject("CDONTS.NewMail")

 ' objCDOMail.From = "Fale Conosco <info@naozero.com.
br>"
 objCDOMail.From = strnome&"<"&stremail&">"
    objCDOMail.To = email_dest
    objCDOMail.Subject = strSubject
    objCDOMail.Body = strBody
   objCDOMail.Send
Set objCDOMail = Nothing
% >
```

Em PHP:

```
import_request_variables('pgc');
$to= "info@naozero.com.br"
$subject= "Fale Conosco"
mail ($to, $subject, $message, $headers);
```

É importante lembrar que, mesmo usando uma solução baseada em ASP, existe a possibilidade de o projeto ser *open source*, cujo conceito existe em dois níveis, o da tecnologia e o da aplicação ou programa. A tecnologia ASP não é *open source* porque apenas profissionais autorizados por seu proprietário (no caso, a Micrososft) podem ver o "motor" por trás da linguagem e criar novas funcionalidades. Já o PHP é *open source* em termos tecnológicos, porque qualquer pessoa que queira pode ver o código-fonte que gerou a linguagem e mudar ou inserir novos comandos segundo suas necessidades e conveniências. No nível da aplicação, o ASP pode servir para se desenvolver, por exemplo, uma ferramenta de publicação e o autor liberar o código. Nesse caso, ao ser reaproveitado por outras pessoas, esse programa poderá ser alterado livremente. Os endereços a seguir indicam sites onde programadores compartilham suas aplicações: 4 Guy From Rolla (www.4guysfromrolla.com), The Free Country (www.thefreecountry.com) ou ScriptSearch (www.scriptsearch.com).

No nível da tecnologia, uma solução proprietária ou privada leva mais tempo para ser aprimorada. O usuário não tem autorização para abrir e fazer modificações no código, apenas os profissionais ligados à empresa recebem permissão para resolver os problemas detectados e melhorar o funcionamento do programa, mas o fato de ser um produto comercial dá ao usuário suporte técnico e garantia de funcionamento mesmo após o lançamento de novas versões.

Um site instalado em um servidor que usa o sistema operacional da Microsoft garantirá, portanto, estabilidade para a comunidade cujo administrador não esteja interessado em estudar código e programação e não tenha recursos para contratar serviços de manutenção para o site continuar ativo a longo prazo. Se o responsável pelo projeto tiver interesse em aprender ou se o projeto contar com a participação constante de técnicos e especialistas em sistemas, as linguagens em código aberto trazem maior estabilidade e eficiência de resultados.

Documentação: o barato sai caro

`Custa mais caro decifrar um programa do que escrever o código do zero.`

Considere o cenário a seguir. O programador é um matemático que por natureza não gosta de se expressar usando linguagem convencional. Um site simples pode ter duas mil linhas de código. Um projeto de complexidade mediana chega a 200 ou 300 mil linhas. Na hora de negociar o preço do serviço, a primeira coisa a ser cortada para reduzir gastos é a documentação descrevendo o funcionamento do sistema. O programador, que já não gosta de escrever, não reclama. O site vai ao ar, é testado e tudo vai bem até que, tempos depois, surge um erro de funcionamento.

A documentação explica a outros programadores para o que serve aquele programa e como ele funciona. Esse texto pode, por exemplo, estar dividido em três partes: uma descrição genérica do site, uma apresentação dos componentes que fazem parte dele, como os sistemas de busca, publicação etc. e uma descrição detalhada do funcionamento de cada um desses elementos.

A percepção comum que se tem de produtos advém da experiência cotidiana como consumidor. Quem compra um eletrodoméstico espera que ele tenha garantia de funcionamento por um período estabelecido. Mas isso não se aplica a milhares de linhas de instrução lógica produzidas sem padronização e instaladas sobre uma plataforma tecnológica em constante mudança. Nessas situações, o tempo que se gasta para estudar o código e localizar o problema muitas vezes é maior que o de produzir o site de novo. E é o que acontece com freqüência.

Se por um lado a falta de documentação mantém o vínculo entre o programador e quem o contratou, garantindo que ele seja chamado para desenvolver novas funcionalidades no site, por outro, implica também em um compromisso moral do programador em dar assistência técnica contínua ao projeto. Uma documentação clara liberta quem contrata para trabalhar com outros profissionais, eventualmente capacitados para desenvolver soluções diferenciadas, e permite que o programador tenha uma data para encerrar suas obrigações.

Testes e treinamento para a administração da comunidade

Alguns procedimentos para garantir que a comunidade funcione segundo a descrição enviada à equipe de desenvolvimento.

A última etapa antes da entrega do site inclui a fase de testes para detectar e corrigir falhas de funcionamento do sistema e treinamento da equipe responsável pela manutenção editorial da comunidade. O trabalho consiste em simular a utilização da ferramenta inserindo conteúdo para observar e registrar os resultados irregulares. Essa dinâmica, muitas vezes exaustiva, possibilita o contato entre a equipe de desenvolvimento – arquiteto de informação, programador e designer – e administradores, fazendo com que o período de testes seja ao mesmo tempo um curso a respeito do funcionamento da ferramenta. Para aqueles que desenvolvem o site é vantajoso acompanhar uma simulação planejada do uso da ferramenta, o que permite não apenas a correção de falhas, mas ajustes em soluções que funcionavam enquanto idéia, mas que na prática apresentam outro comportamento.

Considere o exemplo a seguir: é comum na internet os usuários errarem o preenchimento de e-mail, trocando a ordem ou pulando sinais gráficos. No site Leia Livro, o programador sugeriu que na hora do envio do formulário preenchido, o sistema verificasse se havia no banco de dados outros textos daquele usuário e se os e-mails eram os mesmos. Caso houvesse diferença, o sistema pediria para o usuário conferir aquela informação. A idéia soluciona um problema, mas na prática cria outros ao exigir que os participantes escrevam seus nomes de forma idêntica além de tornar a publicação lenta por causa do tempo de processamento da tarefa. Só no período de testes pudemos perceber a contra-indicação da funcionalidade.

No período de testes, o site deve ser utilizado continuamente, o que inclui realizar registros, assinatura e cancelamento de assinatura de *newsletter*, envio de textos ou de arquivos, moderação pela interface de administração, e o que mais tiver sido definido no planejamento da ferramenta. Essa informação deve ser registrada com clareza em uma planilha simples que pode ser chamada "relatório de erros", contendo os seguintes campos: nome da função, descrição do funcionamento esperado, descrição do funcionamento anômalo, exemplo do comportamento anômalo, e procedimentos tomados. A equipe de testes preenche os quatro primeiros campos e a equipe de desenvolvimento informa o que foi modificado no último.

Em função do volume de trabalho – só quem já passou pela experiência sabe – esse documento deve ir e voltar entre o responsável pela condução dos testes e os programadores de forma organizada, para evitar solicitações de correção de *bugs* inexistentes ou descrição imprecisa do erro. O responsável pelos testes fica encarregado de compilar a informação da equipe, reproduzir as anomalias detectadas e esmiuçar a descrição do problema, antes de passar o arquivo para a equipe de desenvolvimento.

Depois que a ferramenta sai do papel e está pronta, é preciso ter pessoas para administrar o conteúdo publicado pela comunidade. É praxe que o site seja lançado em versão "beta", o que no jargão da internet significa que ele está aberto ao público mas ainda em fase de testes. Esse status permite à equipe de desenvolvimento e administradores testar o funcionamento da ferramenta em condições reais antes de o projeto ser lançado oficialmente.

Quem administra um ambiente colaborativo?

Se a ferramenta for moderada, após o lançamento, o administrador deverá abrir cada participação para conferir se o material enviado está formatado dentro das características do site, se ele é apropriado, fazer as modificações necessárias e publicá-lo segundo os critérios editoriais definidos. Considerando essas funções, fica patente que o profissional melhor formado para exercer essa função é o jornalista. Além da familiaridade com o texto, ele é treinado para identificar temas que geram interesse coletivo. Mas atualmente, por uma série de motivos, às vezes vale a pena ensinar uma pessoa de outra área das ciências humanas a escrever para a Web do que investir em um profissional do campo da comunicação.

A indústria que se formou dentro da internet na América Latina – e aparentemente também no resto do mundo – entende o site informativo como uma vitrine de informação. Além de desconfiar da interatividade, essas empresas se satisfazem contratando estagiários cuja ocupação se resume a copiar e colar conteúdo.[1]

O jornalista que trabalha para a Web raramente terá a oportunidade de produzir material original. O estudante, que sonha em fazer reportagens e apurar notícias, vê a Web como um caminho para ganhar experiência, melhorar seu currículo e seguir para um emprego melhor. Isso gera prejuízo para as empresas que precisam de profissionais para a Web, porque a rotatividade – ou *turn over* – dos editores é alta. A pessoa leva quatro meses para aprender o trabalho e logo está procurando outras oportunidades, o que implica a realização de novo processo seletivo e de treinamento de candidatos.

Essa situação virou um ciclo vicioso porque o mercado percebe a Web como subemprego: paga mal e oferece condições ruins de trabalho. O profissional não recebe reconhecimento por moderar chats ou murais – pois "qualquer um pode fazer isso" –, perdendo a oportunidade de tirar proveito dos ambientes colaborativos. Conseqüentemente, não existe demanda para o profissional da comunicação com experiência na Web, e aquele que insiste na carreira, para ter perspectiva de ascensão na empresa, acaba tendo que se desviar ocupando funções administrativas e relacionadas às áreas de vendas e marketing.

10. *Cross-mídia* – conectando rádio e internet

O rádio se tornou o meu laboratório para gerar programas utilizando material colaborativo em veículos de comunicação tradicionais. As conversas da audiência produzem matéria-prima para meus boletins. O custo de operação relativamente baixo das emissoras, conjugado ao seu alcance maciço, faz do rádio um campo de testes privilegiado para medir os resultados da difusão associada à interatividade. Os métodos de trabalho estabelecidos para o rádio poderão servir de referência para outros canais de comunicação, como a TV e a imprensa escrita, implantarem projetos semelhantes.

Antes da internet, o veículo informativo não possuía infra-estrutura para trazer de volta o conteúdo transmitido para a audiência. Correio normal e telefone recebem informação, mas a internet recebe, processa e organiza dados, retroalimentando o circuito da comunicação de volta ao veículo. As imagens A e B apresentam o caminho da informação quando o veículo só transmite e quando ele passa a "escutar" o que vem da audiência. O produto dessa interação, editada para se adequar ao formato do veículo, pode retornar à audiência para instigar mais participação.

A

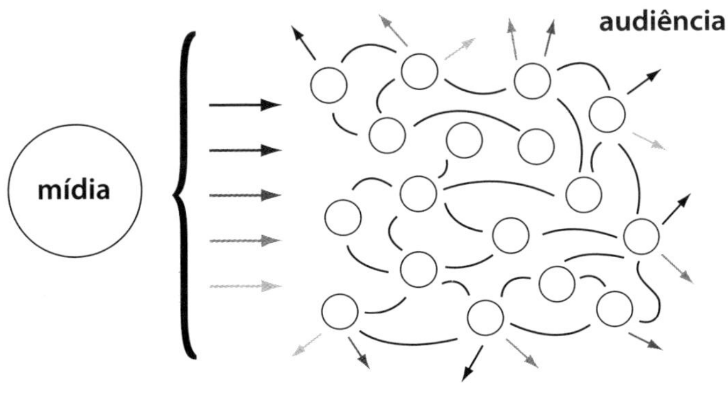

B

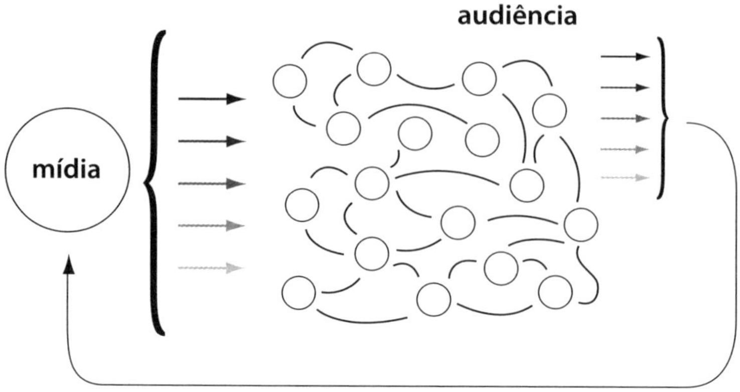

Há outras vantagens para se combinar internet e rádio além do baixo custo de operação das emissoras: a) ambos são mídias que funcionam em tempo real; b) como a internet ocupa prioritariamente o campo visual, o usuário pode escutar a programação de rádio enquanto usa o computador; e c) o radialista está acostumado a mediar a participação da audiência.

Como muitas emissoras estimulam seus ouvintes a participar da programação é comum a formação de comunidades de ouvintes que se identificam por acompanharem assiduamente um radialista ou um programa. O conceito de ouvinte-repórter – a pessoa comum que liga pelo celular para dar as informações do trânsito na hora do *rush* – traz o mesmo espírito de colaboração que faz as comunidades virtuais existirem. A pequena participação de cada um se torna uma grande ajuda para todos. A ferramenta colaborativa estimula essa potencialidade oferecendo canais para os ouvintes trocarem idéias e informações diretamente uns com os outros, repercutindo o conteúdo transmitido e participando mais intensamente do veículo de comunicação que ele escolheu para se informar.

Tem se tornando freqüente emissoras (e também programas de TV) usarem salas de chat para colher feedback imediato de sua audiência. Algumas rádios utilizam bate-papo integrado a transmissões esportivas e a programas de variedades, mas as possibilidades de aprofundamento dessa sinergia indicam um caminho para revitalizar e revalorizar o rádio, que nas últimas décadas passou a ocupar um plano secundário para anunciantes.

Para o *cross-mídia* rádio-internet funcionar, é essencial que uma parte da audiência tenha acesso fácil à Web. A colaboração será estimulada nos casos em que a programação da emissora incluir conteúdo jornalístico, opinativo, debates e estiver voltada à prestação de serviços. Esse casamento de qualidades produz um circuito aberto para a sociedade dialogar, onde as emissoras agregam e difundem o conteúdo produzido comunitariamente na Web para a grande audiência, encurtando a distância entre internautas e o conjunto da sociedade.

Viva São Paulo, o primeiro projeto

É possível fazer um programa de boa qualidade usando apenas conteúdo colaborativo?

Eu ainda estava em Porto Rico quando encontrei por acaso o livro *Achei que meu pai fosse Deus*, um exemplo de produção colaborativa editada pelo escritor norte-americano Paul Auster e publicado nos Estados Unidos em 2002. Essa leitura me trouxe um exemplo prático, apesar de não envolver a internet, de como fazer funcionar um programa de rádio usando conteúdo produzido pela audiência.

Paul Auster havia sido convidado a apresentar um projeto à National Public Radio, uma emissora intelectualizada e de alcance continental nos Estados Unidos. Ele não pretendia aceitar a oferta, mas comentou sobre isso com sua mulher, que deu a idéia: "Por que você não convida os ouvintes a escreverem?" Foi assim que surgiu o National Story Project.

Durante os meses seguintes, quinzenalmente, Auster pedia aos ouvintes que mandassem suas histórias, com a condição de que elas fossem biográficas e curtas. Os textos chegavam pelo Correio e junto com as chamadas periódicas, uma contribuição era lida no ar.

De um total de dois mil relatos considerados bons por Auster, aproximadamente 100 foram escolhidos para fazer parte do livro que, em 2005, apesar dos textos se remeterem a particularidades da cultura norte-americana, foi traduzido e lançado no Brasil.[1] Nenhum dos autores escolhidos trabalhava profissionalmente como escritor. São pessoas comuns que relataram eventos que por qualquer motivo ficaram marcados em suas memórias.

Usando essa fórmula de explorar o relato biográfico, comecei a pensar em soluções tecnológicas que agilizassem o envio de colaborações e, acima de tudo, permitissem que os participantes não dependessem do programa de rádio para conhecerem as histórias uns dos outros. Foi dessa reflexão que surgiu o conceito do projeto Viva São Paulo (www.vivasp.com).

A solução inicial pretendia se tornar uma espécie de agregador de conteúdo dos blogs, usando as passagens desses diários de bordo individuais para produzir boletins de um minuto a serem transmitidos ao longo da programação da rádio. Calculei que a idéia de dar ao ouvinte um fragmento da intimidade de uma pessoa desconhecida mobilizaria a atenção. E eu teria facilidade para viabilizar a proposta rapidamente porque o conteúdo já estava pronto. Para o autor, a difusão pelo rádio promoveria seu diário. E em pouco tempo eu esperava que o projeto ganhasse força dentro da comunidade dos blogueiros a ponto de eu não precisar mais ir atrás dos textos: cada escritor se habituaria a enviar pela internet suas melhores passagens. O objetivo final era produzir uma voz coletiva trançando as narrativas pessoais.

Porém, quando voltei a São Paulo em 2003, a cidade estava se preparando para celebrar os 450 anos de sua fundação. Havia uma predisposição da mídia e do público em falar e discutir sobre temas paulistanos. Tendo passado quase seis anos fora do país, eu estava impressionado com a carga de estresse diária decorrente da violência urbana, da poluição, da agressividade no trânsito, e decidi abrir algumas indagações aos moradores da cidade. O que mudou em São Paulo nos últimos anos? Por que tanta gente escolhe morar aqui? Quais as coisas boas e ruins dessa megalópole de quase 20 milhões de habitantes?

Usar a cidade como tema permitia que qualquer pessoa pudesse se expressar, independente de sua formação e de sua origem. O projeto visava escutar o cidadão comum, dando a ele os mesmos critérios de participação propostos no livro de Paul Auster: relatos biográficos curtos, mas incluindo a condição de as histórias terem São Paulo às vezes como protagonista, outras como pano de fundo. Assim, comecei a listar os assuntos que promoviam a ligação da experiência da pessoa com a cidade: bairro, transporte, trabalho, culinária, lazer, escola, origem/família, entre outros. Esses subtemas servem para sugerir possibilidades ao participante, e também para facilitar a busca por questões específicas. O mesmo acontece nos jornais, que se dividem em blocos para que o leitor encontre a informação que o interessa.

Para colocar a idéia em prática, precisava de uma ferramenta que atendesse às necessidades do projeto. Eu pretendia aproveitar a simplicidade da arquitetura do blog, onde os textos aparecem publicados em ordem cronológica invertida, mas considerava insatisfatórias as soluções disponíveis, principalmente pelo fato de que serviam para a participação fechada de uma pessoa ou de um pequeno grupo, e o Viva São Paulo deveria facilitar o acesso e ser convidativo à participação de qualquer indivíduo.

Usando um motor de blog tradicional, eu teria que inscrever cada participante para que ele enviasse diretamente suas histórias. Isso representava esforço demais para uma situação em que a recompensa pela participação era tênue: ter a sua memória registrada e compartilhada. E ainda havia um "defeito de nascença" no projeto: quanto mais velha, menor a familiaridade da pessoa com a internet, ou seja, quanto mais história para contar, menos possibilidade de fazê-lo.

Por esses motivos, a ferramenta deveria ser simples, óbvia: com apenas um clique em um botão destacado no site o sistema abre o formulário com os campos para o envio da história. Por sorte, fui apresentado a um grupo de profissionais ligados à Web que vinha pesquisando soluções de arquitetura para lançar uma comunidade chamada Pessoas do Século Passado (www.pessoasdoseculopassado.com.br). Eles haviam montando uma ferramenta que se encaixava nos requisitos do Viva São Paulo. Foi preciso fazer poucas adaptações para instalar o software no servidor e colocar o projeto no ar.

A originalidade da proposta de contar a história de São Paulo a partir dos relatos dos paulistanos e a solução bem-acabada para a presença do projeto na internet fizeram o Viva São Paulo ser incorporado como parte da programação especial da Rádio Eldorado, uma emissora comercial diferenciada por seu comprometimento com a cidade.

Da idéia para a prática

Software facilita o processamento e a organização das histórias.

Eu esperava com o Viva São Paulo criar um *case* para demonstrar a viabilidade da aplicação de ferramentas colaborativas junto com plataformas tradicionais de mídia. Parece que deu certo. Passados quase quatro anos do lançamento, o projeto continua ativo e se aproxima da marca de seis mil relatos publicados. Diariamente a Eldorado transmite uma história nova, escrita por um morador que encontrou no site a oportunidade de acessar seu baú de lembranças estimulado pelas memórias publicadas pelos outros participantes. Junto com a disponibilidade e o interesse dos usuários que formaram uma comunidade em torno do Viva São Paulo, o motivo da longevidade da iniciativa está no fato de ela ser eficiente em termos de custo de manutenção.

Para mandar um texto para o projeto, o internauta acessa o site e clica no botão "Publique". O sistema abre o formulário de envio que contém apenas os itens essenciais: título, resumo e texto – o restante é opcional. A informação já entra no banco de dados digitada e catalogada. Minha função se limita a checar a formatação para manter o padrão das páginas e corrigir gramática, ortografia e pontuação, apenas para que a história fique compreensível. Em relação aos boletins, seleciono os melhores relatos da semana e gravo um bloco de sete para serem transmitidos um a cada dia. Tomo cuidado para diversificar os autores, de modo a estimular sua participação. A vinheta de encerramento traz o endereço do site para promover o projeto.

Para estimular a colaboração, publiquei as minhas próprias histórias usando um pseudônimo, convidei amigos e conhecidos a participar e, nos primeiros meses de funcionamento, gravei entrevistas com celebridades contando suas impressões pessoais e experiências vividas em São Paulo. Os boletins começaram a ser transmitidos em novembro de 2003 e o combinado com a rádio foi que o projeto terminaria na semana seguinte ao aniversário da cidade, isto é, na primeira semana de fevereiro de 2004. Mas os participantes criaram vínculos entre si e com o site, e se mobilizaram para pedir a permanência dos boletins no ar.

Eu avalio que o principal mérito do Viva São Paulo tenha sido oferecer um canal alternativo para a retomada do convívio das vizinhanças. A nova configuração dos hábitos na cidade, particularmente nos bairros de classe média, fechou os núcleos familiares ao relacionamento com seus vizinhos, e a participação no site de certa forma devolve essa possibilidade reproduzindo o prazer da conversa despretensiosa na frente de casa.

A consolidação da comunidade se deu de maneira espontânea, com os participantes decidindo organizar um evento para se conhecerem pessoalmente. Desde a primeira atividade, realizada no início de 2004, as reuniões acontecem todos os meses e servem para diminuir a tensão e as suspeitas que se criam pelo convívio exclusivamente virtual. Já na segunda edição, incorporamos uma sessão de contação de histórias, o que permitiu aos ouvintes sem acesso à internet participarem compartilhando suas lembranças. E graças à integração contínua dos usuários assíduos, o projeto hoje conta com o apoio voluntário de 25 pessoas, que em conjunto pagam as despesas de manutenção do site, ajudam na administração do conteúdo e arrecadam dinheiro para atividades e passeios.

Uma comunidade de leitores nas ondas do rádio

Uma comunidade não se forma apenas pela reunião de pessoas bem-intencionadas, mas pela convergência de seus interesses.

Em agosto de 2003, o programa São Paulo, um Estado de Leitores da Secretaria de Estado da Cultura, convidou-me a desenvolver um site colaborativo para formar uma comunidade reunindo leitores e autores. A utilização de uma versão adaptada do blog coletivo usado no Viva São Paulo e a técnica de moderação das participações aproximou pessoas em busca de recomendações de leitura, escritores e blogueiros interessados em divulgar sua produção, e o público geral que procura informações sobre eventos relacionados a literatura como lançamentos de livros, cursos e palestras.

Seis meses depois do lançamento do site, o projeto firmou uma parceria de cessão de conteúdo por promoção com a Fundação Padre Anchieta.

O Leia Livro passou a enviar semanalmente à produção das rádios Cultura AM e FM, sete resenhas editadas, cada uma com um minuto de duração. Cada boletim era transmitido em um dia da semana, duas vezes ao longo da programação e, assim como no Viva São Paulo, a vinheta dos boletins credita o endereço do site para divulgar a iniciativa. Além de promover o Leia Livro, a presença no rádio também beneficia as editoras, abrindo as portas do projeto para novas parcerias.

Em julho de 2004, nove editoras concordaram em apoiar a iniciativa cedendo cotas de livros para serem distribuídos entre os participantes autores das melhores resenhas. Isso fechou o circuito de colaboração tornando o site Leia Livro uma ação que se retroalimenta: leitores ganham livros ao publicar resenhas que rendem boletins. Hoje, o Leia Livro tem uma rede de colaboradores espalhada por todo o território nacional, recebe livros de mais de 40 das principais editoras brasileiras e distribui seu conteúdo para 12 emissoras de quatro estados.

Um dos diferenciais do projeto é que os "resenhistas" são pessoas comuns que lêem por prazer; leitores exigentes, educados, que escrevem apenas sobre os livros que gostaram de ler, sem prazos de entrega ou restrições editoriais. Para eles, o estímulo para resenhar vem da oportunidade de ganhar livros, compartilhar suas descobertas literárias e apoiar uma campanha de estímulo à leitura. E apesar de ser uma iniciativa de alcance intermunicipal, a manutenção do projeto depende de uma equipe composta por apenas um coordenador e dois estagiários trabalhando meio período. Essa estrutura reduzida recebe, edita e atualiza o conteúdo publicado no site, cuida da logística de recebimento e distribuição dos livros, produz e envia os boletins aos veículos de comunicação e administra o relacionamento com a rede de parceiros.

O Leia Livro responde a três desafios: promover o hábito da leitura prazerosa, utilizar eficientemente a tecnologia da informação para gerar e transmitir conteúdo editorial e criar uma estrutura que atraia e fomente a colaboração visando o crescimento da circulação de livros no país. Nesse contexto, o leitor assíduo empresta seu conhecimento e se torna protagonista de uma campanha que tem o estudante e o leitor como público-alvo. O projeto não impõe uma pauta de livros aos "resenhistas", não remunera com dinheiro e não tem colaboradores fixos. A participação é aberta a quem quiser enviar textos. Isso estimula a composição de um espaço de relacionamento plural, que abraça leituras populares e sofisticadas, sem preconceitos em relação a estilos e autores.

A publicação livre enriquece também o texto porque os colaboradores escrevem a respeito de livros que provocaram neles emoções, conduziram a descobertas e estimularam questionamentos. No ambiente convidativo do Leia Livro, as resenhas trazem o tom da recomendação feita boca-a-boca, onde seus autores apresentam a obra e também se colocam enquanto sujeitos da experiência da leitura.

A aplicação desses recursos estimula a colaboração entre iniciativa privada, sociedade civil e administração pública em benefício da coletividade. O projeto cultivou um "ecossistema do livro", onde se relacionam agentes da sociedade como leitores, editoras, escolas e meios de comunicação. Nesse carrossel, cada parte entra com o que tem: o leitor faz resenhas, os veículos de mídia dão promoção, as editoras fornecem livros novos e as escolas encontraram no site um recurso mobilizador para estimular a prática da leitura entre os estudantes.

A missão do projeto é ser uma iniciativa barata e fácil de ser mantida, que conquista a confiança de parceiros e colaboradores pela consistência e qualidade dos resultados. Seu custo de manutenção se resume à hospedagem para o site, à conexão para a internet, aos gastos com o envio dos livros e aos salários da equipe. Em contrapartida, em dois anos o projeto recebeu e publicou aproximadamente 15 mil textos enviados voluntariamente por usuários. Esse conteúdo rendeu aproximadamente 1.100 boletins de rádio, o que corresponde a quase 20 horas de programação original. Mais de 900 livros novos foram distribuídos aos colaboradores. Em março de 2007, o tráfego do site registrou um volume de 113 mil páginas acessadas e uma média mensal de 45 mil visitas.

11. Sugestões para projetos colaborativos

As idéias a seguir têm em comum o arranjo de estímulos necessário para produzir colaboração. Essas sugestões podem ser aplicadas como experimento para atividades educacionais ou levadas adiante por indivíduos ou instituições.

Comunidade de baladeiros: A "balada" é uma atividade social cujo objetivo é aproximar pessoas. No universo das casas noturnas, o *promoter* é quem conhece todo mundo e indica onde acontece o agito. Uma ferramenta de networking social pode ser adaptada para relacionar os participantes aos locais de suas baladas preferidas, avaliar lugares novos, informar onde pretendem ir nos próximos dias e divulgar para sua rede de contatos as novidades enviando mensagens coletivas.

Interligando vizinhos: Prédios e condomínios são comunidades virtuais em potencial. Os moradores de um prédio têm uma série de interesses em comum, a começar pela propriedade do imóvel. Todos ganham com o investimento na manutenção das áreas coletivas e pagam por isso. Essas pessoas compraram apartamentos com valores próximos um do outro e, portanto, possivelmente têm receitas semelhantes. Escolheram o mesmo bairro, logo utilizam os mesmos serviços e tendem a ter referências e valores sociais parecidos. Usando uma plataforma colaborativa, a relação entre condôminos pode acontecer no ambiente virtual. Resoluções administrativas serão discutidas com tempo e em horários convenientes a todos. A comunidade terá acesso internamente ao perfil dos outros moradores, podendo recorrer a vizinhos médicos ou advogados em caso de necessidade. Compartilharão um classificado para anunciar ou recomendar serviços como o de empregadas domésticas ou encanadores, levando em conta as avaliações dos moradores. Também será útil para agendar e realizar atividades coletivas, como campeonatos de videogame ou combinar rodízios de pais para buscar crianças que estudem na mesma escola ou em escolas próximas.

Brasileiros no exterior: Pessoas da mesma nacionalidade morando no exterior muitas vezes têm interesse em se encontrar. Vivem situações parecidas em termos de documentação, procura de emprego, cursos ou outras atividades, e também podem ajudar a matar as saudades umas das outras organizando encontros sociais dentro da comunidade. Dependendo de como esse portal for desenvolvido – o site Craigslist (http://craigslist.org) pode ser uma inspiração –, servirá para o mundo inteiro. Cada cidade pode usar os mesmos recursos, sem que isso implique no desenvolvimento de soluções tecnológicas específicas.

Ouvidoria pública: O programa *A voz do Brasil* é considerado – pelo menos por uma parte da audiência – como a hora para se desligar o rádio. Ele é um veículo oficial, criado há mais de 50 anos, pelo presidente Getúlio Vargas para fazer propaganda política. A adaptação de um ambiente colaborativo aberto traria o cidadão para dentro do governo, transformando o espaço em um campo de debates da sociedade. O conteúdo online editado retroalimenta a ação pelo rádio, transformando o programa em *A voz do brasileiro*.

Personalidades públicas: O escritor Neil Gainman termina seu livro *Os filhos de Anansi* dizendo: "E um agradecimento a algo que nem mesmo existia quando escrevi *Deuses americanos*: aos leitores do diário no site www.neilgainman.com, que estiveram ao meu lado sempre que precisei de alguma informação e que sabem tudo o que alguém precisa saber."[1] Ele, como outras celebridades, representa interesses coletivos, sejam eles relacionados a entretenimento, a causas sociais ou a qualquer assunto que motive a participação pública.

Comunicadores como Juca Kfouri e Salomão Schwartzman que conduzem programas de grande audiência; Soninha, ex-apresentadora da MTV e atual deputada paulista; o jornalista Gilberto Dimenstein que divulga ações para melhorar a vida na cidade de São Paulo, todos eles se beneficiariam convidando suas audiências a conversarem entre si, formando massa crítica para promover debates aproveitando-se da circulação de dados e opiniões.

Polemi-wiki: Em termos de produção de conhecimento, a Wikipedia é um espaço de consenso onde os verbetes devem representar o conhecimento imparcial. Isso abre a oportunidade para a criação de um site com objetivo inverso: estimular o debate polêmico. Ao invés de apresentar assuntos prontos, serviria para a discussão a respeito de questões de interesse coletivo que estejam em evidência no momento. Elas seriam apresentadas segundo argumentos a favor de cada perspectiva. Essa comunidade, funcionando a partir de um wiki, ofereceria aos interessados duas ou mais áreas em branco para que os defensores de cada opinião se expressassem, moldando documentos que apresentem dados, exemplos históricos, argumentos e idéias para sustentar seus casos.

Ibope comunitário: Outro campo aberto à exploração é o de soluções para realizar sondagens de opinião online. A internet é um veículo opinativo por natureza, mas as pesquisas pela Web trazem problemas metodológicos: pode-se votar várias vezes, mentir e usar outros recursos para comprometer o resultado. Porém, uma ferramenta feita sob encomenda estabeleceria vantagens para estimular o registro. O sistema detectaria e baniria usuários com cadastros múltiplos e a participação seria monitorada por algoritmos sociais (*ver* Capítulo 7).

Empresas de pesquisa podem investir em áreas colaborativas experimentais para oferecer serviços de medição de expectativas pela rede. O aspecto lúdico em jogos online aponta formas interessantes de registrar o gosto e a percepção do público (*ver* Capítulo 14).

Relações públicas em ambientes colaborativos: Empresas e profissionais de RP podem oferecer a seus clientes o posicionamento da marca em ambientes colaborativos como a Wikipedia.

Uma empresa pode aproveitar os verbetes relacionados à sua temática para agregar valor ao conteúdo comum e informar sua participação em questões específicas como o desenvolvimento ou a aplicação de determinada tecnologia. Não se trata de encontrar brechas para fazer propaganda velada, mas de fazer colaborações válidas que ajudem a comunidade e creditem a organização. Ao mesmo tempo em que presta um serviço ao usuário da enciclopédia, a empresa aparece em um espaço não-comercial.

Executivos e cientistas ligados a uma instituição também podem receber treinamento para localizarem e contribuírem na redação de verbetes, compartilhando com o público seu conhecimento para promoverem seus projetos, ações e pesquisas.

Ensino à distância pela TV, rádio e internet: Alguns leitores talvez se lembrem do programa *Telecurso segundo grau*, no qual professores do ensino médio davam aulas pela TV a pessoas sem tempo ou recursos para estudar em cursinho pré-vestibular. A proposta talvez tenha deixado de produzir resultados, mas ganha nova perspectiva agora que a informação pode ir e voltar pela internet. Os participantes poderiam interagir durante a aula pelo chat e ao longo da semana pelos fóruns de mensagem. Além do contato direto com os professores, os participantes se beneficiariam da oportunidade de trocar informações e apoio para atingir suas metas.

A temática dos cursos poderia variar de matérias escolares a palestras técnicas que durassem poucas semanas – para não exigir um compromisso longo dos interessados – e aprimorassem os conhecimentos profissionais dos participantes. Cada curso trataria desde culinária, técnicas de administração das finanças domésticas a como investir em fundos de renda fixa, programação de computadores para iniciantes, instalação de redes e sistemas, montagem de computadores e o que mais possa interessar à comunidade. E além da interação pela rede, quem não possuísse computador acompanharia as aulas pela TV ou pelo rádio.

Parte 3

Casos e debates

12. Teoria posta em prática

A primeira parte deste livro apresentou os diversos componentes que podem ser aplicados na criação de comunidades virtuais e ações colaborativas. A segunda colocou essa informação para funcionar.

Agora vamos conhecer uma série de sites que foi desenvolvida a partir de ferramentas sociais para o leitor observar na prática temas apresentados anteriormente, como a combinação de soluções tecnológicas, a definição da temática da comunidade e os incentivos à colaboração, a funcionalidade da arquitetura da informação e a relação entre os diversos níveis de participantes do projeto.

É verdade que sites às vezes desaparecem e talvez um ou outro dos projetos indicados deixe de funcionar no futuro próximo. Mas a maioria estará disponível permitindo que, junto com a leitura, você possa conhecer e explorar diretamente as iniciativas segundo a sua curiosidade. Os selecionados têm em comum o fato de o combustível das operações ser o próprio usuário. Foram escolhidos pela originalidade da proposta e eficiência de sua implementação. E como a maior parte desses sites está em inglês, as idéias deverão estimular a criatividade de quem quiser implementá-los para outras audiências.

Os capítulos a seguir surgiram da sugestão de incorporar ao livro um texto para professores que quisessem desenvolver projetos colaborativos em sala de aula. A quantidade e a variedade dos sites que apareceram na pesquisa tornou necessário dividir as comunidades por afinidade temática, formando quatro blocos que englobam causas sociais e governança, negócios, educação e mídia. Com o levantamento de casos também foi se constituindo uma lista de projetos "ovelha negra" – experiências relevantes mas usadas para fins questionáveis. O principal exemplo é o das redes virtuais de pedofilia. Esse material deu origem ao Capítulo 17.

Três sites bem interessantes, mas que não apresentavam relação objetiva com nenhum desses temas, são apresentados a seguir, como um "aperitivo" do que virá na seqüência.

Open source aplicado ao mundo físico

Instructables (www.instructables.com) é um playground virtual para pessoas fissuradas em construir e inventar. Seu slogan é "colaboração passo a passo" mas bem que poderia ser "clube do McGayver", pois oferece uma plataforma simples e eficiente para o compartilhamento de instruções de montagem de coisas que vão de sopas a bombas caseiras. Ou seja, a proposta é aplicar o modo de trabalho *open source* ao mundo físico.

A mesma maneira de trabalho descentralizado que propiciou o surgimento do Linux e da Wikipedia pode ser aplicada à construção de objetos materiais. Isso porque qualquer coisa pode ser tratada como informação quando se descreve seu funcionamento, o que permite que pessoas muitas vezes desconhecidas entre si reúnam informações e experiências para aperfeiçoar produtos de interesse comum.

O Instructables foi desenvolvido para ajudar os profissionais do Squid Lab, uma empresa de "engenharia criativa", a documentar os projetos em que trabalhavam. Como não encontraram um programa que atendesse às expectativas, resolveram criá-lo. Quando ficou pronto, decidiram que valeria a pena produzir um site para que a solução fosse aproveitada para abrigar uma comunidade aberta. Apesar de não render dinheiro, o Instructables atrai a atenção de um público muito específico de "Professores Pardais", que associam a experiência – a ferramenta é muito eficiente e a idéia, original – que têm no site com a marca de seus criadores.

O que chama atenção é a simplicidade de seu funcionamento. Cada pessoa que quer compartilhar instruções é conduzida passo a passo de modo a organizar a apresentação do processo. O sistema induz o usuário a quebrar a informação em partes pequenas, tirando proveito da popularização das câmeras digitas. Antes de ir para o site, você fotografa cada estágio da produção. Se for uma receita culinária, o primeiro quadro deve ter a imagem dos ingredientes, o seguinte, a etapa inicial de preparo, seguindo até o prato estar pronto. Com esse material, o site serve para juntar ilustração e explicação. Em cada etapa o usuário inclui uma foto e um parágrafo explicativo.

O site permite ainda que pessoas com interesses particulares formem grupos como o "Most to Very Dangerous", especializado na troca de receitas para se construir brinquedos perigosos como canhões que disparam pilhas AA e canetas que atiram. Tudo montado a baixo custo e com material do dia-a-dia. No grupo "Illegal" os participantes ensinam como criptografar, baixar arquivos de música na rede, criar vírus de computador e o que mais for considerado proibido por lei. Outros grupos ensinam a fabricar coisas usando apenas material de escritório, manufaturar periféricos para Ipod e maneiras de fabricar antenas de WiFi para "piratear" a conexão de internet de outras pessoas. Mas o propósito do site vai além da tecnologia para adolescentes de todas as idades. Você pode listar os projetos postados por data, avaliação, páginas vistas e dessa forma encontrar os preferidos dos usuários, que incluem instruções para recarregar canetas MontBlanc por conta própria (para economizar os US$200 de cada refil), construir prateleiras, projetos científicos com luzes, magnetismo e até receitas culinárias.

Uma versão dessa idéia no Brasil poderia ser chamada de jeitinho.com.br. Nossa cultura se orgulha da capacidade de improvisação para resolver problemas. Atualmente está na moda nos ambientes corporativos nos Estados Unidos a expressão "to think outside the box" ("pensar fora da caixa", um clichê que significa olhar um problema por uma perspectiva nova, sem preconceitos). Nos tempos do fusca, usava-se qualquer coisa para resolver problemas mecânicos: grampo, tampinha de refrigerante, cadarço, clipes, chicletes usados – o que estivesse à mão. Se o fusível queimar no domingo, se a TV der pane na hora do jogo, se cair café no terno antes do casamento, se der dor de barriga no dia da prova – para tudo as pessoas colecionam soluções práticas e improvisadas.

A parte mais fácil para se colocar esse site no ar é conseguir o programa ou desenvolver uma versão simplificada. Para que a idéia funcione é necessário estabelecer uma comunidade ativa de participantes que ajudem a monitorar os projetos, de maneira a evitar problemas legais: alguém pode querer mostrar como construir uma estufa para cultivar maconha dentro do guarda-roupa, ou ensinar a transformar cocaína em pedras de crack. Nos Estados Unidos a constituição garante a liberdade de expressão aos cidadãos, mas aqui essa justificativa não funciona. O famoso "gato" para puxar gratuitamente os canais de TV a cabo ou eletricidade, invasão de sites de bancos – tudo pode aparecer. E mais: se o projeto "pegar", haverá quem queira ensinar a fazer coisas subversivas – que são as mais atraentes – como, por exemplo, abrir um cadeado ou a tranca de um carro, informação extremamente útil para quem tenha perdido suas chaves, mas que pode ser aproveitada para o crime.

Faz parte do processo de amadurecimento estimulado pela comunicação em rede usar esses ganchos para fomentar o debate sobre o que é bom ou ruim para a comunidade. Esse tipo de censura, que acontece independente da interferência do poder instituído, aparece no Instructables.com. Eu vi um projeto explicando como fazer uma caneta atirar e, em baixo, o comentário: "que idéia babaca". Esse tipo de atitude, junto com a utilização de recursos de moderação, definirá se o site trará dor de cabeça aos criadores ou se tornará uma ferramenta popular para diversão educativa no país. Potencial existe.

Confesse um segredo (anonimamente)

Quem anda por ruas movimentadas, à pé, de carro ou usando transporte público, às vezes pára e imagina como vive um desconhecido que vê passar. Nós convivemos cotidianamente nas cidades com milhares de pessoas sem saber quem são e o que fazem em sua vida privada. Nesse contexto, a possibilidade de revelar a própria intimidade sem perder a proteção do anonimato abre possibilidades tanto para a sociedade se conhecer melhor como para os indivíduos se esconderem mais em suas fantasias.

Em 1980 o norte-americano Allan Bridge realizou um projeto de arte conceitual, "The Apology Project". Usando uma secretária eletrônica, convidava pessoas a deixarem recados anônimos. Acabou registrando mais de mil horas de confissões, que variavam de coisas banais a rituais assassinos.

Nessa linha, está no ar desde 2005 o Post Secret (http://postsecret.blogspot.com), um blog onde o autor, Frank Warren, convida pessoas a enviarem para ele, pelo correio normal, um cartão-postal revelando um segredo. Os remetentes não precisam se identificar e os melhores são publicados no blog. Cada segredo pode ser "um arrependimento, uma esperança, uma experiência divertida, generosidade, fantasia, credo, medo, traição, desejo erótico, sentimentos, confissões ou humilhação infantil. Revele o que quiser – contanto que seja verdade e que você nunca tenha contado isso a mais ninguém". Além do componente *voyeur*, o site convida os usuários que acompanham a publicação dos cartões pela internet a se expressarem a respeito daqueles que mais os comoveram, permitindo que a sociedade converse consigo mesma sobre seus fantasmas, desejos e aflições, de uma maneira que não comprometa ou invada a privacidade de quem participa. Uma seleção dos melhores cartões – são mais de 10 mil no total – e mensagens enviadas por usuários vêm se tornando livros publicados comercialmente.

Os resultados variam entre revelações comoventes, assustadoras ou divertidas. Uma pessoa confessa que adora "quando seu *frisbee* acerta desconhecidos", outra que a foto do corpo morto de seu irmão dentro do carro em que ele se acidentou apareceu no jornal e "essa foto me persegue", uma garota escreveu que "dois meses depois que o meu namorado me traiu, recebeu um e-mail da menina com quem ele transou – ela escreveu para dizer que estava grávida. Eu apaguei o e-mail e ele não sabe disso". Uma mãe de família escreveu dizendo: "Eu disse à minha família que estava saindo numa viagem de negócios e tirei férias sozinha!" Uma mulher que perdeu parte dos seios em uma mastectomia manda uma foto frontal de seu tórax dizendo: "É assim que eu sou quando tiro meu sutiã."

Uma variante dessa idéia aprofunda o aspecto terapêutico do ato de confessar publicamente uma experiência traumática. O site Grouphug (http://grouphug.us), lançado em 2003, encoraja os participantes a contar seus segredos dolorosos. Um moderador filtra o conteúdo enviado antes de aprovar sua publicação. Além do apelo exibicionista e *voyeur*, o site atrai pessoas em busca de uma maneira de compartilhar um segredo aflitivo. Um exemplo: "Eu sou lésbica, todo mundo sabe, inclusive meus pais, e eu tenho um relacionamento estável. No final de semana passado, eu dormi com um homem e adorei cada minuto. Eu ainda não posso sair sem um cachecol enrolado no meu pescoço. Eu vou contar para ela hoje à noite."

Em novembro de 2006, o Grouphug anunciava ter cerca de 450 mil relatos, parte dos quais serviu para produzir o livro *Stoned, Naked and Looking in My Neighbor's Window* (*Chapado, pelado e olhando pela janela do meu vizinho*), mas apesar do sucesso, o site continua sendo um projeto independente mantido por seus criadores nas horas livres.

O site i4giveu (www.i4giveu.com) é uma variante dessa proposta que permite que as confissões publicadas sejam avaliadas por outros usuários. Os participantes votam nos relatos uns dos outros dizendo se o autor merece ser perdoado e esse feedback serve para formar a reputação de cada pessoa, que varia entre "Anjo do Céu" e "Demônio Condenado". Apesar de tecnologicamente esse site ser mais atual que os outros, o propósito terapêutico cede lugar a uma forma bizarra de entretenimento. Alguns participantes concorrem para inventar a história mais chocante. Um homem afirma ter contaminado muitas pessoas depois de descobrir ser portador do HIV, mas encontrou Deus e agora é um pastor... no Iraque.

Organização de metas em listas coletivas

Fazer uma lista é uma maneira prática e eficiente de organizar prioridades. Serve para quem vive adiando sonhos – como surfar no Havaí, conhecer Paris, escrever um livro, encontrar um amor – ou tem dificuldade de incorporar hábitos saudáveis – fazer dieta, praticar exercícios, parar de fumar – à rotina. A idéia do 43 Things (www.43things.com) é aproximar pessoas com metas ou sonhos em comum oferecendo uma forma para que se apóiem mutuamente. É um site de networking como o Orkut, mas ao invés dos participantes se encontrarem por terem conhecidos em comum, a conexão acontece pelas listas de coisas que eles querem realizar.

O projeto, lançado em janeiro de 2005, levou só cinco meses para ganhar o Webby Awards, o Oscar da internet, na categoria networking social. Além de a idéia ser criativa e útil, uma das razões de ter faturado o prêmio é a competência com que a arquitetura do site foi desenhada. É simples participar. Depois de preencher um cadastro indicando um nome de tela ou apelido, um e-mail válido e uma senha, você está registrado e pronto para montar sua lista. Na página inicial existe uma nuvem de *tags* (*ver* p.70) indicando quais são as metas preferidas dos participantes. Você pode escolher uma dessas ou usar a busca para encontrar objetivos que não estejam relacionados na capa do site. A busca funciona com palavras-chave e o sistema relaciona por número de participantes todos os itens que contenham aquela informação. Assim, os objetivos que atraem mais atenção ficam em destaque.

O 43 Things atende a várias necessidades: oferece uma maneira para cada indivíduo refletir a respeito de suas prioridades e montar uma lista, reúne pessoas com metas em comum para que se incentivem coletivamente e troquem informações práticas sobre seus progressos, provê uma ferramenta para que os usuários gerenciem suas metas e estimula o relacionamento entre pessoas de uma maneira original. Quando você abre um item listado – como aprender linguagem de sinais, fazer uma tatuagem, beijar na chuva –, o site apresenta uma série de informações relacionadas a ele. Mais de 10 mil pessoas listaram "escrever um livro" como meta. Ao abrir esse item, primeiro aparece uma relação de perfis que se inscreveram na categoria. Em seguida, as três outras metas mais freqüentes entre aqueles que querem escrever um livro: aprender espanhol, comprar uma casa e se casar. Abaixo disso o site relaciona mensagens deixadas por participantes referentes ao processo para atingir a meta e, no final da página, há uma área para os participantes deixarem suas perguntas para quem já conseguiu atingir o objetivo.

Esse é um detalhe importante do 43 Things. Na verdade, você pode fazer duas listas, uma com as 43 coisas que quer fazer e outra, com as 43 que já conseguiu realizar. Quando você escolhe uma meta, é convidado a dizer em qual lista – realizado ou a realizar – quer que ela esteja. Se clicar em "Quero fazer isso", o site se oferece para enviar, periodicamente, um e-mail lembrando-lhe da meta. Para não ficar uma coisa a perder de vista ou uma cobrança neurótica, é o usuário quem decide a freqüência com que quer receber os lembretes, pode ser diariamente, a cada dois dias, semanalmente, a cada duas semanas, mensalmente, a cada seis meses ou uma vez por ano. Se não deseja uma mensagem-padrão, pode redigir o texto para o "futuro você". Já quem escolhe a opção "Eu já fiz isso", indicando já ter atingido aquele objetivo, é convidado a avaliar se valeu a pena o esforço e se quer ajudar outros que escolheram aquela meta. Em caso afirmativo, o site encaminha para você, por e-mail, as perguntas de usuários relacionadas àquele tema.

Mas por que 43 coisas? Segundo a Wikipedia, a primeira versão do site ficou pronta 43 dias antes da data marcada para o lançamento oficial, mas a explicação dos criadores do site é prosaica: "As coisas precisam ter nomes. Nós consideramos que 43 é o número certo de metas que uma pessoa ocupada pode tentar e conseguir realizar. Por que não mais? São muitas coisas. Por que não menos? Você pode fazer menos, mas (o site) ainda assim vai se chamar 43 Things."

O site ainda enfrentou um momento de turbulência no ano de seu lançamento. Depois de publicar um artigo elogioso a respeito do 43 Things na revista eletrônica Salon (www.salon.com), a jornalista Katharine Mieszkowski recebeu uma mensagem anônima sugerindo que ela apurasse de onde vinha o investimento para colocar e manter o site no ar. Mieszkowski descobriu que o único investidor do projeto é a gigante varejista Amazon e considerou comprometedora a postura dos fundadores do site, que não explicitam esse vínculo aos usuários. Como 43 Things é um site comercial, nada impede que a informação sobre os hábitos, desejos, frustrações e gostos dos participantes seja usada como pesquisa de mercado. Mas a repercussão do episódio não progrediu porque os fundadores do projeto tinham mencionado a participação da Amazon no blog da empresa e em seus blogs pessoais. O principal executivo do 43 Things – e ex-funcionário da Amazon – acrescentou, em relação à possível utilização ilícita do site, que o seu conteúdo é aberto e, portanto, qualquer um tem acesso às listas. O verbete da Wikipedia informa que a discussão gerada pela denúncia produziu um aumento de 35% no tráfego do site.

O sucesso do 43 Things levou a empresa Robot Co-op, responsável pelo projeto, a lançar, ainda em 2005, novos sites usando o mesmo conceito aplicado a outros assuntos. No 43 Places (www.43places.com) os participantes são convidados a listar os lugares que desejam visitar e os que já visitaram. No 43 People (www.43people.com) a lista é das pessoas que você já conheceu e daquelas que você pretende ou gostaria de conhecer. Em

All Consuming (www.allconsuming.net) a proposta é compartilhar dicas de produtos que "te consomem" – o nome brinca com os vários sentidos do verbo consumir: comprar, alimentar-se e destruir-se – principalmente para livros, discos, filmes e alimentos. E finalmente a List of Bests (www.listofbests.com) serve como site "guarda-chuva" dando ao usuário a possibilidade de reunir todas as listas: metas, viagens, pessoas a conhecer e produtos. Como se trata da mesma "família" de sites, um registro serve para se acessar todos.

13. Causas sociais, ativismo e governança

Se uma das principais características da internet é a redução dos custos de comunicação à distância, os maiores beneficiados são os projetos com pouco apelo comercial. E mais do que isso: a rede oferece uma plataforma para organizar e disseminar informação que nivela a força do indivíduo na sociedade. A queda-de-braço entre uma pessoa e uma organização já depende menos da participação da mídia tradicional. Os sites apresentados a seguir indicam os campos de atuação em que esse potencial vem sendo aproveitado.

A defesa do consumidor talvez seja a porta de entrada para qualquer indivíduo se tornar um ativista. Se você se sente enganado ou prejudicado ao comprar um produto ou contratar um serviço, terá mais poder de negociação na medida em que sua reclamação fizer sentido para outras pessoas. Existem muitos sites destinados a receber reclamações sobre abusos de empresas. Se o produto ou serviço corresponder às expectativas, ainda assim a corporação pode estar agindo de maneira predatória contra a sociedade, os valores morais ou a vida no planeta. Uma das marcas com maior exposição negativa é a Nike, fabricante de equipamentos esportivos que recebeu críticas por contratar serviços de fábricas em países em desenvolvimento que oferecem condições subumanas aos trabalhadores. Vários sites registram esse tipo de informação, o que possibilita ao consumidor exercer o ativismo por meio de sua carteira, ou seja, adquirindo ou não o produto.

Muita gente se interessa em participar de trabalhos sociais por acreditar que faz bem ao espírito contribuir para melhorar a condição de vida de outras pessoas ou defender uma causa. Da mesma maneira, existem muitas organizações sem fins lucrativos que carecem de apoio de profissionais especializados. A internet tem ajudado a fechar esse círculo permitindo que os interessados encontrem opções de trabalho voluntário feitos sob medida: escolhe-se a causa que se quer apoiar de acordo com o tempo que se tem para oferecer. Há também maneiras de se contribuir para preservar a vida no planeta, como um site norte-americano que estimula a reciclagem. No Brasil, existe um projeto que parte do mesmo princípio, unir aqueles que desejam se desfazer de roupas e objetos usados e entidades beneficentes que precisam de doações.

Pessoas que enfrentam problemas parecidos estão usando a internet para se ajudar mutuamente trocando informação e conforto emocional. Doentes com câncer, pais de crianças prematuras, presidiários, pessoas vítimas de catástrofes naturais se apóiam na rede para compartilhar suas dificuldades e procurar soluções em conjunto. E, finalmente, a internet vem sendo aplicada para temas relacionados diretamente à política e ao governo, em campanhas para cargos públicos e também para compartilhamento de informação, como é o caso da Intellipedia, a Wikipedia do serviço secreto norte-americano.

Defesa do consumidor

Tudo começou quando o consultor de internet Mark Hurst recebeu a conta por sua estadia em um hotel de São Francisco.[1] Achou escandaloso ser cobrado US$2 por minuto em ligações telefônicas de longa distância, e US$1,50 por chamadas locais. Especialista na área de comportamento online do usuário, Hurst resolveu produzir e enviar semanalmente uma *newsletter* relatando histórias de horror vividas por consumidores. A idéia repercutiu tanto que ele fundou, em junho de 2003, o site This Is Broken (www.thisisbroken.com), um fórum para consumidores desapontados com produtos e serviços tornarem públicas suas reclamações.

Junto com as denúncias, o This Is Broken tem um quê de humor negro para destacar o lado ridículo, grotesco ou simplesmente burro de atitudes de órgãos oficiais e corporações. Geralmente nós apenas vivemos o lado trágico das relações entre indivíduo e instituições porque quando surgem problemas, a instituição costuma levar vantagem. Esse apelo ao humor quebra o clima de tensão relacionado a denúncias por abusos contra o consumidor e ajuda o internauta a simpatizar com o site e colaborar. Um canadense, por exemplo, fotografou e enviou a Hurst a saída de uma garagem pública fechada por causa da instalação desastrada de um parquímetro.

Muitos outros sites oferecem serviços de defesa do consumidor. O Complaints (www.complaints.com), por exemplo, possui uma área de convívio para os consumidores trocarem experiências e saberem interagir eficientemente com os serviços de atendimento ao público. O Bad Dealings (www.baddealings.com) recolhe e dissemina informações a respeito de negócios ou pessoas que agem de maneira fraudulenta ou ilegal. O site envia periodicamente uma *newsletter* informando as principais denúncias e mantém um ranking indicando as dez empresas que recebem mais reclamações. O Planet Feedback (www.planetfeedback.com) oferece consultoria para que as reclamações sejam mais efetivas. No caso de segmentos do mercado com muitos clientes insatisfeitos, surgem sites para se reclamar de temas específicos como, por exemplo, no Mr. Cranky (www.mrcranky.com), onde se fala mal de filmes. Já no www.untied.com registram-se apenas problemas de pessoas que usam os serviços da companhia aérea United Airlines. Graças a ele, experiências surreais como a descrita abaixo ficaram registradas:

> Eu nem vôo pela United, mas recentemente fui vítima da incompetência deles. Na última segunda-feira (19/2/2001), o telefone da minha casa tocou às 3h da manhã. Era uma representante da United ligando para dizer que o meu vôo de volta de Denver havia sido cancelado. Quando eu expliquei a ela que eu estava em Connecticut e não em Denver, e que ela tinha ligado para o número errado, ela continuou com o *script* sobre o cancelamento do vôo.
>
> Quando gritei com ela por estar ligando para uma pessoa às 3h da manhã, ela me agradeceu por voar United Airlines e então desligou. Quando eu liguei para a United para dizer a eles sobre isso, eles não entenderam por que eu estava telefonando se eu não era cliente deles. Eu respondi: "Exatamente"...
>
> Questão 1: Por que a United está telefonando para pessoas às 3h da manhã? 2. Por que a United está ligando para alguém NA CASA DELA sobre seu vôo de volta às 3h da manhã quando obviamente essa pessoa não está em casa, mas no lugar para onde ela viajou. 3. Por que a United contrata gente que não consegue escutar o que os clientes falam? 4. Por que a United telefona para as pessoas às 3h da manhã?!?[2]

Um outro projeto que relaciona esse tema com humor é o Consumerist (www.consumerist.com), um blog editado profissionalmente que visa reagir às novas táticas de intimidamento das empresas "neste momento de crise dos valores comunitários". Ele se propõe a disseminar as informações em primeira mão, deixando que a mídia tradicional se preocupe em apurar os fatos. Também reconhece ser tendencioso em favor do consumidor. "Nós preferimos histórias de más companhias a fábulas felizes de consumidores. Nós não somos anticapitalistas, somos anticapitalismo estúpido." As pessoas são convidadas a participar mandando seus relatos de experiências por e-mail. Se o usuário em questão for empregado e quiser reclamar contra seu patrão, o site também garante sigilo completo.

Eventualmente, o consumidor pode se cansar de procurar o serviço de atendimento ao cliente para tirar dúvidas. Suas questões talvez não sejam tão chamativas a ponto de produzir repercussão negativa. Afinal, como poderia alegar o fabricante, o produto funciona, é o usuário que não consultou direito o manual. Foi pensando em situações como esta que dois empreendedores resolveram criar um espaço na Web chamado Fix Ya! (www.fixya.com), que pode ser traduzido como "te conserto". Eles se propuseram a reunir de maneira organizada todas as informações a respeito de produtos eletrônicos, como câmeras e impressoras, oferecendo essa base como chamariz para uma comunidade de usuários assíduos se encontrarem em seus fóruns de discussão e compartilharem suas experiências, tanto as boas quanto as ruins.

Boicote a produtos e empresas pela rede

Em junho de 2003 o empresário Laerte Codonho, proprietário da marca Dolly de refrigerantes, gravou em vídeo 30 horas de declarações de Luiz Eduardo Capistrano do Amaral, ex-diretor da maior engarrafadora de Coca-Cola no Brasil. Sem saber que a conversa estava sendo filmada, Capistrano revelou um plano para tirar do mercado o refrigerante Dolly, praticando atos de concorrência desleal e de abuso do poder econômico. A multinacional teria exercido pressão contra fornecedores e varejistas, difamado a marca Dolly afirmando que causava câncer e levado a Receita Federal a criar entraves administrativos para os produtores de garrafas que supriam o fabricante nacional. Alguns meses depois, a Dolly Refrigerantes anunciou em meia página da edição norte-americana do *The Wall Street Journal*, uma carta aberta ao conselho administrativo da multinacional contendo partes da gravação e pedindo a investigação das denúncias.[3]

Ao informar o público sobre a conduta da Coca-Cola pelas páginas de um dos veículos de notícia financeira mais respeitados do mundo, o dono da Dolly deve ter levado em consideração o traço cultural do norte-americano de usar o consumo como mecanismo de atuação política. Ao contrário do que a intelectualidade geralmente supõe, a sociedade de consumo não cria apenas cidadãos alienados e auto-indulgentes, mas estabelece um vínculo ligando consumidores ao ecossistema econômico pelo ato de comprar. O dinheiro é uma espécie de voto dado a quem se quer apoiar. A decisão de boicotar um produto liga o cidadão comum ao fabricante, aos funcionários desse fabricante e finalmente à nação onde aquele item é produzido. E desde a popularização da internet, em meados da década de 1990, as possibilidades de ação conjunta cresceram bastante nos Estados Unidos. Pelos cálculos da cientista política Caroline Heldman, quase 2/3 da população se envolvem em um boicote pelo menos uma vez por ano.[4]

O cidadão articulado à sua comunidade entende que seu poder de compra tem um impacto na vida de outras pessoas. Se a razão do boicote é positiva, depende de quem a avalia. Os cristãos conservadores atacam empresas como Disney, Microsoft e Procter & Gamble dizendo que elas atuam de forma amoral e promovem a homossexualidade. Grupos favoráveis à legalidade do uso de armas por civis organizaram pela internet o "Dia Nacional da Compra de Munição".

Pensando na disputa Dolly *versus* Coca-Cola, a mensagem sobre a suposta prática desleal da multinacional poderia ter sido captada por comunidades como KnowMore (www.knowmore.org), baseadas na participação popular voluntária, com o objetivo de "registrar e resistir a ataques corporativos contra a democracia, direitos trabalhistas e humanos, práticas comerciais justas, ética nos negócios e proteção ambiental", segundo consta em sua missão institucional. A Know More não é afiliada a partidos políticos, candidatos ou grupos envolvidos no processo eleitoral. Sua atuação visa prover uma fonte de informação independente e objetiva sobre a atuação do governo e de corporações, para ajudar na tomada de decisões de cidadãos responsáveis, militantes progressistas e ativistas em geral. Pela base de dados, usuários poderão fazer buscas pelo nome de produtos, companhias, serviços e marcas que eles consomem e saber se estão de acordo com as ações e políticas de seus fabricantes ou provedores.

O site EthiScore (www.ethiscore.org) é um sistema criado para usuários identificarem rápida e facilmente as melhores e as piores práticas corporativas. Ele calcula um índice de zero a 20 refletindo o comportamento ético de mais de 30 mil companhias localizadas em todas as partes do mundo, de pequenas firmas independentes a multinacionais. Faz isso coletando e categorizando dados em cinco áreas: meio ambiente, direitos humanos e trabalhistas, utilização responsável de animais (por laboratórios e pela indústria de alimentos), atividade política e sustentabilidade da produção. O propósito também é permitir que as pessoas que defendem causas relacionadas a esses temas tenham acesso à informação que possibilite a tomada de decisão em relação a quais produtos quer comprar. Os dados garimpados pelos pesquisadores do projeto vêm de cerca de 80 publicações feitas por grupos ambientalistas, relatórios empresariais, resultados da indústria de produção nuclear e de armamentos, registros de poluição, saúde e ações trabalhistas, além de uma ampla variedade de fontes internacionais.

Após a reeleição do presidente George W. Bush em 2004, um grupo de pessoas que nunca havia se encontrado frente a frente começou a discutir sobre como participar de maneira construtiva da sociedade. Utilizando e-mail e fóruns de discussão, eles se organizaram e começaram a planejar a criação de uma corporação sem fins lucrativos para apoiar negócios que compartilhassem os mesmos valores e ideais progressistas. O site Buy Blue (www.buyblue.org) começou a ser desenvolvido voluntariamente com o financiamento e o tempo livre de seus participantes. Como nos sites descritos anteriormente, o objetivo da ação era apoiar empresas que defendem a sustentabilidade, direitos trabalhistas, padrões ambientais e transparência corporativa. O que começou como uma iniciativa de poucos, promovida por e-mails e blogs, tornou-se em pouco tempo manchete na grande mídia do país. Até encerrar suas atividades no primeiro semestre de 2007 e doar sua base de dados ao grupo ativista Advomatic (www.advomatic.com), o Buy Blue convidava sua comunidade a participar como pudesse. Escolher conscientemente os produtos que consome era uma das formas. Os interessados também podiam ajudar divulgando a iniciativa, informando-se e compartilhando suas pesquisas a respeito da prática das empresas, participando das discussões no site, contribuindo financeiramente para manter e expandir a ação e ainda doando tempo para trabalhar como voluntário.

O caso do refrigerante Dolly também serve como exemplo para mostrar a importância da criação de ações para informar o consumidor no Brasil. Uma busca pelo Google revela que a disputa entre a empresa brasileira e a Coca-Cola não é divulgada nos sites dos grandes grupos de mídia. As denúncias foram apuradas? Qual foi o veredicto? Não é fácil pensar a respeito de um assunto do qual não se tem informações. Em países em desenvolvimento como o Brasil o consumidor tem menos acesso à mídia e, por isso, não se articula para ajudar a defender os interesses públicos. As corporações que controlam a comunicação de massa dependem em parte de anúncios publicitários para se manter. Qual veículo encamparia uma campanha contra uma multinacional importante para correr o risco de ser boicotada por ela na hora de realizar campanhas publicitárias? Talvez a internet ajude a mudar esse quadro.

Ativismo e trabalho voluntário

You Think! (http://youthink.worldbank.org) é um fórum especializado em temas relacionados ao combate a problemas sociais. O projeto, mantido pelo World Bank, se propõe a divulgar informações e conhecimento produzido por especialistas a respeito de assuntos de alcance global como aids, corrupção, dívida pública, desenvolvimento, deficiência física, educação, emprego, conflitos de gênero, globalização, saúde, comércio internacional e urbanização. Os participantes podem trocar dados relacionando o conteúdo do site a experiências pessoais e dúvidas, além de estabelecer contato com organizações que atuam nesses campos.

O internauta que desejar participar de um projeto social encontrará muitos sites comunitários que fazem colocação de voluntários. Ferramentas de networking social aumentam as possibilidades de se achar uma oportunidade que condiga com sua disponibilidade de tempo e seus interesses. Como nos sites de relacionamento, essas soluções permitem que o colaborador e a organização preencham formulários descrevendo o que procuram, e o sistema se encarrega de estabelecer as conexões baseado na compatibilidade. As possibilidades são infinitas, dependem da vontade de cada um.

O site Idealist (www.idealist.org) – parte do projeto Action Without Borders – lista mais de 57 mil organizações comunitárias e sem fins lucrativos em 165 países. O usuário pode definir que tipo de informação quer receber por e-mail: vagas disponíveis, oportunidades de trabalho remunerado ou voluntário na área de serviço social, estágios, eventos e outras notícias publicadas pelas organizações. O portal também possibilita que os interessados conversem entre si compartilhando suas histórias, metas e idéias. No Brasil, existem vários sites desse tipo em funcionamento como o Portal do Voluntário (www.portaldovoluntario.org.br), Voluntários (www.voluntarios.com.br) e Filantropia (www.filantropia.org).

Classificados para reciclagem e reaproveitamento de objetos descartados

O cidadão pode participar das decisões que influenciam a sociedade cobrando que empresas e administração pública ajam segundo as leis e em favor dos interesses coletivos, ou pode ainda ser um ativista fazendo o que está ao seu alcance para construir um mundo melhor.

O site Freecycle Network (www.freecycle.org) é um movimento sem fins lucrativos, lançado em maio de 2003, com o objetivo original de reduzir a produção de lixo em Tucson, Arizona, evitando que a paisagem do deserto ao redor da cidade ficasse marcada por pilhas de detritos. Mas a ação cresceu e hoje oferece um classificado para pequenos grupos de pessoas espalhados pelo mundo darem (e ganharem) coisas que não queiram mais. O que para um é entulho, para outro pode ser um tesouro. A participação é gratuita. Cada grupo local é coordenado por um voluntário. Ao se registrar, o participante passa a ser notificado periodicamente por e-mail informando novos itens à disposição, como uma cadeira, uma máquina de fax, um piano, uma porta velha. Os interessados se comunicam diretamente com os donos para combinar o dia e a hora de retirar o produto.

Em 2000 um grupo de amigos criou o site Roupa Velha para simplificar a vida de quem tivesse roupa para doar. Além de se desfazer daquilo que estava ocupando espaço, os doadores escolhiam a organização que receberia os produtos. De acordo com a oferta, o grupo coordenava o recolhimento das doações e a entrega diretamente aos beneficiados. Não existe gasto com estocagem ou trabalho de alocamento dos recursos. Os responsáveis apenas registravam o dia e a hora em que haveria alguém em casa no horário de recolher os objetos. O sucesso fez a iniciativa crescer, sendo rebatizada de Agente Cidadão para indicar a importância do indivíduo no sucesso do projeto. Além de roupa, o grupo passou a recolher móveis. O número de organizações atendidas passou de seis para 30 e no site www.agentecidadao.com.br consta que, em um período de dois anos, 300 mil itens foram coletados e distribuídos.

Porém, há uma limitação para o Agente Cidadão: a área coberta. É complicado (e caro) cuidar da logística de recebimento e entrega de produtos fora da cidade onde se está localizado. Por esse motivo o Freecycle permite a criação autônoma de núcleos locais de ação coordenados por voluntários. Para o Brasil, a solução é criar a mesma possibilidade de auto-organização para grupos assistenciais de cada cidade. Uma maneira simples e barata de fazer isso é aproveitar a infra-estrutura do próprio site Freecycle para montar a rede de colaboradores. Cada entidade se inscreve e assume a responsabilidade de contatar os doadores para coordenar o recolhimento dos objetos. Eventualmente, um local com muitas iniciativas inscritas pode estimular a formação de uma cooperativa para tornar mais eficiente o recolhimento.

Vizinhos unidos para solucionar problemas comuns

Se a internet derrubou as fronteiras de tempo e espaço, serviu também para aproximar mais quem já está perto. Pessoas que vivem na mesma vizinhança enfrentam problemas parecidos e podem tirar vantagens da rede para pensar e agir coletivamente no sentido de melhorar a área de convívio público. Essa é a aposta da Action Network (www.bbc.co.uk/dna/actionnetwork) lançada pela BBC na Inglaterra. A plataforma oferece aos internautas um canal para anunciar e mudar coisas em seu bairro. Pessoas que compartilham projetos e idéias encontram-se para trocar conselhos e planejar ações conjuntas.

A rede é aberta a todos os residentes do Reino Unido. Os membros participam de diversas maneiras: apoiando ou rejeitando campanhas de outras pessoas, e também comentando as contribuições da comunidade. Quem quiser pode publicar agendas de eventos, notas, escrever artigos, guias e estudos de caso para serem compartilhados e discutidos pelos outros participantes. A BBC não apóia nenhuma das causas e, além de prover informações gerais como contatos de instituições, não oferece ajuda respondendo, por exemplo, questões de ordem jurídica. A organização deixa claro quais artigos vêm da BBC e quais chegam da comunidade, e para evitar a exploração da ferramenta por indivíduos ou organizações, a rede proíbe a utilização de sua infra-estrutura para a realização de campanhas de arrecadação de fundos, publicidade ou atividades comerciais. Representantes locais eleitos para cargos públicos são convidados a participar, mas devem avisar previamente aos administradores do site a respeito do que irão falar para que seja confirmado se são quem dizem ser.

Promoção de diálogos interculturais via blog

Uma das iniciativas do Berkman Center for Internet and Society da Faculdade de Direito da Universidade Harvard, o Global Voices Online (www.globalvoicesonline.org) é um projeto de mídia cidadã, sem fins lucrativos, com a missão de identificar pelo mundo embaixadores culturais virtuais e promover suas atividades. O termo criado para classificar essas pessoas é *bridge bloggers* ou blogueiros-ponte – são usuários de todas as partes do mundo que estão falando sobre seus países ou regiões para uma audiência global. O site se propõe a mediar esse diálogo destacando as conversas, informações e idéias mais interessantes criadas pelas várias formas de mídia participativa, como blogs, podcasts, sites de compartilhamento de fotos ou videoblogs. Para isso, há uma equipe de editores encarregada de encontrar, registrar e acompanhar esses veículos. Todos os dias eles "linkam" entre cinco e dez dos *posts* mais interessantes de suas regiões. Um grupo mais extenso de contribuintes publica diariamente, em uma área reservada do site, *posts* para mostrar o que a comunidade blogueira vem falando recentemente.

Comunidade para presos, seus familiares e amigos

A comunidade Prison Talk (www.prisontalk.com) oferece uma plataforma para comunicação, apoio mútuo e troca de informações para familiares e amigos de presos. Ela foi concebida dentro de um presídio norte-americano e é mantida pela doação de familiares. O site é aberto inclusive aos detentos, que se conectam usando a infra-estrutura das prisões. O serviço inclui mural, salas de chat e listas de discussão, porém, para evitar que seja usado em articulações com finalidades ilícitas, exige-se registro para quem quiser participar publicando conteúdo, e a lista de condições de uso do site é longa e detalhada. Para continuar existindo, os organizadores devem demonstrar que tomam precauções para que a finalidade do projeto não seja comprometida ao colocar em risco a sociedade. Os participantes aceitam um termo de conduta onde se esclarece que toda a comunicação será monitorada e também o que pode ou não ser dito.

Fica claro, por exemplo, que Prison Talk não é o lugar para se discutir se uma pessoa merece ou não estar presa. Participantes sem relação com os integrantes da comunidade são banidos se publicarem mensagens discriminatórias, com acusações, ofensas ou provocações. Da mesma maneira, é proibida a promoção de ódio contra a polícia e o sistema judiciário. Profissionais interessados em ajudar os presos e seus familiares, como advogados e os da área da saúde, são bem-vindos, mas não devem usar os murais para oferecer seus serviços. E, finalmente, jornalistas e pessoas ligadas à mídia podem participar contanto que deixem claro quem são e quais os motivos de seu interesse pela comunidade.

Com tantas restrições, você deve estar se perguntando se sobrou algum assunto para ser conversado livremente. Isso não falta. A comunidade tem centenas de tópicos e subtópicos relacionados a muitas das necessidades e problemas decorrentes da vida na prisão e de seus efeitos para os parentes e amigos dos detentos.

A maior parte das mensagens é de relatos pessoais e de comentários a respeito de questões do seu dia-a-dia: direitos dos presos, reinserção no mercado de trabalho, guerra às drogas e pena de morte. Compartilham e discutem informações sobre temas específicos, como os direitos dos índios e da população nativa, interagem relatando experiências e histórias relacionadas a tratamentos de dependência química, casamento de detentos, criação de filhos, romance a distância, visitas íntimas a homossexuais, ativismo em defesa dos direitos de presidiários, espiritualidade e publicação de poemas, entre muitos outros assuntos.

Problemas comunitários solucionados coletivamente

O Prison Talk é mais um exemplo de como uma comunidade na internet pode servir para aproximar pessoas que estão vivendo situações parecidas, fazendo com que troquem informações a respeito de direitos, serviços, literatura especializada, indiquem profissionais, notícias e artigos, e principalmente ajudem oferecendo uma rede de apoio emocional para quem está com dificuldades, seus *familiares* e amigos. Essas plataformas transformam indivíduos – que antes dependiam de estruturas oficiais como órgãos do governo, centros de pesquisa e veículos de informação – em protagonistas. Por ser a parte mais interessada, a comunidade dedicará mais tempo e energia em busca de soluções para seus problemas.

O Share Your Story (www.shareyourstory.org) foi um dos finalistas do Webby Awards 2006 na categoria comunidades. O site é um espaço para o intercâmbio de experiências entre pessoas que tiveram filhos nascidos prematuramente. O BeeHive (www.thebeehive.org), vencedor do prêmio na mesma categoria, permitiu que as pessoas afetadas pelo furacão Katrina se ajudassem mutuamente e também recebessem o apoio profissional ou emocional vindo de outras partes dos Estados Unidos e do mundo. O My Cancer Place (www.mycancerplace.com) é um fórum para as famílias que vivem os transtornos decorrentes da doença.

A mesma infra-estrutura pode acolher comunidades de dependentes químicos, deficientes, vítimas de violência doméstica, pessoas com quadros depressivos, entre outros. Pela internet, essas pessoas estão mais independentes em relação aos profissionais da saúde que se colocam na posição de donos do saber.[5] O paciente está se tornando co-responsável pela tomada de decisões em relação a seu tratamento ao usar a Web para acessar informações a respeito de novas pesquisas, confrontar diagnósticos e acompanhar debates sobre temas relacionados à sua condição.

Internet e campanha política

Na campanha presidencial de 2006, no Brasil, reunimos amigos para acompanhar os debates pela TV. Um deles me disse que tinha lido o programa de um dos candidatos – uma demonstração pouco comum de interesse – e escrito para ele usando o e-mail indicado no site da campanha. Nunca recebeu resposta porque seu candidato provavelmente ainda vivia no mundo da mídia "ditatorial", que fala mas não permite resposta. Para que perder tempo com o e-mail de um eleitor quando se pode atingir simultaneamente milhares de pessoas dando uma entrevista para um jornal televisivo? Porém, três anos antes, a utilização de ferramentas de mídia social em uma campanha presidencial já tinha provocado surpresa e por pouco não mudou a história do mundo.

Em 2003, dos 12 pré-candidatos à presidência dos Estados Unidos pelo Partido Democrata, o deputado Howard Dean aparecia na oitava posição. Tomou a frente da corrida por criticar duramente a invasão do Iraque e a administração Bush, e um dos principais motivos para sua ascensão foi saber extrair o potencial da internet, trazendo seu eleitorado para a atuação direta no processo político. Sua equipe e mesmo ele relatavam o dia-a-dia da campanha em blogs e constantemente pediam aos internautas ajuda a respeito de decisões importantes. O site de relacionamentos Meetup, que programa encontros presenciais, serviu como plataforma para os eleitores se reunirem em suas cidades para debater e planejar atividades. Dean acabou em segundo, perdendo a candidatura para o senador John Kerry, que foi derrotado nas urnas pelo presidente Bush.

Intellipedia, a Wikipedia do serviço secreto norte-americano[6]

Em outubro de 2006 o chefe do serviço secreto norte-americano, John Negroponte, anunciou que a rede de agências de inteligência dos Estados Unidos tinha sua própria versão da Wikipedia. O serviço ultra-secreto da Intellipedia já havia acumulado mais de 28 mil páginas e contava com 3.600 usuários registrados desde o lançamento do projeto em abril do mesmo ano.

> A Intellipedia dá margem a que uma série de problemas aconteçam com mais freqüência, como o vazamento de informação confidencial. É comum a competição entre agências que têm funções parecidas e dentro delas também aparecem focos de debate político em relação a temas polêmicos como a invasão do Iraque.[7]

Um ex-agente secreto denunciou à imprensa em 2003 a existência de um sistema de computação para monitorar centenas de milhares de ligações telefônicas e e-mails enviados dentro dos Estados Unidos. A espionagem a cidadãos norte-americanos, autorizada extra-oficialmente pelo próprio presidente George W. Bush, causou embaraços à sua administração.

Ao assumir esse risco, as 16 agências de espionagem do governo norte-americano ganharam uma plataforma comum para unificar seus arquivos, facilitando o acesso à informação e também agilizando o processo de atualização do conteúdo.

14. Negócios em rede

Por falta de outras referências, o modelo de funcionamento da internet é constantemente confundido com o socialismo. Como explicar, usando a perspectiva da economia de mercado, que 50 mil pessoas contribuam regularmente e sem pagamento para produzir uma enciclopédia com mais de 1,5 milhão de verbetes como é o caso da versão em inglês da Wikipedia. O mesmo vale para o sistema operacional Linux, desenvolvido conjuntamente por milhares de programadores que na maior parte dos casos não se conhecem e não são remunerados por seu trabalho. É o fim da economia capitalista? Certamente não é o que pensam os investidores, cada vez mais convencidos das vantagens que sites como Amazon e Ebay trouxeram para o consumidor.

A seguir você encontrará uma série de exemplos de como a internet, ao tornar a comunicação mais acessível, barata e rápida, abre oportunidades para negócios originais. As soluções apresentadas combinam utilização criativa da tecnologia e capacidade de estabelecer relações mais transparentes com a audiência. O leitor perceberá, entretanto, que a grande maioria dos casos escolhidos vêm de fora do Brasil. Por um lado, isso se justifica por querermos apresentar novidades e não aquilo que a maioria já conhece, por outro há poucos exemplos de iniciativas comerciais a partir de conteúdo colaborativo bem-sucedidas no país.

Talvez o caminho mais óbvio para justificar o baixo número de negócios com essas características funcionando no Brasil seja o mercado. Segundo estatísticas colhidas pela Global Reach em 2006, existem 287,5 milhões de internautas falantes da língua inglesa contra aproximadamente 25 milhões entre os que falam português. O número reduzido de consumidores gera menos demanda por serviços online. Além disso, o fato de existirem ferramentas desenvolvidas a princípio em inglês transfere parte da capacidade de atuação dos usuários daqui para fora. Na medida em que o Orkut aparecia na mídia como fenômeno de audiência, outras empresas tentaram oferecer o serviço de networking social sem obter os mesmos resultados. Isso também acontece na Wikipedia. A proposta desse site é permitir que o usuário que esteja pesquisando possa editar o conteúdo dos verbetes diretamente. Mas quem fala inglês como segunda língua prefere consultar a Wikipedia norte-americana com 1,7 milhão de artigos à sua versão portuguesa com pouco mais de 250 mil. Conseqüentemente o número de colaboradores da enciclopédia em português diminui.

Limite de mercado e concorrência externa não impediram o sucesso da Trama Virtual (www.tramavirtual.com.br), único representante brasileiro neste capítulo. Diferenciais do projeto: ter localizado um nicho de atuação compatível com o negócio principal da empresa – a Trama é um selo musical – e utilizar uma ferramenta simples e eficiente. Mas o que realmente explica os resultados dessa iniciativa é a visão de marketing que aposta em consumidores participativos – os chamados "prossumidores" (produtores + consumidores) – que gostam de opinar, querem ser ouvidos e retribuem a atenção apoiando ações e participando da divulgação da empresa. Para além da relação mercantil, a Trama estabelece parcerias com os diversos segmentos de usuários que influenciam em seu negócio: das pessoas que compram e gostam de falar sobre música àquelas que estão se lançando profissionalmente no mercado artístico.

Sites antigos como Amazon ainda não encontraram paralelo em português. Em relação ao varejo tradicional, eles se abrem à participação dos usuários. Em vez de depender de opiniões muitas vezes parciais para comprar livros, assistir filmes ou escolher um salão de beleza, o consumidor vem usando ferramentas colaborativas para trocar recomendações entre si.

O internauta entende que o negócio precisa se manter e também quer produzir lucro, mas está interessado em ações que tenham outras preocupações além da receita. O Craigslist (http://craigslist.org), nesse sentido, é exemplar, desafia a lógica do mercado de classificados. Ao invés de lucrar US$500 milhões anualmente como poderia, prefere manter a página limpa de anúncios comerciais e o acesso gratuito aos usuários. Era o 40º domínio mais visitado da rede em abril de 2007 (é o 9º nos EUA, o mercado mais forte do planeta), sobrevive há mais de dez anos, tem uma equipe de apenas 22 funcionários e fatura US$25 milhões por ano. Mas em termos de preocupação social, a novidade são os sites para empréstimos de dinheiro como o Prosper, que oferecem ao mesmo tempo uma oportunidade de investimento rentável e uma alternativa para quem está se afogando em dívidas nos cartões de crédito e no cheque especial.

São muitas possibilidades de beneficiar a economia usando a rede. A GE tem um conselho de usuários para ajudar no desenvolvimento de instrumentos de hospitais. A rede também dinamizou as alternativas de monitoramento de tendências e modas. Produtos e serviços começam a ser vendidos em sites de realidade virtual e vídeos caseiros aparecem no intervalo comercial do evento mais caro da televisão mundial. O mercado de trabalho também pode ser beneficiado: a comunicação à distância ajuda a preencher vagas pela contratação de pessoas com deficiência, particularmente com impedimento de audição, de fala ou de locomoção. O gerenciamento de comunidades virtuais depende menos do convívio no mesmo espaço físico, sendo um posto indicado para quem enfrenta dificuldades para fazer o traslado diário de um lugar para o outro. Esse funcionário gasta menos com transporte e com alimentação fora de casa. Comunicadores instantâneos, VoIP e outras soluções gratuitas servem para criar escritórios virtuais e a tecnologia administra estímulos e metas de produtividade.

Usuários recomendam produtos eletrônicos

Graças à internet, o consumidor tem encontrado formas de driblar a opinião especializada sobre produtos, que muitas vezes reflete os interesses dos fabricantes. A idéia se popularizou principalmente pela Amazon, que desde o início estimula seus usuários a compartilharem opiniões com a comunidade de compradores.

A maioria dos sites apresentada abaixo se vangloria do fato de suas resenhas serem "imparciais" por saírem das cabeças desinteressadas dos próprios consumidores. Mas as coisas não são tão simples, e isso ficou claro em 2004 quando uma falha técnica na versão canadense da Amazon fez aparecer no site os endereços de e-mail junto às recomendações de livros supostamente feitas por leitores.[1] Muitos autores se aproveitavam da oportunidade de assinarem com nomes inventados para publicar resenhas favoráveis a seus livros e criticar os lançamentos de seus rivais.

Em relação a isso, existem soluções tecnológicas – *tags* e algoritmos, por exemplo, apresentados nos Capítulos 6 e 7 – para registrar o quanto uma opinião representa a percepção de outras pessoas e também a confiabilidade do resenhista. Na própria Amazon, cada resenha permite que você comente a recomendação, vote dizendo se ela foi útil e veja outras escritas pelo mesmo autor. No Ebay, o site de leilões, comprador e vendedor se avaliam ao final de cada negócio, o que serve para angariar mais credibilidade em transações futuras.

Livros, filmes e "brinquedos" eletrônicos, como câmeras e celulares, são os produtos que acolheram melhor essa solução, por interessarem a grandes segmentos de consumidores que usam assiduamente a internet. A mesma proposta vem sendo aplicada com sucesso para o turismo e também para o anúncio de eventos, baladas e serviços em geral.

O RateItAll (www.rateitall.com) é uma comunidade online e networking social para reunir opiniões, registrar avaliações de funcionamento e resenhas a respeito de qualquer assunto: produtos, celebridades, política, dicas de turismo, esporte, negócios, entre outras opções. Lançado em 1999, o site se diferencia por oferecer vantagens em dinheiro para os usuários que se destacam em suas atividades. A proposta estimula as pessoas a formarem grupos com interesses em comum e a construir redes de confiança mútua que se apóiem na hora de tomar decisões de compra. Os participantes são considerados sócios do negócio na medida em que podem ganhar um percentual sobre o que o site lucra. Esse valor depende do tráfego gerado pelas resenhas escritas pelo usuário, da indicação de conhecidos para entrar na comunidade e da execução de tarefas editoriais.

Publicadas em formato de blog, Engadget (www.engadget.com) e Gizmodo (http://www.gizmodo.com) são revistas virtuais especializadas em produtos eletrônicos. Qualquer pessoa pode entrar nesses sites para pesquisar a respeito de equipamentos específicos, mas o que diferencia essas ações das revistas comuns é a simbiose estabelecida com fanáticos por tecnologia que querem acompanhar dia a dia as novidades que surgem no mercado. Editores, que também são viciados no assunto, interagem diariamente com os participantes que mandam links de notícias e relatam experiências de uso. O foco das notícias está muito mais em satisfazer ao público do que aos fabricantes, pois o valor dos anúncios publicitários nesses sites depende diretamente do tráfego. Junto a resenhas cruelmente honestas a respeito do desempenho dos produtos, muitas vezes os editores publicam dicas sobre como "hackear" os equipamentos para melhorar sua performance – o que não costuma ser aprovado pelos fabricantes.

Existem variações nessa mesma linha de serviço. A diversidade de um tipo específico de produto estimula a criação de sites especializados para apresentar as novidades do mercado. É o caso, por exemplo, da Phone Scoop (www.phonescoop.com), focada no mercado norte-americano, e que oferece uma base de dados especializada em telefones celulares para usuários, compradores, entusiastas e profissionais da área.

O Ciao (www.ciao.com), criado originalmente na Alemanha, atende aos principais mercados da Europa ocidental, entre eles França, Espanha, Itália, Holanda e Reino Unido. O site reúne resenhas feitas por consumidores em suas línguas nativas e oferece pesquisa comparativa de preços provenientes de centenas de varejistas online. A intenção é estabelecer uma ferramenta de compra inteligente, onde o comprador tenha recomendações não-tendenciosas e a possibilidade de decidir pela melhor oferta, tudo isso na mesma página. A empresa divulga que recebe mensalmente a visita de mais de 10 milhões de consumidores, sendo o maior portal de compras da Europa.

Seguindo a proposta não-comercial da Wikipedia, nasceu o Product Wiki (www.productwiki.com), uma iniciativa para o compartilhamento de descobertas e experiências com produtos, que pretende ser livre da influência de fabricantes e de vendedores. Os participantes são convidados a formar listas de preferência, buscar produtos segundo critérios específicos, escrever resenhas, fazer e responder perguntas e participar de discussões. Os criadores do site estimulam os usuários a difundir seus "achados" por meio de blogs, o que ajuda a divulgar o site e também aumentar a visibilidade de suas páginas nas buscas pelo Google.

Usuários recomendam serviços

As ferramentas sociais também abrem oportunidades de negócio diferenciadas para quem atua ou quer atuar nas áreas de turismo, anúncios de eventos e outros serviços para moradores de uma mesma cidade. Quem está procurando um lugar para passar as férias se interessa em saber as impressões de outras pessoas; quem quer ir a uma balada, procura aquela que tenha mais gente com seu perfil; quem precisa de uma indicação de dentista ou mecânico, conta com as recomendações de outros consumidores.

O Trip Advisor (www.tripadvisor.com) foi um dos finalistas do Webby Awards de 2006 e se descreve como "a maior comunidade de viagens do mundo, com mais de cinco milhões de resenhas e opiniões imparciais, cobrindo mais de 220 mil hotéis e atrações". O site se promove dando voz às pessoas que entendem que o agente de viagens nem sempre defende os interesses dos consumidores. Por exemplo, a empresa pode receber vantagens de uma companhia aérea que tem tarifas mais altas ou voa em horários ruins. Eu mesmo, várias vezes, recebi de agências de turismo recomendações que não incluíam as opções que havia descoberto pesquisando diretamente pela internet.

As vantagens do Trip Advisor não terminam aí. A possibilidade de comparar grande quantidade de informação vinda de usuários e de fornecedores permite que o site gere uma lista contendo os lugares mais legais que são menos visitados. O sistema tabula as impressões dos viajantes com os preços dos pacotes e assim aparecem indicações como Melbourne, Bruxelas, Bolonha, Edimburgo ou Málaga – boas alternativas para fugir da "muvuca" pagando menos. E a partir do momento em que você fecha uma lista de possibilidades de locais para conhecer, o site oferece um fórum para checar os temas mais recorrentes relacionados a cada um dos destinos – violência, transporte, opções de restaurantes, qualidade da água – e também para tirar dúvidas pontuais. Diferente dos guias de viagem, que custam muito caro para serem atualizados, esse espaço facilita que a informação esteja em dia.

Como moro em São Paulo, fui conferir os tópicos sobre a minha cidade e fiquei impressionado com a profundidade de algumas discussões como, por exemplo, os prós e contras de se ficar em um hotel no bairro de Moema em função da distância do centro, da falta de opções de entretenimento e do perigo de assaltos.

Mais de 15 anos antes do lançamento da internet comercial – ou seja, em 1979 –, o casal Tim e Nina Zagat tiveram a idéia de convidar pessoas que jantam fora assiduamente para dar nota e resenhar os estabelecimentos que visitavam. A proposta de que a opinião de milhares de pessoas comuns seria mais acurada que a de um crítico profissional tornou o guia impresso Zagat (www.zagat.com) um dos mais bem-sucedidos do mundo. Esse *insight* tornou-se ainda mais atraente com a internet, na medida em que diminui o trabalho de enviar e tabular a informação e agiliza seu retorno para o consumidor. Então, para que limitar as opções de recomendação a bares e restaurantes?

O Yelp (www.yelp.com) funciona como um guia da cidade mantido a partir de resenhas de usuários sobre negócios e serviços locais, incluindo dentistas, cabeleireiros, mecânicos, entre muitas opções. Talvez a versão mais parecida desse serviço em atividade no Brasil seja o Guia da Semana (www.guiadasemana.com.br), onde os usuários participam apenas pela publicação de comentários a respeito de entretenimento.

Classificados comunitários

O Craigslist é um site diferente. Tem 10 milhões de visitantes por mês e poderia lucrar US$500 milhões por ano, mas optou por manter-se uma iniciativa enxuta, com a atenção voltada exclusivamente para as demandas de seus usuários.[2] Foi criado em 1995 como uma lista de discussão para a região de São Francisco, na Califórnia, por Craig Newmark, com o objetivo de reproduzir na rede um senso de confiança comunitária e de ajuda mútua que ele via entre seus vizinhos de bairro.

O site fornece classificados gratuitos para pessoas que procuram ou oferecem oportunidades de emprego, moradia, serviços, venda de objetos usados, além de discussões sobre uma variedade de tópicos. Como parte de sua relação de confiança com o usuário, o site é simples e útil, suas páginas não trazem *banners* nem imagens de tipo algum, apenas links de texto. E mantendo o espírito que motivou sua criação, cada site da lista – hoje são mais de 300 nos Estados Unidos e no exterior – serve exclusivamente ao público de uma determinada cidade. O serviço é inteiramente grátis para usuários comuns e mesmo assim, desde 1999, ele é lucrativo. A renda é proveniente de anúncios pagos, feitos por imobiliárias e de empresas que divulgam a abertura de vagas de emprego nos classificados.

Um caso recente, acontecido em Nova York, revela a relação peculiar desse empreendimento com o lucro. Como os classificados aparecem no site em ordem cronológica invertida, as imobiliárias publicavam diversas vezes os mesmos anúncios, para que estivessem sempre em evidência na página. O próprio Craig Newmark abriu uma discussão para resolver esse problema, tendo em vista que a prática prejudicava a comunidade por "inchar" a já concorrida seção de busca de apartamentos para alugar naquela cidade. Chegou-se ao consenso de que as imobiliárias deveriam pagar US$10 por anúncio, o que resolveu a questão, baixando em 90% o número de *posts*. Conseqüentemente a fundação que administra o site passou a lucrar US$2,5 milhões a mais por ano com a mudança – entretanto, pela análise do atual CEO Jim Buckmaster, "esse aspecto da receita foi algo sobre o qual não se pensou previamente".

Os maiores prejudicados pelo Craigslist são os jornais, cujas seções de classificados não conseguem competir com a oferta gratuita do mesmo serviço. Na prática, esse site de anúncios, que funciona usando uma ferramenta de mural, está fazendo com o seu produto a mesma coisa que programas P2P como Torrent e KaaZaa fazem com arquivos. Ambos demonstram que a tecnologia de comunicação em rede fez migrar o controle do fluxo de informação em grande escala de um grupo restrito de corporações para o universo dos cerca de um bilhão de usuários da internet. Isso colocou em xeque o modelo de negócio das empresas de comunicação e de entretenimento. Da mesma maneira como as gravadoras e estúdios de cinema em relação ao P2P, os donos de jornais abominam o Craigslist, vendo-o como uma iniciativa de caráter "comunista" por insistir em oferecer um serviço não-remunerado, o que seria uma forma desonesta de concorrência.

Buckmaster "provocou muita dor de cabeça ... enquanto ele tentava explicar a um pessoal [da bolsa de valores de Nova York] por que sua companhia não está interessada em ganhar dinheiro com sua operação Web tão ridiculamente popular", escreveu o comentarista financeiro do *The New York Times* Andrew Ross Sorkin.[3] A platéia aparentemente não compreendia a noção de que "o Craigslist existe para ajudar internautas a encontrarem empregos, carros, apartamentos e relacionamentos – e não tanto para fazer dinheiro".[4] Quando Ben Schachter, analista do evento – Conferência Internacional de Mídia UBS, ocorrida em dezembro de 2006 em Nova York – perguntou como a empresa planejava maximizar rendimentos, o CEO respondeu: "Isso não faz parte do nosso objetivo." O Craigslist rejeitou – atendendo ao pedido de seus usuários – a proposta milionária do Google de colocar anúncios em suas páginas, mas em contrapartida o conteúdo e as visitas ao site duplicam anualmente.

O Craigslist não tem nada de comunista. A estratégia de manter a atenção exclusivamente no usuário garantiu ao site continuar funcionando e crescendo por mais de dez anos após ser lançado, ao contrário da maioria dos empreendimentos surgidos na mesma época que visavam exclusivamente o retorno financeiro. A realidade é que mesmo rejeitando a possibilidade de lucrar US$500 milhões ao ano – segundo cálculo publicado pelo *The Wall Street Journal* –, as 22 pessoas que tomam conta dos murais do Craigslist faturaram US$25 milhões para o site em 2005. "Existem grandes vantagens em focar exclusivamente naquilo em que os usuários querem fazer, bloqueando todo o resto. Essa é uma das maneiras pelas quais mantemos nossa equipe pequena e a operação simples", afirmou Buckmaster ao *The Wall Street Journal*.[5]

Incubadora colaborativa de talentos musicais

O que o Craigslist faz com os classificados, a gravadora brasileira Trama faz com o lançamento de novos artistas: distribui o poder para os interessados – profissionais e consumidores – a partir do www.tramavirtual.com.br. O site é uma incubadora de talentos que favorece o contato entre público e músicos em começo de carreira. Ao invés de impor sua vontade à audiência, o projeto convida quem gosta de música a avaliar os sons postados pelos artistas. Ao invés de gastar dinheiro para divulgar um ídolo pop, a gravadora tem acesso privilegiado à comunidade de ouvintes na qual o material desperta interesse, tirando proveito também da disposição da banda em se promover. As músicas ouvidas são atualizadas momento a momento nas listas de Top 10 e Top 100. O serviço ainda oferece a possibilidade de busca segmentada para listar os *hits* mais baixados por gênero de música ou por estado. Os funcionários da gravadora também se comunicam com os usuários, indicando suas músicas e bandas preferidas.

Para o músico, o site permite a criação de uma homepage personalizada com informações sobre seu trabalho, incluindo *releases*, fotos, arquivos de MP3, links favoritos e as datas de suas apresentações. Isso funciona como maneira de promover a gravadora virtual, porque os artistas convidam a platéia dos shows a visitar o site e conhecer mais sobre o trabalho. O espaço serve também como uma ferramenta de networking para os artistas entrarem em contato uns com os outros. E para incentivar a participação, o site oferece um guia com serviços, classificados e informações para quem faz música. Paralelamente, os usuários analisam e comentam as músicas enquanto a equipe da gravadora monitora os resultados prestando atenção nas gravações que produzem repercussão. Quem gosta de música tem a oportunidade de conhecer de graça o som de artistas que pouca gente escutou e fazem parte da "novíssima cena independente brasileira". Ao baixar os arquivos MP3, o site convida o usuário a fazer as vezes de crítico musical. A audiência pode ainda se relacionar com a comunidade pelo fórum e pelos classificados e ficar informada de eventos assinando a *newsletter* e a agenda.

Ações colaborativas para a inovação de produtos

A evolução tecnológica sempre refletiu as relações entre o inventor e o feedback de usuários, e a facilidade para a comunicação dentro de comunidades proporcionada pela internet parece estar acelerando esse fenômeno.

Apesar disso, as empresas relutam em tirar proveito da opinião dos usuários para aperfeiçoar produtos e serviços, em parte pela dificuldade de separar o comentário útil do que é lixo, e também por acreditar que no coração das inovações esteja o desejo do inventor de lucrar com suas novas idéias. Mas segundo apuraram os editores da revista *The Economist*, essas duas premissas parecem estar erradas. Se o jargão empresarial diz que o consumidor é rei, "agora ele também é diretor de pesquisas em marketing, chefe de pesquisa e desenvolvimento e gerente de desenvolvimento de produtos".[6]

Segundo o artigo, a dificuldade em se cultivar a inovação vinda do consumidor talvez esteja na metodologia aplicada. Tradicionalmente as empresas buscavam as demandas insatisfeitas dos usuários usando pesquisas de campo para coletar amostras, e então decidiam quais sugestões seriam desenvolvidas. Hoje, a solução que está sendo aplicada com sucesso por empresas como General Eletric e BMW consiste em identificar entre seus consumidores um grupo especial que tem condições de inovar. E, para surpresa dessas indústrias, essas pessoas não vêem a necessidade de proteger sua propriedade intelectual, elas estão satisfeitas por doar sua criatividade.

Os pesquisadores encarregados desse assunto na GE chamam os consumidores com esse perfil de *lead user* ("usuário líder"). No caso da divisão de produtos hospitalares, os selecionados são pesquisadores e cientistas proeminentes que depois de serem identificados, se reúnem regularmente a convite da empresa para discutir os produtos em desenvolvimento. A fabricante compartilha com eles partes de seus projetos e o resultado surge da colaboração entre os especialistas da empresa e esse conselho.

A Orange foi a quarta instituição a entrar no mercado de telefonia móvel no Reino Unido. Atualmente controlada pela France Telecom, oferece um serviço de discussão com uma interface de uso original e simples.O Orange Talking Point (http://talkingpoint.orange.co.uk) lança periodicamente questões para sua comunidade como: que tipo de tecnologia você gostaria que fosse desenvolvida?; o que vem à sua cabeça quando pensa em celular e crianças?; qual é o futuro da música?; e qual é o impacto da tecnologia no esporte? As perguntas aparecem uma de cada vez e os usuários são convidados a participar de várias formas: você pode indicar uma palavra que se relacione ao assunto, pode fazer um comentário em relação a uma palavra proposta e pode votar na pertinência daquela palavra. O site aproveita a tecnologia da nuvem de *tags* (*ver* p.70) para destacar as palavras mais populares.

O projeto incorpora o celular como plataforma de relacionamento e, por isso, além da internet, o usuário pode facilmente participar de discussões coletivas pelo aparelho mandando mensagens SMS. Como o teclado do celular não é prático para se escrever mensagens longas, então uma das maneiras de participar é escrevendo a primeira palavra que vem à cabeça quando se pensa em determinado tema.

Ao final do prazo de consulta, o Orange Talk tem uma lista de termos associados espontaneamente a cada questão e reflexões a respeito do assunto. Por exemplo, as cinco palavras que os usuários associaram a crianças e telefones celulares foram: jogos, segurança, tarifas especiais, prejuízo e intimidação de colegas. Nos comentários, os participantes manifestaram sentimentos reais, como o telefone móvel dá segurança aos pais apesar de custar caro, mas abre a possibilidade para a criança ser intimidada por seus colegas ou anonimamente. O site encaminhou o resultado da pesquisa para as áreas responsáveis e, em resposta às demandas registradas, ofereceu, entre outras coisas, um manual prático sobre como os pais devem agir no caso de ameaças feitas ao telefone. Dessa maneira fica estabelecida a relação de sinergia entre a empresa e seus clientes, porque o conteúdo oferecido pelos usuários fica disponível e serve para desenvolver a discussão e, no final do processo, a companhia apresenta o que aprendeu e como vai se posicionar em relação a cada assunto.

Feedback de tendências de consumo

Para agências de publicidade e marketing, a busca pela inovação se traduz em caça às tendências. A idéia consiste em usar a internet para encurtar a distância entre o surgimento da moda e sua apropriação pela indústria. A empresa Trendwatching (www.trendwatching.com), do holandês Reiner Evers, conta com um grupo de mais de 8 mil colaboradores em 120 países.

Cada um envia regularmente informes acompanhados de fotos digitais sobre coisas que observam nas ruas e que podem se converter em oportunidade de negócio. Esse conteúdo é classificado como "Massclusivity", indicando fabricantes exclusivos de produtos, ou "Generation C", que se refere ao fenômeno do consumidor que é produtor de filmes caseiros, blogs de sucesso, toques de celular feitos em casa, entre outros tipos de conteúdo.

A Trendwatching se promove oferecendo gratuitamente a informação "garimpada" por seus "*springspotters*"*, lucra vendendo serviços de consultoria a empresas, e paga o trabalho dos colaboradores de maneira quase simbólica com produtos como kits de beleza e equipamentos eletrônicos da moda.[7]

No cone sul da América Latina, essa maneira de espreitar as mudanças de hábito, principalmente explorando a tendência do jovem de se espelhar no comportamento grupal, vem sendo conduzido pela agência brasileira Voltage (http://www.voltage.com.br).

Mas o modelo mais bem-acabado do caçador de tendências encontra seu habitat natural na blogosfera. O ambiente ricamente interconectado produz uma relação de custo-benefício atrativa na medida em que os pares compartilham informações por terem interesses em comum. É isso que diferencia o Cool Hunting (www.coolhunting.com), criado em 2003 para o norte-americano Josh Rubin catalogar as coisas que o inspiravam como designer e estrategista. O crescimento da participação de usuários levou o projeto a se transformar em uma ação coletiva coordenada por Rubin. Ele se tornou editor do site gerenciando o trabalho de uma pequena equipe de colaboradores que processa o material enviado por aqueles que freqüentam o site.

No circuito da moda internacional, Yvan Rodic tornou-se quase da noite para o dia um dos jornalistas mais conhecidos.[8] No começo de 2006, com 28 anos, ele trabalhava para uma revista francesa quando um dia resolveu sair com sua câmera para fotografar pessoas. "Eu pensava em começar um site com as imagens, sem nenhum propósito." Mas logo resolveu mostrar, além dos rostos, as roupas criativas que ele via pela rua. Des-

---

* Termo utilizado pelos executivos da Trendwatching para designar os internautas que informalmente participam da medição de tendências enviando material coletado em suas cidades.

de então, suas fotos começaram a aparecer em revistas no mundo inteiro, inclusive nas prestigiosas *Elle* e *Vogue*. Seu custo de produção é nulo, Yvan publica sua produção em um blog gratuito Face Hunter (http://facehunter.blogspot.com). A diferença do seu material está na despreocupação com as tendências da moda internacional. Ele registra o estilo urbano casual, a maneira simples e criativa como algumas pessoas combinam as peças de seus guarda-roupas. O fato de ele morar em Paris ajuda, mas, para manter a originalidade de suas fotos, Yvan viaja intensamente pelo mundo, de Shangai a São Francisco, passando por São Paulo e Rio de Janeiro.

Outra ação surgida a partir da mídia interativa, o Communispace (www.communispace.com) cria e gerencia comunidades online para facilitar o diálogo entre consumidores. As empresas contratam o serviço para desenvolverem áreas colaborativas que levem pessoas a trocarem idéias a respeito daquilo que usam. As ferramentas aplicadas segundo as necessidades de cada produto oferecem um ambiente apropriado para que a voz do consumidor seja captada, criando uma conexão direta de feedback para as críticas.

Uma das soluções mais sofisticadas de integração entre a caça pelo novo e a potencialidade da internet está representada pela agência PSFK (www.psfk.com). Ao invés de economizar empregando jovens voluntários, eles formaram uma rede de *experts* distribuídos pelo mundo, captando idéias em áreas como tendências de consumo, moda, marketing e consciência ecológica. Fundada em 2003, com base em Nova York e Londres, a agência usa como carro-chefe promocional quatro sites onde aparecem filtradas as mudanças no comportamento cultural que influenciam a sociedade. Cada um tem o formato de blog, dispondo a informação em seqüência cronológica invertida para destacar o que for mais atual. O conteúdo pinçado pelo olhar dos especialistas também é enviado diariamente para leitores criativos, ligeiramente mais velhos e para profissionais de mídia.

A área de atuação da PSFK pode ser descrita como pós-moderna, pois seus funcionários têm múltiplos interesses, experiências e perspectivas, e a empresa aproveita esses talentos segundo as demandas do mercado. Além dos relatórios de tendências feitos por encomenda sobre segmentos específicos de consumo, a empresa oferece consultoria, promove workshops, coordena sessões de *brainstorm*, desenvolve publicações, entre outras formas de interação, para clientes como Samsung, Microsoft, Anheuser Busch, Cervejaria Corona, MTV, Philips Electronics e BBDO.

Branding em mundos virtuais

A mistura de comunidades virtuais e jogos online vem abrindo oportunidades bastante inusitadas e originais de negócios. O Second Life, por exemplo, é um mundo virtual em três dimensões que em março de 2007 atingiu a marca de cinco milhões de residentes.

O acesso é gratuito, mas o ambiente permite que os usuários participem de sua economia trocando dinheiro real pela moeda local. Cada pessoa monta seu avatar escolhendo suas características físicas, e dentro do ambiente virtual pode se locomover e se relacionar com outras pessoas. Tendo dinheiro local, pode participar de eventos, construir casas, fazer viagens, ser o dono de sua própria ilha e até abrir um negócio próprio para ganhar dinheiro que pode ser reconvertido a dólares. Designers, por exemplo, abrem seus estúdios para oferecer material gráfico exclusivo e original para os avatares. Quem quiser se tornar empreiteiro pode comprar terrenos, construir e vender apartamentos. Existe inclusive uma publicação, a *SL Business Magazine*, que anuncia e discute as oportunidades internas de negócio.

Mas empresas estabelecidas no mundo real também vêm utilizando o Second Life para fazer campanhas e promoções aos residentes e que, dependendo da originalidade, se tornam notícia fora do site, como a 20th Century Fox que o utilizou para a estréia mundial do filme *X-Men: O confronto final*. Em 2006, a rádio BBC promoveu um "espelho" de seu festival anual de música "One Big Weekend" em uma ilha virtual. A Disney empregou uma equipe de designers residentes para criar conteúdo baseado em temas de filmes como *O guia do mochileiro das galáxias* e *Piratas do Caribe*. A agência de publicidade Leo Burnett abriu um escritório virtual para promover encontros entre funcionários espalhados pelo mundo. A agência de notícias Reuters inaugurou uma redação virtual para noticiar o que acontece no universo do jogo. E a Universal Motown Records levou um de seus artistas, o *rapper* Chamillionaire, a ter um avatar no Second Life.

Whyville (http://whyville.net) e Neopets (http://neopets.com) são variações desse conceito voltados para o público infantil e com finalidade educacional. Lançado em 1999, o Whyville anunciava ter 1,7 milhão de registrados em novembro de 2006. Ao acessá-lo, cada participante cria sua personalidade e interage com os outros "cidadãos". Lá existe um jornal, senadores para administrar a cidade, além de praia, museu e mesmo dinheiro, que os participantes ganham se envolvendo em jogos educativos. O usuário não paga para se inscrever e os recursos para manter o site funcionando vêm de patrocinadores.

O senso comum diria que os produtos anunciados em Whyville devem ser compatíveis com as possibilidades de consumo de pessoas entre oito e 15 anos de idade. Mas a Toyota está apostando que isso não é necessariamente verdade e desde abril de 2006 está pagando para que os participantes do site possam comprar um modelo novo de carro e montá-lo segundo seu gosto para levar os amigos para passear. A proposta se respalda em pesquisas recentes que indicam que as crianças têm grande influência na decisão de compra dos pais e que a infância é um momento propício para estabelecer uma identificação positiva do futuro consumidor com uma marca.

O feedback desse tipo de relacionamento pode ser medido mais rapidamente e de maneira pouco invasiva para quem fornece a informação. Em dez dias de campanha, a Whyville apresentou à Toyota um relatório informando que o nome do carro havia sido mencionado mais de 78 mil vezes nas áreas de chat, que centenas de unidades tinham sido vendidas e que o clube interno dos usuários do carro tinha sido visitado 33.741 vezes. A facilidade de medir resultados influencia também o custo da promoção na medida em que a Toyota paga um valor proporcional ao número de usuários.[9]

Branding usando ações colaborativas

Cenário virtual e gráficos em 3D não representam condições essenciais para fazer campanhas usando ambientes colaborativos. A fabricante de uísque Woodford Reserve aproveitou a relação que a bebida tem com a simbologia do Velho Oeste nos Estados Unidos para oferecer uma oportunidade inusitada. As pessoas que se registrarem pelo site Woodford Reserve Stables (www.woodfordreservestables.com) tornam-se proprietários virtuais de um cavalo puro-sangue – no caso, uma égua chamada Distill My Heart – sem precisar gastar um tostão. A empresa comprou o animal e usa o site para a comunidade acompanhar sua evolução pelos resultados dos treinos e inclusive ajudar a decidir seu futuro.

Os usuários vivem o dia-a-dia dos empresários ligados à indústria das corridas de cavalo, aprendem lendo os registros publicados pelos treinadores da égua sobre dieta, exercícios diários e como se escolhem as provas em que o cavalo participará e emergem no estilo de vida relacionado aos *derbies* seguindo as notícias relacionadas ao esporte. Dependendo do interesse do usuário, ele pode aprender a reconhecer as características distintivas de um animal campeão e saber a respeito do funcionamento do negócio – como acontece a compra e venda dos puros-sangues, a contratação dos jóqueis e os gastos de manutenção. Em contrapartida, essa audiência se torna mais íntima e interessada no esporte e nas competições. Mais de 800 pessoas de diferentes estados participaram de um evento para a comunidade conhecer a égua e seu treinador no final de 2005. Pela internet, ajudaram a escolher o nome e discutiram se ela deveria ou não participar de uma determinada corrida.

Um detalhe importante desse projeto é que ele leva os participantes a se concentrarem na vivência como proprietários ao invés de focar em ganhar ou perder corridas. Essa opção garante que os resultados alcançados pela égua, que são imprevisíveis, não influenciem a promoção. Independente do que acontece nas pistas – Distill ainda é uma adolescente e não tem tido bom desempenho nas provas – o número de participantes na comunidade dobrou só no primeiro semestre de 2006.[10]

Campanhas publicitárias

No segundo semestre de 2006, o Burger King lançou no Brasil a campanha "Do seu jeito", baseada em vídeos caseiros de pessoas pedindo seus sanduíches. Além de disponibilizar no site o material enviado, o anúncio da promoção recorreu ao mesmo estímulo usado pelos *reality shows*, a fama instantânea aos participantes pela veiculação na TV dos melhores vídeos. Porém, há outras fórmulas.

Em uma experiência também recente, realizada nos Estados Unidos, a Chevrolet publicou na internet as imagens do comercial de seu último lançamento e pediu aos usuários que acrescentassem o texto para completar o roteiro. Apesar do resultado ter sido positivo, a empresa não gostou da manifestação de algumas opiniões críticas em relação ao produto.

O SuperBowl* é o evento televisivo mais caro do planeta. Em 2005, a média de audiência ao longo da partida era de 90,7 milhões de pessoas e, atualmente, um comercial de 30 segundos custa ao anunciante US$2,5 milhões. Em 2007, além da Chevrolet, que quis fazer uma nova tentativa, o salgadinho Frito-lay também lançou sua campanha para a audiência contribuir com sua criatividade. Para evitar que os participantes fossem "sinceros demais", os vídeos da Frito-lay foram primeiro selecionados internamente pelos representantes da empresa e da agência de publicidade. Os cinco escolhidos ganharam US$10 mil e foram publicados no site da empresa para que os usuários escolhessem o vencedor. A Chevrolet aproveitou a idéia do vídeo escolhido pelos participantes – apenas jovens universitários, que são o público-alvo do produto anunciado – e convidou o autor a participar da produção junto com a equipe da agência de propaganda.

Os outros anunciantes do SuperBowl também puderam aproveitar a força viral da internet para promover seus comerciais. A empresa Personiva ofereceu uma maneira de personalização para os usuários colocarem fotos pessoais junto com os anúncios transmitidos durante o jogo e enviarem para seus amigos por e-mail.[11]

Também vêm surgindo agências especializadas em influenciar diretamente o público por meio de ações diferentes de marketing. As campanhas geralmente partem da rede, se infiltrando em comunidades para estimular o boca-a-boca e oferecer formas de divulgação que envolvem a participação do consumidor.

---

* Jogo final do campeonato de futebol americano da National Football League (NFL).

Em uma promoção para o lançamento da quarta temporada do seriado *24 Horas Alerta*, da Fox, a agência de marketing de guerilha* Espalhe (www.espalhe.inf.br) desenvolveu uma gincana divulgada pela internet. Cerca de 1.400 fãs do seriado se inscreveram para participar, e pelo site do projeto receberam dicas sobre onde encontrar códigos espalhados pela cidade. Essa movimentação que sai da rede e ganha as ruas vira bochicho e acaba noticiada pela mídia. Para a divulgação da maratona 10K em 2006, a Nike criou um site para os participantes dizerem por que decidiram participar da prova. As melhores respostas apareceram em outdoors espalhados pela cidade. A marca ficou associada ao esporte e à saúde usando o feedback criativo e bem-humorado do próprio público-alvo.

Empréstimo comunitário[12]

Dizem que a internet está provocando uma revolução no mundo, mas será que isso inclui resgatar o histórico de crédito de quem está mergulhado em dívidas? O poder de auto-organização da rede poderia fazer frente aos efeitos colaterais resultantes do binômio crédito fácil e juros altos? Essa é uma das promessas do site norte-americano Prosper (www.prosper.com), em funcionamento desde fevereiro de 2004. E ele não está sozinho nessa empreitada. No Reino Unido já existe desde 2004 um serviço parecido chamado Zopa (www.zopa.com).

A idéia de ambos parece surreal ou utópica: pessoas – aquelas com dinheiro parado e outras precisando de empréstimo – fazendo negócio pelo ciberespaço sem nem saberem os nomes verdadeiros umas das outras. Apesar de ter juros muito inferiores aos dos cartões de crédito, por exemplo, quem tiver dinheiro para investir encontrará no site opções mais rentáveis que as oferecidas atualmente no mercado. E tem mais: diferente do funcionamento dos métodos convencionais de empréstimo, onde o credor fica indiferente em relação a mutuários que se afundam em dívidas, a Prosper pretende que seu serviço ajude a recuperar os inadimplentes.

---

* Maneira original e geralmente mais barata que o marketing tradicional de realizar atividades promocionais.

A solução desenvolvida para resolver essa equação é no mínimo engenhosa e pode mudar a cara do mercado de empréstimos, trazendo a ele um senso de justiça e transparência que não existem hoje.

As empresas de crédito não ligam para o motivo que levou a pessoa a se endividar. Todos são tratados da mesma forma: a pessoa desorganizada com suas finanças, aquele que foi vítima de uma situação alheia a seu controle e o mau pagador. A receita de funcionamento dos estabelecimentos até agora é cobrar os mesmos juros altos de todos esperando que uma porção fique inadimplente e outra se veja cada vez mais dragada para o fundo de suas dívidas. Isso ocorre, em parte, pelo fato de que os históricos de crédito são calculados a partir de números, deixando de fora aspectos importantes da vida da pessoa.

O Prosper funciona como uma bolsa de valores: cada mutuário indica quanto dinheiro precisa e quanto pretende pagar de juros. E quem tem dinheiro escolhe quanto quer investir, confiando que a dívida será honrada. Não é necessário que apenas uma pessoa empreste integralmente o dinheiro para outra. Cada um participa com uma pequena parte até atingir o valor pedido. Assim, quem dá o dinheiro distribui os riscos de perdê-lo confiando em um mau pagador. O site recomenda aos participantes com dinheiro que pulverizem os empréstimos. Pelas contas da empresa, por exemplo, quem tiver US$5 mil para emprestar ficará tranqüilo em dar US$50 para 100 mutuários. O risco calculado para quem paga, em média, 14% de juros é que desse total, três não cumprirão com seus compromissos de pagamento, mas o lucro resultante do pagamento das outras pessoas será de US$1 mil, o que compensa o prejuízo de US$150.

Para pedir o empréstimo, a pessoa deve primeiro estar disposta a abrir sua situação financeira informando, entre outras coisas, sua receita anual, seu número de conta bancária, histórico de crédito e o valor proporcional da sua receita em relação às suas dívidas. Além disso, cada um é convidado a se apresentar e convencer os eventuais investidores a confiar que o dinheiro deles voltará. Problemas que inviabilizariam empréstimos convencionais – como ter ficado inadimplente antes – podem ser explicados de maneira a justificar o investimento de alguns dólares nessa pessoa. E para tornar sua oferta mais interessante, aquele que pede o empréstimo pode compensar um histórico de crédito ruim oferecendo-se para pagar taxas de juros mais altas. (A esse respeito, vale lembrar que a taxa máxima permitida é de 24% ao ano contra mais de 400% dos cartões de crédito nos Estados Unidos.) E, como o site convida as pessoas a se relacionarem, não é incomum que quem oferece dinheiro muitas vezes saiba da possibilidade de perdê-lo para ajudar alguém em dificuldades, ou ainda que aqueles com mais experiência na administração financeira exerçam uma influência positiva para que os devedores melhorem a maneira de usar seu dinheiro.

O sentimento comunitário é mais um elemento que contribui para reduzir os riscos de não pagamento. As experiências com o microcrédito, realizadas em países em desenvolvimento, constataram que as pessoas levam mais em consideração seus vínculos sociais do que a lei na hora de honrar uma dívida. A idéia foi aproveitada pela Prosper que estimula os mutuários a formarem comunidades internas a partir de suas afinidades ou de vínculos com organizações. Ex-estudantes da mesma faculdade, usuários de computador da marca Apple, cristãos praticantes são alguns dos temas que unem pessoas. Ao entrar para uma comunidade, a reputação do mutuário aumenta (*ver* Capítulo 7) e ele terá mais sucesso na hora de conseguir um empréstimo. Mas se o participante de uma comunidade não paga o que deve, todos os outros sofrem as conseqüências e perdem reputação.

Falta explicar como a Prosper ganha dinheiro. Essa parte é fácil. Da mesma forma como o site de leilões Ebay, a empresa recebe um percentual pelo dinheiro que ela ajuda a circular: 1% de quem pede emprestado e 0,5% de quem empresta. Se der certo, ainda vai ser um bom negócio.

15. Existe educação colaborativa?

Os termos *e-learning* ou educação a distância se referem a muitas coisas, entre elas: sites com conteúdo informativo, softwares para gerenciamento de cursos em ambientes fechados, jogos educativos e soluções de aprendizado à distância.

A aplicação mais conhecida das ferramentas e métodos de *e-learning* é em cursos técnicos, de aperfeiçoamento ou universitários, promovidos por instituições que já oferecem programas com aulas presenciais. Geralmente transferem para a internet o que já acontece em sala: exposição do professor acompanhada de leitura complementar e algum nível de interação entre os participantes. A tecnologia amplia o acesso ao serviço por torná-lo mais barato e prático.

Aqui, não trataremos desse assunto, e sim convidaremos educadores a refletir a respeito das conseqüências – vantagens e desvantagens – do uso de ferramentas de mídia social para o ensino, ilustrando as questões levantadas com *cases* recentes.

Como não sou pedagogo e não tenho treinamento formal nesse campo, escrevo como especialista em colaboração online, tendo como referência minhas experiências como professor e palestrante e relatos da minha mulher e de amigos professores. São reflexões que não resultaram de pesquisa científica e são oferecidas informalmente como idéias abertas para educadores e estudantes debaterem, contestarem ou aproveitarem adaptando-as segundo seus conhecimentos, experiência, condições de trabalho e sensibilidade. Diagnósticos específicos devem levar em conta a complexidade de fatores que atuam para determinar o funcionamento das escolas – diversidade sociocultural das regiões do país e no âmbito local entre alunos, pais, professores e funcionários, flutuação da economia, tamanho das turmas, disponibilidade de tecnologia e recursos humanos para treinamento e aperfeiçoamento, entre outras questões.

Independente de ser usada nas escolas, a internet é uma ferramenta de aprendizado na medida em que seu combustível são as trocas de informação e conhecimento. Isso em si justifica o apoio a políticas de inclusão digital e investimentos para permitir o acesso à rede nas instituições de ensino. Mas o uso em sala de aula de ferramentas colaborativas não começa e termina no elemento tecnológico. Mais do que se acomodar à dinâmica de trabalho do professor, ferramentas como chat, blog e sites de networking e bookmarking social desorganizam hábitos e rotinas relacionados a disciplina, avaliações e didática.

Colaboração e didática de ensino

A colaboração depende de que os envolvidos no projeto tenham interesse genuíno pelo assunto e acreditem que o conhecimento coletivo reunido vale mais do que cada um tem a oferecer individualmente (*ver* Capítulo 2). Isso vai de encontro à visão de ensino que atribui ao professor o papel de detentor do conhecimento, reserva a ele um espaço físico separado na classe e induz o aluno a aprender com o quadro-negro à frente e não com seus colegas. O problema é que o advento da internet confronta a idéia de que o professor sabe mais. Em termos tecnológicos, os papéis se inverteram. A vivência das crianças nascidas na "Era do computador" supera a dos adultos educados nos tempos da máquina de escrever e do correio físico. O conhecimento em relação a mídia e a processos de comunicação de quem entrou na faculdade até meados dos anos 1990 já não explica fenômenos como blogs, YouTube, comunicadores instantâneos e muitas outras novidades surgidas com a rede.

A perspectiva de ser desqualificado publicamente pela falta de conhecimento e de ter seu poder questionado pode deixar professores em posição defensiva e relutantes em aproveitar os novos recursos de comunicação. Para que a internet sirva aos propósitos da instituição educacional, o professor pode começar interiorizando o fato de que em ambientes sociais online constantemente ele se tornará o aluno e, como tal, deverá dar o exemplo reconhecendo o mérito dos que estão avançados e se dispor a aprender com eles. Sem essa consciência, o espaço de ensino que envolva a utilização de mídias sociais se torna hipócrita porque o que sabe menos fará o papel de instrutor.

Uma didática para o copy e paste

No meu tempo de estudante do Ensino Fundamental I, no começo da década de 1980, freqüentemente era "condenado" a passar as tardes na biblioteca do bairro para fazer "pesquisas" – o que representava, pelo menos para mim, copiar longos verbetes das enciclopédias *Barsa* ou *Britânica*. A aposta era que no processo da leitura uma parte das palavras de passagem pelo cérebro ficaria retida na memória. Outra "tortura" pedagógica recorrente eram os ditados: a turma escrevia mecanicamente o que o professor enunciava. Mas atualmente o ato de copiar passou a preocupar pais e professores.

As escolas alternam o julgamento em relação às novas mídias. Ora a internet aparece como redentora, levando ao uso muitas vezes sem critério da tecnologia nas salas de aula, ora se torna vilã por comprometer o desempenho do estudante nos cursos. Ela seria "culpada" por reduzir o esforço intelectual para chegar ao conteúdo e também por oferecer estratégias novas para burlar as avaliações. Isso vale inclusive para os universitários, supostamente mais motivados em aproveitar o curso, que buscam pelo Google artigos e compartilham avaliações para passar nos exames. Entre estudantes do ensino médio e superior nos Estados Unidos já se popularizaram os serviços de terceirização de trabalhos escolares: com US$40 o aluno garante a nota e não perde a balada.[1] É uma indústria que explora a capacidade de circulação e reprocessamento de informação, para atender às necessidades mais ou menos parecidas de deveres pedidos nas escolas.

Hoje, a disponibilidade da tecnologia questiona, por exemplo, a eficiência de técnicas de ensino pela reprodução mecânica visando a memorização. Como o professor, muitas vezes sobrecarregado de trabalho e pouco experiente no uso da rede, consegue diferenciar o material fraudado (copiado, pirateado) daquele que resulta de pesquisa e reflexão autênticos? Onde um tipo de informação termina e começa outro? Quais conseqüências o questionamento em relação a autoria de uma pesquisa gera para ele e seus estudantes? Quais as vantagens entre a reprodução minuciosa e a formulação original, mas incompleta? Que critérios e ferramentas poderão ajudá-lo a questionar a intenção dos alunos sem com isso agir de maneira injusta ou desmerecer o esforço – mesmo quando utilizados artifícios considerados ilícitos? Quanto mais previsível a tarefa ou a avaliação, mais difícil será distinguir um trabalho "autêntico" de um que tenha sido "reciclado". O professor fatalmente cometerá injustiças se não conhecer seus alunos e o estilo de redação deles. O desafio está em levar essa discussão para as salas e outros fóruns da escola para encontrar maneiras de identificar e reconhecer méritos por esforço e criatividade.

Disciplina e colaboração

A realização de um projeto colaborativo no ambiente escolar pode esbarrar na relação professor-aluno. O aproveitamento da experiência depende dos indivíduos estarem treinados a reconhecer e negociar suas diferenças de maneira clara e honesta, para se beneficiarem da troca e do aprendizado pelo convívio. Mas como chegar a isso em instituições onde educar significa apenas garantir que o estudante aproveite as melhores oportunidades profissionais no futuro?

Sobretudo nas escolas pagas – academicamente, as melhores no Brasil nos ensinos fundamental e médio – o professor é quem assegura o retorno de investimento das famílias ministrando a porção diária de conhecimento e exercício intelectual a suas turmas. Na lógica de funcionamento do ensino mercantilista, o estudante participa pouco da decisão sobre o que e como estudar, não se envolve com a gestão da escola, não recebe orientação de como se organizar coletivamente. Os estímulos são para que se comporte para poder assimilar o conhecimento e não prejudicar o desempenho dos colegas. Assim, o estudante com iniciativa tende a desenvolver uma postura rebelde e questionadora em relação à instituição e suas práticas, enquanto aquele que se dispõe a cooperar pode não amadurecer seu senso de participação para ser sujeito do processo de aprendizado.

Fomentar a participação usando ferramentas de mídia social significa ampliar debates que já acontecem fora dos canais institucionais da escola. Temas delicados deverão vir à tona – o questionamento público da sexualidade de professores, alunos e funcionários, discussões sobre legalidade, venda e consumo de drogas, temas privados como traição, prostituição e pornografia, *bullying** ou intimidação entre colegas, ridicularização de pessoas por sua etnia, idade, defeito físico ou estado de saúde e defesa de posições políticas radicais como anarquismo e nazismo. Desse modo, os estudantes testam a disposição da instituição em hospedar e participar de um canal de comunicação que até então era só deles. Mas a internet é isso: você pode optar para que uma conversa aconteça na sua frente ou fingir que ela não existe. Para aceitar o desafio, terá que partir desse conteúdo para trazer os estudantes à discussão dos assuntos curriculares e poderá mesmo tornar mais transparente o relacionamento com os pais e fortalecer os vínculos comunitários no ambiente de estudo.

Avaliação de trabalhos coletivos

O professor interessado em propor atividades utilizando ferramentas colaborativas considerará em primeiro lugar quanto trabalho extra isso acrescentará à sua rotina. Preparar e ministrar o conteúdo dos cursos representa parte das responsabilidades do docente, corrigir provas e cumprir obrigações burocráticas também consomem tempo e energia. Avaliar é trabalhoso, ainda mais no ambiente escolar competitivo, onde a apreciação individual tem múltiplas funções: serve de parâmetro para a família medir o desempenho do estudante e da instituição e ainda como simulação da

* *Bullying* é um termo de origem inglesa utilizado para descrever atos de violência física ou psicológica, intencionais e repetidos, praticados por um indivíduo (*bully*) ou grupo de indivíduos com o objetivo de intimidar ou agredir outro indivíduo (ou grupo de indivíduos) incapaz de se defender. A palavra *bully* significa "valentão", o autor das agressões. Fonte: Wikipedia

vida adulta – o estudante aprende a manter o saldo positivo na caderneta pelo desempenho satisfatório de tarefas produtivas.

Mas para utilizar ações colaborativas, o sistema de avaliação carece levar em conta outros valores além da competitividade para medir o desempenho individual, como liderança, solidariedade, capacidade de negociação em situações de conflito, sensibilidade diplomática, mediadora e para contemporização, além de articulação verbal, capacidade de análise, raciocínio e argumentação.

Contingente de participação – número de estudantes em uma escola, série ou turma – não é impedimento para a realização de diálogos coletivos a partir do momento em que os estudantes assumem parte da responsabilidade por administrar a rede. E a utilização de registro para se ter acesso à ferramenta reduz a incidência de vandalismo e ajuda o professor a identificar o desempenho de cada um.

A eficiência desses projetos dependerá também da disponibilidade da instituição em dedicar recursos para o corpo docente e administrativo aprenderem a utilizar a tecnologia.

Uma das atitudes mais *open source* que acontecem nos ambientes escolares é a cola. Colar é o ato de compartilhar (ilicitamente) conhecimento em situações de avaliação. *Open source* em português significa "código aberto", quer dizer que o dono do programa autoriza outras pessoas a usarem e modificarem as instruções que compõem o software que ele criou. Ambos – a cola e o *open source* – partem do princípio de que a informação é um bem não-rival, ou seja, que seu consumo por uma pessoa não reduz sua quantidade para os outros. O programador que compartilha seu software continua a usá-lo tanto quanto o conhecimento passado adiante por um aluno servirá para ele próprio resolver sua prova. Ao contrário, dividir informação costuma ser vantajoso nesses casos. Um programa compartilhado geralmente retorna aperfeiçoado por outros usuários que se beneficiaram dele. No ambiente escolar, o estudante que passa cola ganha reputação e respeito em certos círculos sociais.

O desafio para as instituições está em abrir canais de comunicação propondo discussões que representem os interesses da coletividade e, paralelamente, assimilar novas estratégias para lidar com problemas antigos, como o ato de colar e o estudo pela memorização nas avaliações. Além disso, a escola pode experimentar outros elementos além do "monetário" (representado pela nota individual na avaliação) que sirvam de motivador para a participação. Como argumenta o professor Yochai Benkler em seu livro sobre a economia informacional em rede, existem outras coisas além das compensações materiais que motivam os seres humanos à ação.[2]

Agimos também para nos sentirmos bem psicologicamente e por oportunidades de conexão social – fazer amigos, namorar. Os estímulos para o trabalho colaborativo fora do "mercado" da classe podem ser melhores que os de dentro e seus resultados não são tratados como propriedade exclusiva do aluno. A abertura de oportunidades para a pesquisa e troca de conhecimento tende a formar uma ética de compartilhamento em expansão contínua. O estudante assume o papel de condutor e multiplicador da experiência em sala de aula.

Estimular a criação de alguns espaços de ensino entre pares nas escolas – onde o professor se coloque como mediador do diálogo convidando os estudantes a reconhecer o que sabem, atender à própria curiosidade e ensinar aos outros – não inviabiliza a dinâmica tradicional e pode enriquecer o desempenho acadêmico dos alunos.

Internet, colaboração e desigualdades sociais

As condições para que ambientes colaborativos sirvam como instrumento de ensino são: infra-estrutura para conectividade, capacidade de expressão escrita dos participantes e relevância coletiva do tema a ser trabalhado. Em geral acredita-se que os estudantes da rede pública terão mais dificuldade em aplicar ferramentas colaborativas para o aprendizado. Mas se aqueles que pagam pelo ensino geralmente têm acesso facilitado à rede em casa, melhor infra-estrutura tecnológica e treinamento para ler e escrever, também estão submetidos a ambientes de ensino ultracompetitivos, com professores excessivamente ocupados com avaliações individuais. Os alunos das escolas públicas estão menos expostos aos computadores e à internet, normalmente têm mais dificuldade para escrever e ler, mas a ausência de cobrança de resultados abre a oportunidade para a adoção de dinâmicas alternativas em sala de aula.

Uma vez, um dos alunos da minha mulher foi agradecê-la depois de ter recebido o resultado de uma prova. A mãe tinha proibido o menino de usar o MSN até que seu desempenho escolar melhorasse. Na mesma época, um amigo presenciou a experiência de crianças pobres realizando sua "auto-inclusão digital" nos computadores disponíveis em uma lanchonete do McDonald's. Conquistavam o direito de usar as máquinas pedindo aos consumidores de saída – não esmola – o recibo de compra para convertê-lo em créditos de acesso. São exemplos de habitantes de dois extremos da sociedade brasileira vivenciando experiências educativas estimulados pela internet. O primeiro, da elite econômica, esforçando-se para ter bom rendimento na sala de aula e o outro, da camada mais carente, descobrindo sozinho como escrever e se comunicar usando teclado e monitor.

Não é difícil detectar de onde surge esse fascínio. Para crianças e adolescentes, a internet é o verdadeiro poço que leva Alice ao País das Maravilhas. É um espaço lúdico onde cada um pode incorporar personagens, alteregos, avatares para viver em "metaversos" – universos paralelos, novas dimensões, mundos distantes. É um espaço para o exercício da convivência social e da formação de tribos, o que faz parte do desenvolvimento na adolescência. E é um ponto de acesso a mais de 600 bilhões de páginas contendo informações de todos os tipos, desde códigos secretos, armaduras medievais, experiências químicas a sexo e o que mais atiçar a curiosidade do indivíduo.

Da idéia à prática

Sugiro, a seguir, duas maneiras de utilizar ferramentas sociais em sala de aula: uma é refletindo coletivamente a respeito de colaboração. Nesse caso o objetivo é explorar os aplicativos usando a própria tecnologia para trocar descobertas e debater sobre dúvidas e problemas enfrentados. O outro caminho é aproveitar a mídia social para estudo e pesquisa relacionados a uma disciplina.

É importante ainda que a ferramenta corresponda à habilidade da turma em administrar informação. O wiki é mais versátil e pode induzir à dispersão. O blog reduz o foco do diálogo ao que está, em primeiro plano, na capa. Soluções como RSS e del.ici.ous – apresentadas no Capítulo 6 – servem apenas para situações em que o grupo esteja preparado para processar volumes grandes de conteúdo.

Nos primeiros anos de escolarização, salas de chat e comunicador instantâneo (*ver* Capítulo 3) como o MSN podem estimular a prática da redação e criar a consciência da utilização da plataforma colaborativa. Em jogos de simulação em rede, adaptados para essa faixa de idade, como o Whyville e Neopets (*ver* Capítulo 14), os participantes experimentam de maneira lúdica descobertas e situações de convívio social. A partir da segunda fase da escolarização, quando o aluno ingressa na quinta série, o professor pode aproveitar a motivação na socialização do pré-adolescente para estimular a observação, a argumentação e o diálogo coletivo pelo registro cotidiano usando blogs, fotoblogs ou listas de discussão. O dia-a-dia na escola, as impressões dos cursos, as experiências com outros alunos, conversas com os pais, leituras de jornal e o que mais fizer parte do assunto conversado nas rodas de amigos servirá como matéria-prima para esses diários de bordo da classe.

A partir da sétima ou oitava séries os estudantes devem ter facilidade para se comunicar por escrito a ponto de tirar proveito do wiki para realizar pesquisas e outras atividades que envolvam a redação coletiva.

Uma dinâmica possível é que uma ou várias turmas proponham e escolham, usando uma enquete online, temas para serem discutidos em conjunto. As propostas podem ou não chegar anonimamente para estimular a participação. Nos finais de semana o assunto é eleito e, a partir da segunda-feira, os alunos inserem links e informações em uma página editável do wiki. A cada vez um estudante ocupa o posto de editor para dar coerência ao conteúdo que chegar. Uma maneira de incrementar essa idéia é dividindo os alunos segundo suas visões de mundo para argumentar a favor ou contra uma questão. Os debates mais interessantes podem ser estendidos na lista de discussão da matéria.

Colaboração em cursos universitários

No segundo semestre de 2005 o mexicano especialista em mídias sociais Ulises Ali Mejias ministrou o curso "Teaching Social Software with Social Software" no Teachers College da Universidade Columbia em Nova York.[3] Após concluir a experiência, com nove estudantes matriculados, ele publicou em seu blog um relatório apresentando o caso e refletindo sobre os resultados. A proposta era permitir que a turma analisasse criticamente as vantagens da aplicação de softwares sociais para a promoção de causas de interesse público, embora a mesma dinâmica possa ser aplicada na condução de disciplinas e projetos de pesquisa compartilhada a respeito de qualquer assunto.

Ao longo do processo, os alunos tiveram duas preocupações: participar das discussões coletivas e registrar suas impressões e descobertas. A turma aprendeu como criar blogs, editar wikis, fazer bookmarking social usando o site del.ici.ous e aplicar a tecnologia de RSS para distribuir informações pelo grupo. Em termos de metodologia de trabalho, a meta do curso era capacitar os estudantes a administrar o conteúdo pesquisado, documentar essa informação e participar da redação de um texto sintetizando o aprendizado coletivo.

Junto com as leituras e discussões sobre comunidades e colaboração, os alunos foram convidados a aplicar seu aprendizado para promover uma causa social de sua preferência. A turma funcionava como uma comunidade de pesquisa distribuída, cada um desenvolvia suas análises individualmente e compartilhava os resultados com o grupo. Uma parte das atividades aconteceu em classe, mas o grosso das interações se deu online.

A utilização de uma ferramenta de bookmarking social foi determinante para que as trocas acontecessem de maneira eficiente. Os participantes registravam os links para suas descobertas pelo site del.ici.ous. Entre os *tags* de classificação, incluíam sempre a sigla "ccte" para facilitar a localização do conteúdo disponibilizado pela turma. Os alunos do curso usaram o filtro de RSS do site para receberem notificações por e-mail sempre que uma página com a etiqueta "ccte" fosse acrescentada.

Mas além de ensinar a gerir recursos de informação, a meta do curso era transformar os estudantes em contribuintes e não apenas em receptores de informação. Isso exigiu que Ulises abrisse mão da posição de fonte de informação para agir como um facilitador do processo de aprendizado apontando soluções para dificuldades e instigando o debate. Apesar de perder a "autoria" do curso – na medida em que os estudantes estavam aprendendo uns com os outros –, ganhou a possibilidade de também expandir seu conhecimento sobre o assunto.

Todos os participantes tiveram de criar e gerir blogs individuais com RSS para analisar e comentar as leituras e discussões. Com isso vivenciaram questões relacionadas à busca de sua voz individual, freqüência de postagem, formação de alianças com blogs extracurso, inclusão de aplicativos como *sitemeter* para registrar tráfego e RSS para distribuir automaticamente suas postagens e personalizar o visual da ferramenta, temas recorrentes de quem utiliza esse método de publicação.

A idéia de usar blogs para a promoção de uma causa social levou os participantes do curso a desenvolverem os seguintes projetos:

- comunidade para educadores da área de ciências atuando em países em desenvolvimento;
- iniciativa para promover *podcasting* como tecnologia educacional;
- comunidade para um projeto de inclusão digital e aplicações da mídia;
- rede online para promover a cidadania global pelo intercâmbio estudantil;
- blog para conscientizar os nova-iorquinos sobre a importância da educação bilíngüe;
- wiki para protestar contra a construção de duas torres em um dos bairros tradicionais de Manhattan;
- wiki para pessoas interessadas em Israel e os vários aspectos da vida judaica;
- blog e wiki para conscientizar a comunidade universitária a respeito da utilização de tecnologia para acessibilidade de deficientes;
- proposta de desenvolvimento de um sistema de prateleira de conteúdo digital para promover o compartilhamento de conhecimento.

Os estudantes foram avaliados nessa iniciativa por documentar a experiência e ver como a aplicação da ferramenta contribuiu para o sucesso ou para o fracasso.

A turma decidiu escrever coletivamente um documento intitulado "Padrões de design para computação social". Cada participante editou o conteúdo do wiki a partir de suas experiências e aprendizado ao longo do curso. E o desempenho individual foi medido levando em consideração uma auto-avaliação do que foi publicado no blog de cada estudante e a participação nas discussões e atividades propostas – como recomendação de leituras e relatórios feitos periodicamente nos blogs.

Sites colaborativos voltados à educação

A seguir você encontrará uma relação de projetos que usam ferramentas sociais para finalidades educativas. O BarCamp representa uma maneira aberta e auto-organizada para a realização de conferências. O H2O oferece uma plataforma para professores, estudantes e pesquisadores compartilharem o planejamento de cursos, inclusive indicando as referências de textos disponíveis na rede. O Studitious é voltado para alunos que acompanham as mesmas matérias compartilharem e pesquisarem anotações de classe. O Librarything compara catálogos de livros registrados pelos usuários para encontrar gostos em comum.

Três projetos mantidos por instituições de ensino superior se destacam pela contribuição social e também por exemplificar como estagiários se encaixam em projetos colaborativos. Acadêmicos, estudantes e pesquisadores colaboram usando as plataformas do Design That Matters e ThinkCycle para desenvolver soluções eficientes e de baixo custo para serem aproveitadas em países em desenvolvimento. O Jurist Law pesquisa, processa e oferece informação na área jurídica.

Para estimular o interesse internacional pela cultura de uma nação é possível, a baixo custo, manter uma plataforma para que pessoas que estejam aprendendo a língua do país possam entrar em contato umas com as outras e praticá-la. É o caso do Japanese Online (www.japanese-online.com). E, para concluir, conheça dois sites que estimulam o registro da memória.

"Desconferências" no estilo *open source*

Em fevereiro de 2007 aconteceu em São Paulo uma conferência sobre internet. Palestrantes ilustres, laptops turbinados, apresentações "Made in Disney", ambiente climatizado, organização e promoção feitas por empresas especializadas e, claro, taxas altas para quem quisesse assistir. O tema era Web 2.0 mas o esquema das palestras não tinha nada de colaborativo. Os especialistas, executivos de grandes empresas, definiam os assuntos que a platéia absorvia silenciosamente.

Coincidentemente no mesmo período começou a circular pelo boca-a-boca online que aconteceria na cidade um evento com o nome enigmático de BarCamp. Sem palestrantes, sem temas definidos, sem taxas para participar. Não por acaso esse tipo de conferência auto-organizada é conhecida em inglês como *unconference* e foi traduzida como "desconferência" para o português.

Resolvi participar do BarCamp SP porque os anúncios chegaram de pessoas que eu conheço e admiro e pela perspectiva de trocar idéias e abrir novas frentes de contato. Mas no íntimo, eu estava curioso para ver de que maneira as 300 pessoas inscritas realizariam o evento sem que houvesse uma equipe de coordenação encarregada. Pior: sem saber os assuntos a serem apresentados.

O primeiro segredo desse modelo de encontro *open source* é o fato da internet reduzir a praticamente zero os custos de divulgação e coordenação. Alguém consegue o espaço, de preferência que tenha acesso à Web via WiFi. Essa informação é publicada em um wiki e os interessados fazem o assunto circular dentro de suas redes de relacionamento. Logo uma pessoa se prontifica a incluir um texto com perguntas freqüentes, outro manda o link com um mapa das redondezas, cria-se uma lista de discussão para os inscritos e assim vão sendo resolvidas as questões relativas à organização.

O segundo segredo do BarCamp tem origens nas reuniões de hackers simpatizantes do movimento anarquista nos anos 1990 na Europa. Uma lousa em branco é dividida para formar uma tabela cruzando o número de ambientes com períodos de meia a uma hora. Ao longo do evento os participantes sugerem temas na lousa, tendo como referência os assuntos que cada um está pensando e desenvolvendo. Na hora e local combinados, as pessoas que se interessaram pelo assunto aparecem, se apresentam, discutem e trocam idéias.

Esses *workshops* colaborativos costumam se concentrar em assuntos relacionados à internet, tecnologia *open source* e ferramentas de mídia social. O nome BarCamp faz referência a uma gíria hacker e desde que o primeiro deles aconteceu em agosto de 2005 na Califórnia, mais de 30 cidades já hospedaram eventos do mesmo tipo.

Qualquer pessoa pode produzir um BarCamp usando o BarCamp Wiki (http://www.barcamp.org). Mas existem regras: a participação é gratuita e restrita apenas pelas limitações de espaço, os participantes devem se inscrever previamente e todos são convidados a se envolver de maneira ativa, seja apresentando seus projetos e idéias, seja ajudando a resolver problemas de última hora como fabricar cartazes e dar informações. Como os encontros acontecem em finais de semana, o local cedido para o evento também serve, em alguns casos, para o pernoite de participantes.

Planejamento colaborativo de cursos

O H2O (http://h2obeta.law.harvard.edu) é uma plataforma educativa *open source* para aproximar professores, estudantes e pesquisadores com acesso à internet. Ele oferece dois serviços: um é o compartilhamento de referências bibliográficas (playlists), em especial de artigos publicados na internet, e o outro serve para aproximar pessoas de diferentes escolas em áreas de debate temático.

O site convida professores e pesquisadores a publicarem listas de leitura a respeito de seus cursos. A idéia é que todas as escolas tirem proveito das dicas utilizando referências de artigos e livros mais atualizadas. Os participantes podem entrar em contato uns com os outros e também discutir e trocar idéias pela área de comentários. A informação é acessada usando uma ferramenta de busca e, ao gerar listas, há a opção de relacionar o conteúdo usando *tags*.

O projeto é mantido pelo Berkman Center for Internet & Society da Faculdade de Direito de Harvard. A participação é livre e gratuita, assim como o código que faz o site funcionar. Ele está disponível a quem quiser instalá-lo para, por exemplo, oferecer o mesmo serviço em outras línguas ou aproveitar a solução para produzir listas de assuntos diferentes.

Anotação colaborativa

Studitious (http://www.stu.dicio.us) mistura Orkut e caderno escolar. É ao mesmo tempo uma aplicação individual e uma ferramenta de networking. Serve para o estudante publicar suas anotações de aula, mas o conteúdo e também o perfil do usuário ficam disponíveis para outras pessoas acessarem. O processador de texto possui os elementos básicos para se organizar o texto. Cria parágrafos, organiza por tópicos e também aceita comandos em html para realizar alterações que o serviço não oferece. Colocando uma palavra entre sinal de chaves, o sistema cria automaticamente links para busca na Wikipedia e no Google. Assim, enquanto se anota e organiza as informações, você vai indicando o que ainda falta ser pesquisado. Além disso, o conteúdo fica salvo todo no mesmo lugar e em pastas separadas pelo tema das aulas. Junto com as anotações você pode salvar arquivos diversos, como trabalhos, resenhas e outros documentos e acessá-los de qualquer lugar.

A vantagem é que a informação fica aberta. Você pode procurar o conteúdo pelo nome da escola, classe, professor ou matéria. Se precisar estudar sobre um tema específico, abre as notas a respeito do assunto. Se perder uma aula, encontra os colegas de curso que fazem parte da comunidade para saber o conteúdo da exposição. E, se não quiser que qualquer um abra os seus documentos, restringe o acesso usando uma senha. Ao mesmo tempo em que ela pode comprometer o desempenho de estudantes facilitando o "tráfico" de anotações, a solução liberta a informação e deixa a cargo do estudante aprofundar sua pesquisa e encontrar pares para trabalhar conjuntamente em temas de interesse comum.

Catalogação de livros comunitária

O Library Thing (www.librarything.com) mistura networking social com catalogação de livros. Primeiro, resolve o problema de quem tem muitos livros e às vezes não consegue encontrar um título específico. Como o site está ligado à Biblioteca do Congresso dos EUA e à Amazon, basta inserir uma parte dos dados para que o sistema encontre e preencha o formulário de cada volume. Naturalmente o serviço funciona melhor para obras em inglês. Mas a partir do momento em que a sua biblioteca está organizada, além de poder acessar o catálogo de qualquer lugar, o site compara seus livros com os de outros usuários para relacionar aqueles com que você pode ter afinidade. Pessoas que se interessam pelos mesmos assuntos têm mais chance de acertar uma sugestão de leitura, para discutir sobre a redação de um artigo e coisas do gênero. Para até 200 livros o serviço é gratuito. Vinte e cinco dólares é o custo da taxa única para ter acesso ilimitado ao serviço até o fim da vida.

Open source aplicado ao desenvolvimento social

A abordagem *open source* não precisa ficar restrita ao desenvolvimento de produtos de informação, como programas de computador e idéias redigidas coletivamente. Objetos físicos se tornam informação ao serem descritos. Essa é a premissa da organização Design That Matters (www.designthatmatters.org) e da iniciativa Think Cycle (www.thinkcycle.org), ambas surgidas entre 2000 e 2001 no MIT, o Instituto Tecnológico de Massachusetts. Elas oferecem plataformas colaborativas para reunir acadêmicos, pesquisadores, estudantes, ONGs, empresas e o público no sentido de melhorar as condições de vida em países em desenvolvimento.

Segundo os envolvidos nesses dois projetos, questões relacionadas a saúde, por exemplo, podem ser encaradas como problemas de design. O cólera é uma doença que mata por desidratação. Uma epidemia pode se instalar em uma comunidade em dois dias e reduzir a população à metade em uma semana. Em 2004, o sistema de aplicação intravenosa de soro custava 35 centavos de dólar, mas dependia da presença de um especialista para funcionar. A solução computadorizada, fácil de usar, custava US$2 mil por paciente, um preço alto demais para casos com muitos doentes. A partir desse problema, Design that Matters e Think Cycle aproximaram suas comunidades colocando em contato médicos, engenheiros e outros profissionais para trocar experiências, questionar designs de ferramentas propostas e sugerir novos caminhos. Finalmente, tendo como inspiração uma ferramenta chamada rotâmetro, usada na engenharia química, o grupo chegou a uma solução que pôde ser produzida pelo custo de US$1,25 a unidade.[4]

Uma das vantagens dessa iniciativa é que elas são mantidas quase que exclusivamente com o trabalho de estudantes de graduação e pós. Além de ganharem experiência interagindo com especialistas de suas áreas e de aperfeiçoar seus conhecimentos sobre internet e computação, ganham a oportunidade de participar de questões de interesse público, sentindo o reconhecimento por ajudar outras pessoas.

Pesquisa e assistência jurídica

O site comunitário Jurist (http://jurist.law.pitt.edu), desenvolvido pelo professor Bernard Hibbitts da Faculdade de Direito da Universidade de Pittsburgh, funciona a partir de um blog atualizado coletivamente por um grupo de 30 estudantes-estagiários. Pode ser considerado uma versão online dos estágios, dando atendimento gratuito à comunidade. É um serviço público de pesquisa e educação voltado para a sociedade, a respeito de assuntos relacionados ao Direito. Seu objetivo é rastrear notícias e documentos e apresentá-los de forma rápida, objetiva e inteligível. Permite a participação de comentaristas especiais, de professores de Direito especialistas em suas áreas de atuação, ou de políticos diretamente envolvidos nas questões discutidas. A vantagem é que ele se aproveita de eventos alardeados pela mídia relacionados a crimes, julgamentos e celebridades para discuti-los do ponto de vista jurídico, contribuindo para a educação da sociedade.

Os estudantes que atualizam o site trabalham voluntariamente e recebem créditos por participação em atividades extracurriculares. Além disso, têm acesso privilegiado para acompanhar os casos mais recentes, desenvolver seus conhecimentos sobre a publicação pela internet e praticar a redação sob supervisão de professores e outros estudantes.

Formação de comunidades a partir do idioma

Em todos os continentes do mundo há países cujo idioma é o português: Brasil na América, Angola, Moçambique e Cabo Verde na África, Macau na China, Goa na Índia, Timor Leste na Oceania e Portugal na Europa. A língua comum aproxima povos com heranças culturais muito distintas. A internet pode ser a ponte para estimular a formação de vínculos de amizade, criando possibilidades para o intercâmbio tecnológico, cultural e mesmo econômico.

Uma versão pragmática dessa idéia está materializada desde 1996 no Japanese Online, que serve a pessoas interessadas em aprender sobre a língua e a cultura do Japão. Os participantes encontram pelo site pares para praticar conversando e trocando idéias, fora do ambiente formal dos cursos. O sistema também identifica pessoas com o mesmo grau de proficiência para estimular que estudem juntas. Japoneses vivendo em seu país e que têm interesse em fazer novas amizades e japoneses espalhados pelo mundo e com saudades de sua cultura também são convidados a participar.

Registro de memórias

Se a internet possibilita que as pessoas registrem e compartilhem suas histórias e experiências, o site vencedor do Webby Awards 2006 na categoria Comunidades se propõe a tornar esse processo ainda mais fácil. O Cumbria Digital Lives (www.bbc.co.uk/cumbria/digital_lives) faz parte das seções comunitárias do portal da British Broadcasting Corporation, a BBC. Tem duas funções: capacitar pessoas comuns a registrar a memória de suas famílias e comunidades e arquivar e divulgar esse material.

Entrando no site você tem acesso a documentos ensinando como editar vídeos caseiros, escrever roteiros, fazer gravações em áudio, produzir animações digitais e técnicas para fotografar. Junto com esse material, o usuário pode baixar programas e outros recursos gratuitos para editar imagens e voz. E paralelamente à ação online, o projeto incorporou o BBC Bus, um ônibus especialmente aparelhado que circula pela região de Cumbria, no extremo norte da Inglaterra, promovendo cursos presenciais e oferecendo equipamento e apoio de profissionais especializados para digitalizar fotos impressas, pinturas e outros objetos, e gravar entrevistas com aqueles que querem registrar suas histórias. Além de estarem disponíveis pela internet, as equipes da BBC que produzem programas de rádio, TV e outras mídias também podem aproveitar os mini-documentários dos usuários para divulgar a iniciativa.

O material recolhido tanto pela Web como nos cursos do BBC Bus retorna para a comunidade por meio de seções do site dedicadas a tipos diferentes de mídia e de conteúdo. O Video Nation oferece entrevistas e documentários caseiros feitos em vídeo, o Telling Lives reúne histórias pessoais, o Photo Essays compila álbuns de fotos apresentadas junto com textos explicativos, o Inside Lives recolhe histórias relacionadas ao local onde se vive e o Diverse Lives junta relatos sobre a diversidade cultural da região.

Como no caso do projeto Viva São Paulo, apresentado no Capítulo 10, o Cumbria Digital Lives vai além do propósito de preservar a memória coletiva. É uma ferramenta que possibilita o diálogo entre pessoas que vivem na mesma região e que usam os murais de mensagem para discutir sobre os temas que afetam seu dia-a-dia, partindo de experiências comuns. Relatos de amor, trabalho, projetos pessoais, medos, lembranças, um acidente que ficou gravado na memória, um tema que toca particularmente uma pessoa, lugares que as pessoas amam ou odeiam ir – tudo isso faz parte das experiências dos indivíduos que, tendo acesso a vários formatos de mídia para se expressar, contribuem para que a comunidade se conheça melhor.

Uma variação simples e bastante criativa dessa idéia aparece em um ditado de Porto Rico que diz que a cozinha é a última trincheira da cultura. Ou seja, as pessoas que abriram mão de seus hábitos alimentares perderam contato com suas raízes. Nesse sentido, quanta gente não guarda por pena de jogar fora os livros de receitas de suas mães ou avós? O site Recipezaar (www.recipezaar.com) preserva e compartilha esses registros de comidas, bebidas e quitutes. O material fica à disposição de cozinheiros profissionais, de pessoas curiosas para experimentar pratos novos e ainda daqueles que buscam restabelecer contato com sua história familiar começando pela mesa.

16. Impactos da rede na mídia

As duas perguntas a seguir foram dirigidas a mim, em 2003, pelo chefe de jornalismo de um portal brasileiro de internet e indicam os pontos obscuros em relação à mídia colaborativa para quem a vida toda só conheceu o *broadcasting*, a comunicação unidirecional de um para muitos. Nós falávamos sobre aproveitar o conteúdo dos fóruns de discussão como parte do material noticioso e ele perguntou: "Se todo mundo quiser se expressar, vamos ficar afogados em informação. Quantas pessoas precisaremos contratar para processar esse conteúdo?" e "Como vamos saber o que é verdade? Como vamos separar o que é fato, informação confiável, de blefes, denúncias e notícias plantadas?"

O controle da verdade

A primeira dúvida se refere a um questionamento conhecido como Objeção de Babel: em um ambiente em que todos falam, ninguém consegue entender o que se diz, portanto, o ruído conduziria ao ressurgimento do dinheiro – para a contratação de especialistas e projeção da informação – como fator diferencial entre aqueles que são ouvidos e os que caem na obscuridade. Em relação a isso, estamos presenciando o advento de formas alternativas, não-comerciais e produzidas em colaboração para estabelecer o reconhecimento de mérito e relevância, no lugar dos mecanismos existentes no mercado.

A qualidade de um pedaço de código ou de um verbete enciclopédico pode ser avaliada pelo histórico de contribuição de quem o produziu ou pelo volume de referências feitas a ele dentro de agrupamentos sociais.

Soluções tecnológicas como o *bookmarking* social e ferramentas para automoderação – apresentados nos Capítulos 6 e 7 –, presentes em sites populares como Flickr, YouTube e Digg!, são exemplos das novas maneiras de medir valor na internet, independente do dinheiro.

O segundo questionamento sobre como identificar a informação verdadeira da falsa também apareceu em um artigo publicado pela revista *Veja* em 2005: "O mérito da Wikipedia ... é o mesmo da internet em geral: é uma fonte democrática de conhecimento que permite atualização rápida. ... O difícil é saber em que informação acreditar."[1] Para provar o argumento de que o conteúdo da Wikipedia não pode ser confiável, a revista incluiu um erro proposital na biografia do presidente Lula no site em inglês, que permaneceu inalterada por dois dias até ser corrigida pelo próprio jornalista. Para a *Veja*, o defeito da Wikipedia é que seus verbetes "estão à mercê de ignorantes e mal-intencionados em geral", enquanto a credibilidade de uma enciclopédia como a *Britânica* "decorre do notório saber de seus autores".

Mas título acadêmico não é a única credencial para medir capacidade ou conhecimento. Muitos empreendedores aprenderam trabalhando. Bill Gates, Michael Dell e David Geffen abandonaram seus cursos universitários para fundar impérios. O próprio Victor Civita da Editora Abril "não se distinguiu nos estudos. Não conquistou mais que um diploma de curso secundário, no Instituto Técnico de Estudos Comerciais, de Milão. ... Aos 20 anos, o pai deu-lhe uma passagem para os Estados Unidos, pôs-lhe mil dólares no bolso e ordenou: 'Vire-se'. Foi sua universidade".[2] E mesmo sem o envolvimento profissional, por prazer, as pessoas se motivam a estudar. Um advogado que cuida de orquídeas nas horas vagas, eventualmente aprende mais sobre essa planta do que um botânico especializado no cultivo da soja. Para não ir muito longe: quantos brasileiros cursaram educação física para entender as regras, táticas e manhas do futebol? A palavra-chave é mérito. Em relação às enciclopédias tradicionais, a Wikipedia não favorece o doutor em relação a um adolescente de 15 anos que lê bastante. "Parte da polêmica em torno da Wikipedia e de outros projetos colaborativos, está fundada no fato de ela pôr em xeque o modelo de negócio onde o dinheiro é a única base para o discernimento entre o que é bom ou isento do que é ruim ou parcial."[3]

De fato é complicado distinguir na Wikipedia a informação correta da inventada. No mês em que a revista *Wired* destacou na capa um artigo sobre a compra por US$580 milhões do site MySpace pelo grupo News Corp, o verbete sobre a empresa foi incorretamente editado para incluir a *Wired* como uma das filiadas ao grupo.[4] A atitude possivelmente representou um comentário velado e irônico de um leitor criticando a suposta aprovação do negócio pela revista.

A conexão do Congresso dos Estados Unidos já foi banida várias vezes de acessar o Wikipedia por deputados e senadores terem sido pegos modificando seus próprios perfis. Em período eleitoral, por exemplo, eles apagam as listas das promessas feitas em campanhas anteriores registradas em seus verbetes.

Um site aberto à participação de qualquer pessoa está submetido a esse tipo de interferência. Mas não é por contratar jornalistas diplomados que a mídia tradicional deixa de ser tendenciosa ou cometer erros na apuração de fatos. Talvez seja mais difícil reconhecer a manipulação de notícias produzidas em escala industrial por elas serem maquiadas pelo aspecto formal do texto, pela reputação do jornalista ou pela influência e poder de alcance do veículo.

Yochai Benkler em *The Wealth of Networks* aponta uma série de desvantagens para a existência de uma esfera pública mediada pela comunicação de massa. A começar porque um pequeno grupo de jornalistas comerciais estabelece a pauta do que deve ser debatido pela coletividade, deixando de fora uma infinidade de observações e preocupações de pessoas que constituem as sociedades modernas complexas. Onde existe concentração de mercado, a esfera pública mediada pela mídia dá a seus proprietários o poder de formar a opinião pública, um poder que podem usar em benefício próprio ou vender pelo melhor preço. Quando o dono da mídia comercial escolhe não exercer seu poder dessa maneira, o veículo tende a promover assuntos suaves ao invés daqueles com potencial de mobilização, e a supersimplificar discussões públicas.[5]

A mídia defende o ponto de vista contrário, que não se pode aumentar o nível do noticiário porque o público não acompanharia a discussão. Uma pesquisa citada por William Bonner, editor-chefe do *Jornal Nacional*, durante uma visita de professores universitários aos estúdios da Rede Globo, revelou que o telespectador médio do principal noticiário da TV brasileira tem muita dificuldade para entender notícias complexas e pouca familiaridade com siglas como BNDES, por exemplo. "Na redação, (esse telespectador) foi apelidado de Homer Simpson."[6] Apesar de ter lampejos de astúcia e sensibilidade, Homer encarna uma série de estereótipos negativos da classe trabalhadora dos Estados Unidos: tem um emprego de baixo nível, pouca educação formal, é intolerante e seu passatempo favorito é comer lanches prontos assistindo TV. A questão é até que ponto o produto veiculado pelo JN contribui para a formação de uma audiência com o perfil Homer Simpson e também o quanto a internet desafia o poder da indústria da comunicação de continuar manufaturando consumidores passivos.

Em 2005, por ocasião do 10º aniversário do lançamento da internet comercial, Kevin Kelly, um dos gurus da mídia digital e fundador da *Wired*, releu uma série de publicações de meados de 1990 para checar a percepção que tínhamos da Web logo que ela se popularizou. Os otimistas viam nela uma TV com cinco mil canais e realidade virtual. Os pessimistas se perguntavam quem abraçaria uma forma de diversão baseada na datilografia. "Tudo o que os experts sabiam sobre mídia – e eles sabiam muito – confirmava a crença derivada de discussões de grupo (*focus group*)* de que audiências nunca levantariam da poltrona para produzir seu próprio entretenimento. Todos sabiam que escrever e ler eram coisas mortas..."[7] Para eles, a internet seria cultuada por um pequeno grupo de fanáticos, a versão dos anos 1990 do rádio-amadorismo. "O que todos nós deixamos de ver", segundo Kelly, "foi quanto deste novo mundo seria manufaturado por usuários, não por interesses corporativos."[8]

Velhos modelos e novas audiências

Mas falando em interesses corporativos, o que dizer da seguinte declaração: "A tecnologia está retirando o poder de jornalistas, de editores, do estabelecimento e da elite da mídia. Agora são as pessoas que estão assumindo

---

* *Focus group* ou discussões de grupo é uma forma de pesquisa qualitativa para descobrir como os consumidores recebem um produto novo ou como eles percebem um determinado tópico.

o controle." A fala parece vir de um jovem que simpatiza com a militância pelo software livre de Richard Stallman e lê gurus do *open source* como Lawrence Lessig ou Howard Rheingold, mas vêm do magnata australiano Rupert Murdoch, 75 anos, principal acionista da News Corporation, um conglomerado internacional de mídia que controla redes televisão por satélite, estúdios de Hollywood e outras formas de mídia. E Murdoch não é o único representante da indústria da comunicação a admitir a crise do setor. Sobre o futuro da mídia impressa, o semanário *The Economist* sentenciou que "o negócio de vender palavras para os leitores e vender leitores para os publicitários ... está se desfazendo".[9]

Os jornais enfrentam atualmente uma série de dificuldades. A internet oferece alternativas mais eficientes para juntar compradores e vendedores e gerar feedback desses resultados: agregadores de conteúdo (*ver* Capítulo 6) reúnem informações de sites espalhados pelo mundo reduzindo a necessidade do periódico local. Blogueiros e ações de jornalismo cidadão começam a se impor na função de confrontar governos e corporações, sem contar a lentidão demonstrada pela maioria das empresas de comunicação em incorporar a internet não como vitrine de informação para o material off-line, mas como meio principal de atuação. O artigo conclui dizendo que "os jornais com a melhor chance de ver sua receita crescer são aqueles experimentando modelos de negócio completamente novos tanto online como off".[10]

O que exatamente isso quer dizer nesse admirável mundo novo da Web?

Tarde de outono em São Paulo. Dirijo pela marginal do rio Tietê na Zona Norte da cidade voltando para casa. O trânsito flui intenso. Meio desajeitadamente, tentando ficar atento às trajetórias dos outros carros, escolho uma FM para distrair a cabeça. Passo pelas emissoras registradas na memória do aparelho e, sem encontrar nada interessante, vou movendo o *scanner* de sintonia em sintonia até captar uma faixa antiga do Led Zeppelin. É das minhas preferidas. Grato pelo presente, relaxo para desfrutar a viagem. Mas assim que a canção decola na parte final – voz e instrumentos revivendo um ritual pagão costurado por uma melodia oriental meio hindu meio árabe – caem as cortinas, as luzes da platéia acendem, entra o intervalo programado e os locutores começam a ler o resumo das notícias. Ainda sob o impacto da insensibilidade do veículo, acompanho passivo a seqüência de notas breves até o momento do anúncio do fechamento do índice CAC 40 da Bolsa de Valores de Paris, que me tira do transe.

A oportunidade de "garimpar" fontes em todas as partes do mundo, de filtrar notícias segundo o interesse e de participar do fluxo de informação deixa a gente mais sensível àquilo que antes não se questionava. Por que tal notícia? Quantos ouvintes dessa rádio investem no mercado europeu ou entendem de economia e acompanham as flutuações das ações a ponto de tirar proveito do índice CAC 40, que nem está entre os dez mais importantes do mundo? E supondo que exista uma fração da audiência da emissora que tenha esse perfil, por que ela dependeria desse veículo para receber essa informação?

Revistas de notícia de circulação nacional no Brasil como *Veja*, *Época*, *Carta Capital* e *IstoÉ* vêm destacando recentemente matérias relacionadas a colaboração e a comunidades na internet. Orkut, Wikipedia, blogs, YouTube – todos tiveram sua cota de celebridade nas capas. Mas apesar de reconhecer o fenômeno a ponto de quererem informar seus leitores sobre o assunto, esses veículos continuam agindo como se fossem guardiões da comunicação, mantendo a distinção entre aqueles que podem falar e os que só escutam. Essa postura desconsidera os novos modelos de veículo de notícia comercial que estão aparecendo e que incorporam ao jornalismo tradicional o uso eficiente das ferramentas sociais para fortalecer seus vínculos com a audiência.

Mas que audiência é essa? De quem estamos falando?

Nem todo mundo quer se dar ao trabalho de ficar garimpando informações o tempo todo. Na verdade, pouquíssimas pessoas fazem isso. É o que diz a "1% rule", uma regra sem base científica e que vem se disseminando pela rede como evidência a partir da observação dos resultados de sites colaborativos. Fundado em fevereiro de 2005, em 18 meses o YouTube se tornou o site gerador de 60% dos vídeos assistidos online. Nele, para cada 100 milhões de downloads acontecem 65 mil uploads – uma razão de 1.538 carregamentos para cada envio de arquivo. Considerando que ao final desse período o site tinha 20 milhões de usuários únicos por mês, a proporção entre criadores e consumidores era de 0,5%. Na Wikipedia, 0,7% dos usuários realizam metade das edições dos verbetes e 1,8% dos usuários escreveram mais de 70% dos artigos. Nas listas de discussão do Yahoo, 1% dos participantes criam grupos, 10% participam ocasionalmente e o restante apenas se beneficia dessas atividades.[11] O sucesso do novo modelo de negócio para os veículos de notícia passa pela capacidade de localizar e cultivar o relacionamento com esse grupo de indivíduos conhecidos como *builders* (construtores).

Desafios para empresas e profissionais

Em tempos de internet, ao invés de confiar em um veículo de informação "frio" para receber o conteúdo que interessa, o internauta comum vem elegendo como filtros de informação usuários com os quais ele se identifica por compartilhar interesses e pontos de vista. O usuário fomentador – o *builder* ou *lead user* – procura constantemente comunidades onde possa encontrar pares para conversar a respeito de temas de interesse mútuo. O desafio do novo veículo é – de certa maneira, retornando às origens do jornalismo – estabelecer uma relação simbiótica com comunidades onde a função do editor é a de facilitador, para que a audiência converse entre si. Ele se coloca como mediador do debate instigando a discussão, lançando questões, integrando pessoas, sendo o primeiro a compartilhar informações novas.

Como resumiu o jornalista norte-americano Dan Gillmor em seu livro *We the Media – Grassroots Journalism By the People, For the People* sobre a função do novo profissional da mídia: "Nós vamos aprender que somos parte de alguma coisa nova, que nossos leitores/ouvintes/espectadores estão se tornando parte do processo. Eu tenho como verdade, por exemplo, que os meus leitores sabem mais do que eu – e esse é um fato na vida jornalística que liberta, não que ameaça."[12]

O valor do "passe" do comunicador no mercado corresponderá à extensão e à fidelidade de sua agenda de networking, e quanto maior for seu envolvimento genuíno com o assunto tratado, mais *builders* tenderão a se aproximar dele.

Os projetos que se destacam reduzem a distância com o leitor usando uma maneira irreverente de escrever, seus autores falam sobre inquietações e experiências verdadeiras, a identidade da publicação inclui o foco em temáticas múltiplas e também tem um "tom de voz" diferenciado do das *hard news*. É o caso do blog Motherns (http://mothern.blogspot.com), que apresenta com bom humor o dia-a-dia da nova geração de mulheres que descobre a maternidade sem deixar de badalar e se divertir. Lançado em 2002, o blog virou coluna de revista, depois livro e agora programa de TV. Depois de serem capa do caderno "Ilustrada" da *Folha de S.Paulo* e entrevistadas por Marília Gabriela, as Mothern – duas publicitárias mineiras, Laura Magalhães e Juliana Sampaio – apareceram em um *post* no Global Voices On-line:

> O sucesso do blog parece derivar da habilidade de compartilhar experiências autênticas e oferecer sugestões criativas sobre como resolver problemas cotidianos ligados à maternidade. Ele consegue mostrar como "garotas" podem procriar sem cair nos clichês que geralmente fazem elas se sentirem mais velhas quando lidam com assuntos maternais e o *approach* tem ecoado fundo entre as mães jovens. O desejo de formar comunidade também está presente, e esse aspecto é destacado pelos muitos blogs no círculo de contatos do Mothern.[13]

Outro aspecto desse novo modelo de negócio diz respeito à envergadura física do veículo e à sua margem de lucro. Segundo o artigo da *The Economist* a respeito do futuro da mídia impressa,

> em muitos países desenvolvidos (os donos dos jornais) se beneficiaram por décadas de quase-monopólios, margens de lucro graúdas e retornos de capital maiores que o de outras indústrias. No passado, empresas jornalísticas tiveram poucos motivos para experimentar e para mudar e gastaram pouco ou nada em pesquisa e desenvolvimento.[14]

Agora, esses empresários têm dificuldades para entender o funcionamento dos modelos novos e acabam, por falta de referências, classificando de "comunista" projetos como o Craigslist (*ver* Capítulo 14). Sobrevivente do período anterior à Bolha da internet, o site evita provocar lentidão no sistema ou poluir as páginas com banners publicitários. Serve usuários em 300 cidades dos Estados Unidos e de outros países, com apenas 22 funcionários, incluindo o CEO e gera uma receita anual de US$25 milhões. No novo mercado interconectado, dinheiro não é tudo.

Outro exemplo de sucesso no mercado emergente é a empresa Gawker Media. Ela atua no segmento apelidado "Nanopublishing" – um modelo de negócio para editoras online que utiliza uma operação enxuta e barata para atingir segmentos de audiência usando técnicas de publicação para blogs. Os gastos combinados da Gawker são basicamente com a hospedagem dos sites e os salários dos jornalistas. No estilo irreverente e solto que caracteriza a internet, a Gawker se apresenta como "uma pequena versão para internet das editoras de revistas, só que sem os milhares de dólares de despesa. E sem os milhares de dólares de receita".

Apesar de o fundador da empresa gostar de dizer que "blogs são melhores para os leitores que para os capitalistas" e que está no ramo por "amor ao meio", um articulista da *New York Magazine* estimou que a receita publicitária da Gawker era de pelo menos um milhão de dólares em 2004 e, possivelmente, tenha superado dois milhões em 2006.

Em fevereiro de 2006, a Gawker era responsável por 15 blogs informativos. Gawker.com, seu carro chefe, é um blog produzido a partir da cidade de Nova York e que se auto-intitula provocativamente: "A fonte diária da mídia em Manhattan para notícias e fofocas." Seus focos temáticos são o mundo das celebridades e a indústria da mídia, tratados com um jeito ao mesmo tempo sarcástico, engraçado e afetado. Na seção de perguntas freqüentes, o site logo mostra a que veio.

> Pergunta: Vocês [editoras] vêm sendo chamadas monotonamente de sádicas. Vocês tiveram infâncias tristes ou existe algum propósito para toda essa bile?
>
> Resposta: O estranho é que – nós nos achamos muito legais [em relação ao que fazemos]. Vá ler o *The New York Times* se você quer gentileza. Além do que, muitas coisas enchem o saco. Mas somos honestas, pelo menos – quando encontramos coisas de que gostamos, escrevemos sobre elas.[15]

Em seguida, convidam quem quiser falar mal de seus chefes a enviar e-mails prometendo discrição absoluta e sugerindo que usem contas de webmail para garantirem seus empregos. Ainda ironizam a mídia por levá-los a sério e pedem para serem convidados para festas – especialmente aquelas com bebida liberada (*open bar*).

O sucesso desse projeto, que atualmente é atualizado em média 12 vezes por dia por uma dupla de editoras, serviu de plataforma para lançar outros blogs populares, incluindo o Wonkette, cobrindo a capital, Washington, Defamer, cobrindo Los Angeles e o Valleywag cobrindo o vale do Silício onde fica a cidade de São Francisco.

Jornalismo *open source*

O conceito de jornalismo colaborativo não é novo. Em fevereiro de 2000 estreou na Coréia do Sul o jornal online *OhmyNews* (www.ohmynews.com), cujo slogan é "Todo cidadão é um repórter". Foi o primeiro veículo de notícias do mundo a promover um estilo *open source* de produção de notícias. Em julho de 2006, o site informava ter 41 mil participantes responsáveis pela produção de 80% do conteúdo do jornal. O projeto deu origem a uma versão internacional, em inglês, e desde o início de 2006, graças ao aporte de US$11 milhões da Softbank, a empresa que o desenvolveu trabalha na criação de um veículo semelhante no Japão.

Já o projeto Gothamist (http://gothamist.com) apareceu como um blog coletivo sobre a cidade de Nova York. O foco é mais urbano, nas coisas que acontecem ou vão acontecer do ponto de vista de quem está passando pelas ruas. Não enfatiza tanto a voz do autor, a ferramenta habilita internautas a se tornarem repórteres registrando o que acontece no dia-a-dia em relação a notícias, eventos, restaurantes e bares, fofocas, acontecimentos e o que mais atrair a atenção dos participantes que recebem por *post* publicado. A colunista do *The New York Times Book Review* definiu a proposta como uma "bola de cristal que reflete tudo o que vale a pena ficar sabendo sobre esta cidade". Sucesso de público e também comercial, o Gothamist faturou, em 2005, US$1,5 milhão somente com publicidade e se tornou uma rede com mais de 15 sites que dão informações sobre algumas das maiores cidades do mundo, como Londres, Paris, Toronto e São Paulo (http://sampaist.com).

Eu já conhecia o projeto Indymedia ou Centro de Mídia Independente há alguns anos, tendo oportunidades para conversar sobre ele enquanto veículo de informação com editores e colaboradores. O site original foi lançado em novembro de 1999 para permitir que os participantes dos protestos antiglobalização publicassem relatos a respeito de suas campanhas durante a reunião da Organização Mundial do Comércio realizada em Seattle, nos Estados Unidos. Em 2006, sua estrutura marcadamente descentralizada – uma guerrilha pós-moderna – se compunha de uma rede de 190 células de funcionamento, formada por jornalistas independentes e veículos alternativos como fanzines e rádios comunitárias.

Se por um lado os representantes brasileiros tendem a se constituir em feudos que estabelecem regras editoriais personalistas, sempre à esquerda e às vezes panfletárias, o site Midiaindependente (http://brasil.indymedia.org) oferece uma plataforma para a distribuição de notícias que fogem aos interesses dos veículos convencionais. Pesquisando sobre a disputa entre o fabricante de guaraná Dolly e a Coca-Cola, constatei que só eles colocaram no ar a descrição pormenorizada das provas contra a multinacional e acompanharam o desenvolvimento do caso.

O Digg!, um site de notícias com ênfase em tecnologia e ciência, é o que melhor integrou, até agora, as ferramentas colaborativas para produzir um veículo sem controle hierárquico, transferindo as decisões editoriais integralmente para a comunidade. Essa característica democratizante se baseia na utilização combinada de bookmarking social, blog e conteúdo sindicado. Notícias e sites são enviados pelos usuários, promovidos na capa e então selecionados por meio de um sistema de votação que põe em evidência as informações mais populares. De março de 2005 até março de 2007, o site passou de menos de 50 mil para 1 milhão de contas registradas, um crescimento de mais de 20 vezes.[16]

Uma solução tecnológica que vai ao encontro da proposta do Digg! chama-se Newsmap, e está sendo aplicada como uma das atrações do site informativo Marumushi (http://www.marumushi.com/apps/newsmap/index.cfm). O sistema gera uma "nuvem" (*ver* Capítulo 6) usando como fonte de dados o agregador das notícias do Google e os títulos das páginas mais vistas aparecem em tamanho maior no quadro.

Cross-mídia interativa

A *cross-mídia* ocorre quando o circuito da informação convida a audiência a cruzar de uma mídia para outra, transformando a comunicação unidirecional – do veículo para o público – em multidimensional, onde público e veículo se retroalimentam.

A *cross-mídia* interativa, ou seja, a incorporação da interatividade pela Web e de aparelhos móveis a veículos tradicionais de mídia, expande a massa crítica participante do projeto. O Viva São Paulo e o Leia Livro, apresentados no Capítulo 10, ilustram a dinâmica de funcionamento. Nesse contexto, o conteúdo produzido dentro dos ambientes colaborativos e das comunidades assume formatos diferentes para fazer a informação continuar em movimento. Textos se tornam arquivos de áudio transmitidos em *podcasts* ou entram na programação de emissoras de rádio, veículos de alcance maciço reaproveitam o conteúdo vindo de sua audiência ao mesmo tempo em que direcionam novos usuários a colaborar.

Um aspecto que se destaca nessa parceria é que o interesse da comunidade que se forma ao redor de um site para trocar idéias e participar não vem da perspectiva de remuneração, mas da oportunidade de receber outras recompensas pelas conversas com seus pares.

O que vem por aí: mídia móvel

Quem usa comunicadores instantâneos como MSN sabe da mania de se colocar uma frasezinha no lugar do próprio nome. Esse é o princípio do Twitter (www.twitter.com), um serviço lançado no início de 2006 e que em um ano se tornou mania nos Estados Unidos. O site permite que você comunique aos seus amigos uma informação curta, como o que você está fazendo no momento, o seu estado de espírito, uma notícia ("nasceu meu filho!"), ou o que você quiser que as pessoas saibam. A idéia é que seja uma coisa curta, de até 140 caracteres.

A diferença em relação a programas como MSN é que o Twitter é uma ferramenta de publicação assíncrona, ou seja, ele não serve para as pessoas baterem papo e, sim, para acompanharem umas às outras à distância. É uma espécie de blog, um nanoblog. O usuário se inscreve no site e começa a publicar fragmentos do seu dia-a-dia. Essa informação pode ficar aberta ou estar acessível apenas a quem participar da sua lista de contatos.

Nesse sentido, o Twitter é uma solução de networking social parecida com o Orkut. Você convida seus amigos para participar da sua rede e, assim, acompanha o cotidiano deles, e eles, o seu. O sistema junta as suas mensagens e a de quem estiver na sua agenda numa mesma página. As frases podem ser algo como: "Estou com sono (e meu chefe, de mal humor)." "Alguém topa um cineminha depois do expediente?" "Ressaca violenta. Aspirina, urgente!" A lista de mensagens fica organizada em seqüência cronológica invertida como nos blogs, as mais recentes aparecem em destaque.

A especialista em mídia participativa Liz Lawley registrou no blog Many2Many (http://many.corante.com) que ficou entusiasmada com o Twitter da mesma forma como esteve alguns anos antes com blogs e antes ainda com o ICQ.

> A moda atualmente é falar do P de "participativo". Mas eu estou cada vez mais convencida de que o P de "presença" é ainda mais importante. Em um mundo em que temos dificuldades para passar quantidades significativas de tempo com as pessoas que gostamos (por causa da dispersão geográfica e também das responsabilidades diárias com trabalho e escola), ter uma solução leve e móvel para ficar a par do que os outros estão fazendo e também para informá-los sobre você é uma coisa poderosa.[17]

Ela disse "móvel". É que o Twitter, apesar de estar na Web, pode ser integrado muito facilmente ao telefone celular e também a uma variedade de comunicadores instantâneos (como o GTalk do Google). Para quem mora nos Estados Unidos ou na Inglaterra, basta registrar o número do celular e o sistema passa a transmitir por mensagens de texto (SMS) as atualizações da sua página aos seus amigos e vice-versa.

No início de março de 2007, o uso da ferramenta aumentou subitamente, o que indica que pelo boca-a-boca o Twitter deixou de pertencer a um nicho de usuários antenados para ser abraçado por uma comunidade muito maior e mais diversificada de internautas.[18] A companhia que administra o serviço vem enfrentando desafios em consequência disso. O *The Wall Street Journal* escreveu:

> Esses serviços de networking social provocam sentimentos contraditórios nas pessoas que gostam de tecnologia e que os adotam primeiro. Os fãs dizem que é uma boa maneira de ficar em contato com seus amigos ocupados. Mas alguns usuários estão começando a se sentir "muito" conectados, na medida em que eles enfrentam mensagens que chegam fora de hora, contas mais altas de celular e precisam dizer a seus conhecidos para pararem de anunciar o que eles vão comer no jantar.[19]

Outro projeto que explora as compatibilidades entre comunicação via celular e sites de networking social é o Dodgeball (www.dodgeball.com, adquirido em maio de 2005 pela Google Inc. A meta do serviço é permitir que as pessoas usem seus telefones como se fosse um Orkut de bolso para encontrar, ao vivo, amigos e amigos de amigos. O sistema combina a localização de uma pessoa com a dos celulares dos seus conhecidos registrados no site.

Entre as utilidades desse sistema estão, por exemplo, saber qual é a balada "quente" da noite conferindo onde a maior parte dos seus amigos está. Se você estiver em um lugar e quiser companhia, pode checar se algum dos seus contatos (ou dos contados deles) estão dentro de um determinado perímetro de distância de você. É mais garantido emplacar conversa com uma pessoa relativamente próxima do que com um estranho. Mas assim como o Twitter, esse tipo de serviço ainda precisa ser ajustado para que os participantes não sintam que sua privacidade está sendo invadida por pessoas não tão próximas em seus círculos de relacionamento e também pelo inconveniente de receber e ter que pagar por muitas mensagens SMS.

17. Efeitos colaterais da sociedade interconectada

De maneira geral, os aspectos negativos da internet parecem atrair mais a atenção da mídia do que as maneiras como a sociedade interconectada oferece soluções para problemas contemporâneos. Nos capítulos anteriores, observamos uma grande variedade de sites bastante populares para quem acessa a rede regularmente, mas em vez de examinar as aplicações dessas idéias, os meios de comunicação tradicionais optam por noticiar assiduamente invasões de hackers a sistemas de instituições financeiras, pirataria de software, filmes e música, ataques terroristas planejados por e-mail, violação de privacidade, brigas de *hoolingans* agendadas em murais e racismo propagado pelas ferramentas de networking. Na seqüência, vamos considerar alguns desses problemas e as soluções que vêm sendo aplicadas para contorná-los.

Pirataria e soluções alternativas

Muita gente tem defendido que a internet e os componentes que possibilitam o seu funcionamento sejam monitorados. A indústria do entretenimento se sente lesada financeiramente pela existência de um canal aberto para se compartilhar arquivos, e, por isso, vem fazendo lobby para impor ao mercado a utilização dos *digital rights management* ou DRM – programas e equipamentos que impossibilitam a cópia de conteúdo protegido por direitos autorais. Mas como não existe distinção entre os tipos de dados que transitam pela rede – todos são constituídos por seqüências binárias –, o controle eficaz da pirataria implicaria em permitir que todo o conteúdo fosse vasculhado indiscriminadamente.

Se a *Motion Picture Association of America* (MPAA) – organização que representa os estúdios de cinema dos Estados Unidos – está tomando a frente dos grupos que advogam pelo DRM, a Escandinávia surge no mapa como um dos focos de resistência contra a "ditadura" das leis de direitos autorais.[1]

A Suécia tem um dos maiores índices de utilização de conexão por banda larga do mundo. Quase 23 habitantes a cada 100 usam o serviço de acesso rápido à rede.* Isso, combinado à atitude amigável da população em relação à tecnologia e à lentidão do governo em agir contra infratores, tornou a troca de arquivos uma prática muito popular no país. O ambiente é tão favorável ao compartilhamento livre que em junho de 2006 o secretário de cultura de um município admitiu em uma entrevista baixar músicas regularmente e conclamou mais adultos a "saírem do armário da troca de arquivos". Mas a defesa de atitudes contrárias à legislação internacional vigente – o direito à propriedade intelectual representa uma das bases da economia industrial – colocou a Suécia em uma situação delicada.[2]

Todos concordam que uma derrota das organizações pró-pirataria nos tribunais dificultará a vida dos usuários de internet no país e que, no entanto, isso não fará com que a prática seja abolida entre os suecos – um serviço de acesso anônimo que complica a identificação dos usuários custa cinco euros por mês. Por isso, os envolvidos – advogados, políticos e piratas – estão em busca de uma solução conciliatória. Uma das propostas é que o fornecimento privado de acesso à internet inclua uma taxa para pagar direitos autorais. Mas isso implicaria em estabelecer uma cota dos rendimentos para pagar os autores de outros tipos de conteúdo compartilhados na rede, como a música de artistas amadores e também de material pornográfico.

A princípio, a única alternativa eficiente, além de monitorar a rede, é reconhecer que o modelo de negócio baseado no empacotamento de produtos digitais produz um impacto negativo para a sociedade – inclusive para a indústria tecnológica, por restringir a inovação – e, portanto, as

* O México, único país da América Latina na lista de 30, aparece em 29º lugar com 2,8 habitantes com *broadband* a cada 100. Fonte: OECD Broadband Statistics para junho 2006.

corporações que representam esses interesses devem abandonar a postura defensiva e investir na exploração de novas oportunidades.

No caso das gravadoras e também dos estúdios de cinema, que supostamente são os segmentos mais prejudicados pela pirataria, modelos abertos têm se mostrado vantajosos para criar frentes de trabalho para profissionais e artistas que não são aproveitados pela indústria estabelecida. Considere, por exemplo, o site Sellaband (www.sellaband.com), lançado em 2006 por um ex-executivo de gravadora, oferecendo uma solução comercialmente viável para a produção de álbuns sem interferir com a livre troca de arquivos. O projeto tira proveito da redução de gastos para comunicação e coordenação oferecidas pela Web para estabelecer parcerias produtivas entre profissionais da área, artistas e consumidores.

Pelo Sellaband, a banda que vender cinco mil "partes" de seu projeto de gravação recebe um pacote de serviços que inclui produtor, estúdio e assessoria para divulgação. As bandas devem criar um perfil e carregar no site algumas faixas que já tenham gravadas para atrair "*believers*" (mistura de fã e patrocinador). Cada parte é vendida por US$10, fornecendo à banda US$50 mil para gravar, mixar e produzir o álbum. Quando a meta é atingida, os "*believers*" se tornam parceiros da banda recebendo um CD exclusivo e um percentual da receita resultante da publicidade atraída pelo número de downloads gratuitos do site. Nesse caso, ao invés de condenar a circulação de faixas pelas redes P2P, essa maneira de tornar a banda conhecida faz parte do plano de marketing para aumentar as vendas dos álbuns. Desde seu lançamento, em menos de um ano, quatro bandas alcançaram a meta de US$50 mil, três européias e uma norte-americana.

Outro modelo de negócio alternativo é o chamado Tecnobrega, que envolve a colaboração de camelôs, emissoras de rádio, produtores de shows e músicos em Belém do Pará.[3] O processo começa com uma banda ou DJ gravando, em estúdio caseiro, cerca de quatro faixas musicais (três agitadas e uma romântica). Esse material segue para as rádios e para "aparelhos", grupos que produzem shows. As músicas requisitadas pela audiência das emissoras são compiladas por camelôs e vendidas nas ruas. Um CD custa R$4, um DVD, R$10. O camelô indiretamente participa da divulgação. Ele é o termômetro. As bandas que vendem bem são convidadas pelos "aparelhos" a fazer apresentações, e daí vem o dinheiro para os músicos. Segundo apurou a pesquisa coordenada pela Fundação Getúlio Vargas do Rio de Janeiro, o Tecnobrega movimenta cerca de R$2 milhões por mês com a venda de CDs e DVDs. Só em Belém esse mercado é formado por 73 bandas, 273 aparelhagens e 259 vendedores que trabalham nas ruas da cidade.

O cinema nigeriano está entre os modelos de *open business* também analisados pela FGV. Voltada totalmente para o mercado de DVDs, a Nigéria tornou-se o principal produtor de longas do mundo, com cerca de 1.200 filmes por ano – Hollywood faz a metade disso. Os filmes, que custam entre US$30 mil e US$100 mil, são vendidos em DVDs nas ruas por US$3. É a segunda fonte de empregos do país, atrás apenas da agricultura.

Esses casos indicam caminhos possíveis para o mercado afetado pelos desafios da internet se reinventar. Mas problemas relacionados a segurança individual e privacidade não são fáceis de se resolver.

Segurança *versus* liberdade

A rede às vezes parece ser a versão moderna da famosa Caixa de Pandora – metáfora grega do efeito colateral do desenvolvimento técnico e científico – que ao ser aberta, libertou crime, cobiça, vício, ódio, insanidade e mentira. Há ainda um agravante: na medida em que crianças e jovens aprendem mais rapidamente sobre como usar o computador e navegar pela internet, os adultos têm problemas para monitorar o acesso de seus filhos a sites com conteúdo perigoso. Uma série de atividades ilegais está ao alcance de menores, como instruções para a construção de bombas caseiras e armas de todos os tipos, softwares para a distribuição fácil e anônima de material preconceituoso, pornográfico ou protegido por direitos autorais, além de expor os usuários ao assédio de pessoas desconhecidas – eventualmente mal-intencionadas.

Um dos temas que mais rende notícias negativas em relação ao uso da internet é a pedofilia. A comunicação via computador, que há duas décadas apareceu como um espaço protegido para esse grupo trocar fotos, se transformou hoje na plataforma de interação de uma comunidade complexa e diversificada que usa o mundo virtual para promover seus interesses no mundo real. Como a sociedade civil analisa e discute esse fenômeno de fora, não percebe o aparecimento de novos riscos para as crianças. Por esse motivo um jornalista do *The New York Times* se infiltrou durante quatro meses na infra-estrutura elaborada e bastante ativa, constituída por salas de chat, murais, rádios online e sites voltados para adultos atraídos sexualmente por meninos e meninas.[4]

De acordo com a matéria, a existência dessas comunidades leva os pedófilos a dissolverem as barreiras sociais e aceitarem como natural e lícito ter relações sexuais com menores. Se a sociedade enxerga a pedofilia como uma debilidade de caráter ou uma doença mental, a convivência em rede fez com que esses indivíduos constituíssem uma identidade nova. Eles se vêem como representantes de um movimento de vanguarda contra a hipocrisia de um sistema que se impõe violentamente para castrar o desejo e a liberdade das crianças. Segundo declarou um pedófilo de 34 anos em seu julgamento: "A única razão para eu ser acusado de estupro é o fato de ninguém acreditar que uma criança possa consentir com o ato sexual. Minha missão é levar esses casos para fora das cortes de justiça."[5]

Para os pedófilos, sua causa está alinhada com outros movimentos como a luta contra o racismo na década de 1960 nos Estados Unidos. Da mesma maneira como a discriminação racial já teve a anuência do poder público, eles entendem que o Estado não tem direito de regular a vontade de uma criança de fazer sexo com quem quiser. Essa justificativa estimula discussões e trocas de dicas a respeito de como se aproximar de menores conseguindo empregos em acampamentos de verão ou atuando como DJs em festas para adolescentes. Alguns deles vão além: adotam crianças como pais solteiros, casam-se com mulheres que tenham filhos pequenos ou investem em carreiras que possibilitem o contato contínuo com a infância, como professores, enfermeiros ou pediatras. E apesar dos resultados do movimento até agora serem pequenos, a comunidade celebrou em maio de 2006 a fundação na Holanda de um partido político que defende a pedofilia.

Não são apenas as crianças que estão expostas aos perigos das redes virtuais. Na Europa, desde 2005, vem se disseminando uma variação do *bullying*, conhecida como *happy slapping*. Participantes de gangues registram em vídeo e depois difundem pela internet ataques violentos a outras pessoas. O material lembra o humor cruel das pegadinhas televisivas. Imagine, por exemplo, que você está andando na rua e do nada recebe um encontrão de um desconhecido, cai no chão, as suas coisas se espalham pela rua e pela calçada e, sem que você saiba, a câmera registra de longe a sua expressão de desamparo e frustração. Mas a violência do *happy slapping* divulgada em vídeos por sites como o YouTube, além desses ataques "inocentes", inclui estupros e assassinatos.

Além da simbologia – talvez como o *graffiti* – de contestar a ordem e desafiar o poder instituído cometendo ações que a sociedade classifica como vandalismo, o *happy slapping* tornou-se recurso nos tribunais de justiça. Os advogados dos acusados – alguns são líderes de grupos criminosos ligados ao tráfico de drogas – defendem que os atos, por terem sido gravados em vídeo, sejam qualificados como "brincadeira de mau-gosto" e não como crime.[6]

Em todo o planeta as democracias vêm enfrentando situações em que segurança e liberdade se colocam como direitos contraditórios. Notícias como essas nos levam a questionar se, apesar das vantagens, há sentido em manter aberto um canal de comunicação como a internet, cuja existência descentralizada dificulta a ação dos poderes instituídos. Mas para o bem ou para o mal, o fato é que a internet não pode ser facilmente desligada.

Orkut, YouTube e a Justiça brasileira

No Brasil, um vídeo amador registrando uma suposta cena de sexo entre a modelo Daniella Cicarelli e seu namorado na praia se tornou um fenômeno de audiência no YouTube. A imprensa passou a acompanhar o caso e quanto mais os advogados do casal tentavam tirar as imagens do ar, mais o arquivo se multiplicava pela rede. Diante da incapacidade do YouTube de evitar a propagação das imagens, a Justiça de São Paulo ordenou que o site fosse tirado do ar no Brasil. Mas na prática essas decisões do poder público são impossíveis de se realizar.

Como reconheceu o procurador do Ministério Público Federal, Sérgio Suiama, para que as sentenças fossem cumpridas a Justiça teria que intimar todos os milhares de provedores do país.[7] Apesar disso, as operadoras Brasil Telecom e Telefônica acataram a determinação da Justiça impedindo que 3 milhões de usuários acessassem o site.[8] Em um dia, 50% das 185 comunidades no Orkut relacionadas ao tema já explicavam passo a passo o que fazer para ter o YouTube de volta.[9] Além disso, internautas publicaram páginas defendendo boicotes ao programa apresentado pela modelo e também aos produtos que ela anuncia.[10] Alegavam que o YouTube é "muito mais que o vídeo da Cicarelli" e que o objetivo da campanha é "defender o Brasil sem censura".[11]

Não foi a primeira vez que a administração pública e a Justiça tentaram controlar a internet no Brasil sem obter sucesso. Em 2005, uma comunidade fundada no Orkut denominada "Anti-heróis" publicou a foto de uma criança negra de 13 anos sem o consentimento dela e convidou os visitantes virtuais a "despejarem sua fúria neste pobre e inocente menino negro. Clique nele e se vingue".[12]

Em meados de 2006, denúncias de racismo, promoção do nazismo, pornografia infantil, tráfico de drogas e até venda de medicamentos proibidos levaram o Ministério Público Federal a exigir que a Google Inc. abrisse o sigilo dos dados de pessoas envolvidas em algumas comunidades do Orkut.

Apesar de ter manifestado disposição para cooperar com a Justiça brasileira e dito que implementou mecanismos para evitar a postagem de conteúdo ofensivo em seu serviço, o Google, que é a empresa proprietária do Orkut, defende o direito de proteger a privacidade de seus usuários.[13]

A ação está tramitando na Justiça, mas como cobrar legalmente que a representação brasileira do Orkut identifique os responsáveis pela publicação desse conteúdo quando esses dados estão armazenados em servidores localizados nos Estados Unidos? Não deveria a Google Inc. responder pela violação da lei? Nesse caso, como equacionar a diferença entre a primeira emenda à Constituição norte-americana, que garante a liberdade de expressão (inclusive para a manifestação de opiniões racistas), e a lei brasileira, em que a incitação ao racismo pode ser punida com até cinco anos de prisão e pagamento de multa? E pensando pragmaticamente: o governo brasileiro pretende pagar as despesas pela condução de investigações internacionais sempre que uma situação como essa acontecer?

Apesar de parecer que a Google Inc. tem o controle da situação, ela também está pagando um preço pela ferramenta ter se tornado uma febre no Brasil.

A invasão brasileira ao Orkut

"Orkut, a aposta em networking social do Google, transformou-se inexplicavelmente em um ponto de encontro para adolescentes brasileiros." A frase está na matéria de capa da revista *Wired* de agosto de 2006 e ilustra a percepção e a relevância do fenômeno Orkut pelo ângulo dos norte-americanos.

Ao lançar a ferramenta no início de 2004, a Google Inc. pretendia competir com Friendster e MySpace pela preferência dos cerca de 287 milhões de internautas falantes da língua inglesa e também pelos cerca de 200 milhões de pessoas que usam o inglês como segundo idioma no mundo. Mas o fato do Orkut ter sido colonizado por falantes do português tornou o site desinteressante para a comunidade internacional. Maior *case* da internet no Brasil, o sucesso da ferramenta aqui restringiu seu crescimento – em abril de 2007, o site tinha 49 milhões de usuários registrados contra aproximadamente 110 milhões do MySpace.

Uma pesquisa pelas palavras "Orkut" e "Brazil" no buscador Google lista 1,21 milhão de páginas em inglês com conteúdo relacionando esses dois temas. Um dos links mais bem posicionados no ranking de resultados leva ao artigo sobre o Orkut na Wikipedia em inglês. O texto resume o histórico do projeto e suas características de funcionamento para em seguida apresentar nove tópicos controversos associados à ferramenta. A popularidade entre brasileiros é o segundo item da relação que inclui a utilização da ferramenta para o envio de *spam*, a proliferação de usuários com identidades falsas e a utilização da infra-estrutura do site para reunir grupos radicais – incluindo supostos apoiadores da rede terrorista Al-Qaeda. O verbete ainda indica os processos jurídicos movidos na Índia e no Brasil contra o Google em função de problemas gerados no Orkut.

O *The New York Times* publicou em abril de 2006 um artigo destacando os efeitos colaterais da ferramenta. "O sucesso do Orkut o tornou um veículo popular para ... pedófilos, racistas e grupos anti-semitas."[14] O jornalista também registra a falta de uma justificativa para a popularidade do site aqui.

> Ninguém sabe ao certo por que o Orkut pegou entre brasileiros e não entre norte-americanos, mas o fato dele ser uma rede fechada para convidados talvez explique o motivo de sua explosão no Brasil. Em uma entrevista concedida em 2005 para o jornal *Folha de São Paulo*, o [criador da ferramenta] sr. Buyukkokten disse que deveria ser porque os brasileiros são "um povo amigável", e quem sabe porque alguns de seus amigos, entre os primeiros que se registraram na rede, tivessem amigos brasileiros.[15]

A "invasão" brasileira não apenas anulou (ou retardou) a estratégia do Google no campo valorizado das soluções de networking social como vem causando embaraço para a empresa que hoje disputa com a Microsoft o posto de líder da chamada "nova economia".

À prova de mísseis, ditadores e de advogados

A infra-estrutura da rede surgiu como um projeto do Departamento de Defesa dos Estados Unidos nos anos 1960, no contexto da Guerra Fria, para permitir que pesquisadores militares e acadêmicos continuassem a trabalhar para o governo mesmo no caso de uma parte da rede ser desativada por um ataque com mísseis. Ela gradualmente interligou universidades, entidades governamentais e corporações, sendo que todos compartilhavam os custos técnicos de manutenção do sistema.

Para assimilar uma explosão nuclear e continuar funcionando, a infra-estrutura da Web foi construída sem um comando central. Isso significa que ninguém é dono dela, ninguém tem o poder de colocar outro para fora indefinidamente. Não existe um botão para ser desligada. E mais: a descentralização das informações permite que a internet não só fure bloqueios e evite a censura como também se auto-repare.

Casos de países como China, Coréia do Norte e Arábia Saudita tornam aparente, muito mais do que no Brasil, o antagonismo entre governos autoritários e a internet. Segundo a Wikipedia, na China, apesar das mais de 60 regulamentações governamentais e de sistemas de censura, a "Grande Muralha Eletrônica" (*the Great Firewall of China*) é majoritariamente ineficaz para evitar o fluxo de informação. Quem não tem acesso a servidores fora do território chinês pode usar softwares como o Psiphon, desenvolvido pelo Citizen Lab da Universidade de Toronto, que estabelece canais de conexão a partir de redes de networking. Pessoas fora do país tornam-se intermediárias para que seus amigos e os amigos deles acessem sites proibidos como a Wikipedia e o Google.

Nem os Estados Unidos, o país onde está localizada a maior parte da infra-estrutura para o funcionamento da internet, consegue domar a rede. Meses depois dos ataques do 11 de Setembro, o presidente Bush autorizou a Agência Nacional de Segurança (NSA) a usar extra-oficialmente um sistema de computação poderoso chamado Echelon para monitorar centenas de milhares de ligações telefônicas e e-mails enviados dentro do país. Mas esse serviço de espionagem interno e a própria hierarquia militar não conseguiram evitar, por exemplo, que soldados norte-americanos transmitissem anonimamente denúncias de que agentes da CIA e militares torturaram e humilharam presos iraquianos nos primeiros meses da ocupação do país. Restou ao governo, por meio do porta-voz do Pentágono Lawrence DiRita, chamar as evidências de "um monte de porcaria" e uma "tapeçaria de besteiras" e tachar veículos como o *The New York Times* de "traidores" por terem noticiado o caso e defendido a retirada das tropas norte-americanas do Iraque.[16]

Liberdade e responsabilidade

Durante os anos em que coordenei o canal Eventos da StarMedia, os chats moderados de maior sucesso e repercussão positiva tratavam de assuntos que a mídia convencional não conseguia processar eficientemente. Todas as semanas, colocávamos no ar dezenas de celebridades e especialistas para conversar diretamente com o público interessado. Destacavam-se os eventos com o advogado especialista em imigração e com o sexólogo.

O advogado atendeu gratuitamente a milhares de latino-americanos interessados em entrar nos Estados Unidos, como turistas, estudantes ou profissionais. Mas o público mais assíduo desse bate-papo era o de imigrantes vivendo ilegalmente no país, e que tinha a oportunidade de discutir maneiras para regularizar sua situação sem se sentirem ameaçados. A pessoa que antes ficava limitada pela língua, pelo tempo e pelo espaço físico para contratar um profissional, ganhava outra perspectiva de ação pelo chat. Podia se informar em sua própria língua – no caso, o espanhol – e compartilhar experiências práticas com pessoas que viviam em situação parecida. E o advogado convidado não cobrava cachê para participar. Uma hora por semana respondendo convincentemente a perguntas de todos os tipos dava a ele a oportunidade de ganhar a confiança de clientes em potencial, tanto entre os que já estavam nos Estados Unidos como a dos que precisavam de ajuda para entrar no país.

Observávamos outro exemplo dos benefícios da comunicação em rede acontecendo às sextas-feiras, às oito da noite, no auditório de eventos da StarMedia, nos chats moderados com o médico sexólogo argentino León Guindin. O mesmo atrativo que os sites pornográficos exercem serviam para levar centenas de pessoas semanalmente ao evento. Mas elas estavam ali para trocar experiências e aprender revelando com honestidade – muito em função da possibilidade de estarem falando anonimamente – suas fantasias, problemas, dificuldades e medos relacionados ao sexo.

Quantos homens e mulheres em pleno século XXI ainda deixam de ir ao médico por vergonha, por considerar seus casos aberrantes ou para não serem discriminados por seu grupo social? A epidemia de aids que está bastante controlada entre homossexuais, em função da consciência adquirida por esse segmento da população, agora se propaga entre mulheres contaminadas pelos maridos que têm outros amantes, do sexo oposto ou do mesmo sexo. Esse exemplo drástico serve de referência para ilustrar a sensação positiva que esse chat provocava na nossa equipe, por propiciar um espaço protegido para falar sobre questões comuns da saúde física e emocional, como contracepção, masturbação, frigidez, traumas relacionados a estupro e aborto, promiscuidade, aids, uso de preservativos, homossexualidade, fantasias e ejaculação precoce. E qual a infra-estrutura necessária para que isso acontecesse? O especialista, uma sala de chat moderada e dois administradores para filtrar a participação dos internautas, sendo que cada pessoa poderia se conectar de onde estivesse, de qualquer parte do mundo com acesso à rede. O evento durava uma hora por semana e tínhamos freqüentemente mais de 200 usuários simultâneos, que estavam ali por vontade própria e disposição para participar.

Se por um lado a internet tornou-se um espaço difícil de ser controlado, e por isso convidativo para atividades questionáveis, por outro, ela oferece acesso a um fórum diferenciado, que é ao mesmo tempo público e anônimo, para quem quiser aproveitá-lo manifestando suas verdades íntimas sem medo de ser condenado. Ao mesmo tempo em que pedófilos – ou pessoas de qualquer outra tribo – ganham um espaço para conversarem uns com os outros, também se submetem a negociar suas opiniões com quem estiver interessado em ouvir e argumentar.

Cenas dos próximos capítulos

Na contramão do processo de abertura das oportunidades de comunicação proporcionadas pela internet, no Brasil, o lobby dos bancos defende que o seu computador pessoal se torne um caixa eletrônico.[17] Em meados de 2006, a Federação Brasileira de Bancos (Febraban) pressionou o Senado para aprovar um projeto-de-lei que obrigaria a identificação dos usuários da internet antes de iniciarem qualquer operação que envolvesse interatividade.[18] A proposta, que visa combater cibercrimes, voltou ao Congresso no primeiro semestre de 2007. Para garantir que a rede seja um espaço seguro e protegido para as instituições financeiras, o projeto de lei revisado obriga provedores de acesso a denunciar conduta ilegal de seus usuários e permite que "profissionais habilitados" ou empresas privadas de segurança de informação interceptem dados ou invadam redes em "legítima defesa".[19]

O projeto de lei exige que os provedores comuniquem à polícia qualquer suspeita de ocorrências entre as mais de 600 condutas tipificadas como crimes, inclusive sujeita ao enquadramento por desrespeito de direito autoral de usuários que baixam música.[20] Já os profissionais que agirem em "defesa digital" ficariam imunes à pena de até quatro anos de prisão prevista a quem acessa dados de terceiros sem autorização. Segundo o presidente da

ONG Safernet (Central Nacional de Denúncias de Crimes Cibernéticos), Thiago Tavares, se o projeto virar lei, indivíduos e empresas poderiam ter suas redes invadidas por espiões, agindo na suposta legítima defesa.[21]

Frente a esse cenário, no último Capítulo do livro compararemos as idéias do professor de Direito da Universidade Yale, Yochai Benkler, com as do tecnoutopista Kevin Kelly. Benkler advoga que em vez de pensar em sanar "problemas" como a criminalidade online delegando seu poder de intervenção a um representante político, a um agente do mercado ou a qualquer outra organização, a internet desafia cada indivíduo a assumir sua porção de responsabilidade pelo canal de comunicação da sociedade consigo mesma. Para ele, a internet é apenas temporariamente indestrutível e se não for defendida pelos indivíduos, em 20 anos terá sido "domesticada" pelos governos e pelos grupos de poder da sociedade, da mesma forma como aconteceu com mídias igualmente descentralizadas e baratas como o rádio. Para Kelly, nada disso é relevante. Questões como cibercrimes e perda de privacidade escondem a questão principal, que é a emergência da primeira experiência de sucesso no campo da inteligência artificial na história da humanidade.

18. Internet – destino ou desafio?

A trilogia *The Matrix* descreve um futuro onde o nosso mundo é na verdade uma ilusão produzida por máquinas sensoriais para pacificar, subjugar e se aproveitar da população humana como fonte de energia, cultivando pessoas artificialmente e ligando-as ao Matrix com implantes cibernéticos. Aqueles que conseguem se desconectar se deparam com um mundo pós-holocausto nuclear decorrente da guerra entre homens e máquinas. Derrotados, os humanos sobreviventes se esconderam nos subterrâneos do planeta. Em uma das cenas do primeiro filme, o personagem Cypher, arrependido pela escolha de viver a "realidade real", decide trair o movimento rebelde fazendo um pacto com as máquinas em troca de ter sua memória apagada e ser reconectado ao sistema. E justifica sua escolha durante uma refeição virtual: "Eu sei que este bife não existe. Eu sei que quando eu o coloco na minha boca, o Matrix está dizendo ao meu cérebro que ele é suculento e delicioso. Sabe o que eu aprendi depois de nove anos? Ignorância é felicidade."

No livro *Out of Control*, publicado em 1994 e uma das fontes de inspiração dos criadores do *The Matrix*, o futuro não será o palco de um confronto entre máquinas e seres humanos, mas o lugar onde desaparecerão as diferenças entre natural e artificial. Uma espécie de acasalamento produzirá uma forma de vida nova e superior às estruturas orgânicas de carbono que conhecemos hoje. Kevin Kelly, autor do livro e guru da cultura digital, especula que

> quando a união do nascido e do fabricado estiver concluída, nossas criações vão aprender, se adaptar, se consertar e evoluir. Esse é um poder que nós dificilmente sonhamos até agora. … Entretanto, na medida em que libertamos

> as forças vivas para dentro das nossas criaturas mecânicas, nós perdemos o controle sobre elas. Elas se "desdomesticarão"... Esse, então, é o dilema que todos os deuses devem aceitar: que eles não terão mais soberania completa sobre suas melhores criações. O mundo do fabricado será em breve o mundo do nascido: autônomo, adaptável e criativo mas, conseqüentemente, fora do controle. Eu acho que essa é uma grande barganha.[1]

Em 2005, Kelly escreveu um artigo para a *Wired*, revista que ajudou a fundar, refletindo sobre a primeira década da internet comercial. Ele cita que, em 2004, o projeto *Pew Internet & American Life* entrevistou mais de 1.200 profissionais para saber como eles imaginavam a internet nos próximos dez anos. Dois terços concordaram que "na medida em que dispositivos computadorizados aparecem embutidos em todas as coisas, de roupas a ferramentas, de carros a telefones, esses equipamentos tornarão possível uma melhor vigilância por parte de governos e negócios".[2] Um terço apostou no crescimento exponencial da capacidade de networking das pessoas.

Mas para Kelly, essas previsões óbvias escondem o principal, que é a emergência da primeira experiência de sucesso no campo da inteligência artificial. A rede, ele acredita, está se tornando o sistema operacional de uma máquina gigantesca interconectando todos os serviços, chips periféricos e instrumentos associados a ela em operação, de scanners a satélites.

Segundo ele, hoje essa máquina vive em estado fetal. É a invenção mais estável que existe – está continuamente ligada há pelo menos dez anos, independente de quedas de força ou infecções virais – e tem 200 terabytes* de RAM, resultantes do processamento distribuído de um bilhão de PCs ativos, sendo capaz de administrar a cada segundo um milhão de e-mails e a mesma quantidade de buscas, entre outras operações.

> Esse computador de dimensão planetária é comparável em complexidade ao cérebro humano. Ambos, cérebro e rede, têm centenas de bilhões de neurônios (ou páginas Web). De cada neurônio biológico brotam ligações

---

* Um terabyte é uma unidade de medida para capacidade de registro de dados. Equivale a aproximadamente mil gigabytes ou um trilhão de bytes.

> sinápticas para milhares de outros neurônios, enquanto a página Web se ramifica em dúzias de hiperlinks. O cérebro humano tem aproximadamente cem vezes esse tamanho – mas cérebros não estão dobrando em tamanho a cada poucos anos. A máquina está.[3]

O fenômeno chamado "emergência" fundamenta essa visão tecno-utópica de Kelly. Como definiu Steven Johnson, outro autor que escreve sobre o assunto, a emergência é o que acontece quando o todo é mais inteligente do que a soma das partes. De alguma maneira, dentro de um sistema composto por frações com inteligência relativamente simples, a interação entre esses componentes faz surgir (emergir) de baixo para cima, sem o auxílio de uma coordenação central, uma estrutura ou inteligência de nível superior.[4]

Nas últimas centenas de milhares de anos, os seres humanos aprenderam a governar e construir coisas delegando o poder de decisão a uma pessoa ou a um grupo de indivíduos. E projetamos no mundo essa idéia, de que por trás de tudo – da criação do universo, da evolução da vida e do pensamento – existe um controle central. Mas não é isso o que os cientistas vêm observando, por exemplo, nos formigueiros, onde

> nenhum inseto dá ordens a outro ou o instrui a fazer coisas de uma determinada maneira. Nenhum indivíduo tem conhecimento do que deve ser feito para levar a cabo qualquer tarefa da colônia. ... Cada formiga abre seu caminho arranhando e picando através do minúsculo mundo de sua vizinhança imediata. As formigas se encontram, se separam, vão cuidar de seus afazeres. De certa maneira, esses pequenos eventos criam um padrão que engendra o comportamento coordenado das colônias.[5]

O mesmo parece valer para outros sistemas complexos como cidades, mercados e a própria consciência gerada a partir de impulsos elétricos atravessando emaranhados de neurônios.

Da mesma maneira como o cérebro é autoprogramável – os neurônios se programam pelo uso –, para Kevin Kelly nós estamos ensinando a máquina quando navegamos pela rede. Ao associar uma palavra a outra, uma palavra a uma imagem ou páginas entre si, sugerimos relações de significado. Assim, vamos nos tornando cada vez mais dependentes dessa máquina do que se pode perceber, até o ponto em que ela se tornará nossa memória e nossa identidade. "Em dez anos, o sistema conterá centenas de milhões de milhas de fibras óticas neurais ... [e] Nós vamos viver dentro dessa coisa. ... Em 2015, muitas pessoas, quando estiverem desplugadas da máquina, não se sentirão as mesmas – como se eles tivessem passado por uma lobotomia."[6]

A imagem que esse prognóstico sugere é a de um Matrix onde as pessoas nascem espontaneamente plugadas à rede; não são escravas mas também não são livres. Sua condição de indivíduo deixa de existir ou pelo menos de ser relevante, da mesma maneira como as células do nosso corpo se constituem em seres individuais que abdicam de sua autonomia em nome da sobrevivência coletiva em um novo estágio evolutivo.

Kelly vê com otimismo a perspectiva de perda de controle da humanidade em relação ao que somos e a como vivemos – o preço a pagar é uma "grande barganha" para se atingir um poder para além do que imaginamos existir hoje. Acreditando em suas previsões, até podemos vislumbrar o que está por vir – o surgimento de um novo tipo de organismo resultante da união simbiótica entre seres de carbono e máquinas –, mas não nos cabe aceitar ou rejeitar esse futuro. Como indica o estudo do caos e da complexidade na física, as partes de um sistema emergente não optam por formar uma estrutura superior, elas reagem em nível local umas com as outras e quando o conjunto atinge um determinado grau de saturação, o sistema muda de fase.[7] Trata-se de um movimento irreversível para a humanidade e que, no entanto, resultará em saldo positivo. Mas fica para o leitor interpretar se o beneficiado pela barganha será o ser humano, o planeta ou se essas partes deixarão de fazer sentido a partir do surgimento dessa nova criatura.

Yochai Benkler, professor de Direito da Universidade Yale, percebe o futuro de maneira diferente. Como Kelly, ele acredita na perspectiva de perdermos o controle para um organismo social emergente, mas isso seria essencialmente ruim para o ser humano e a rede representa a possibilidade da sociedade resistir e se impor a essa ameaça.

Os parágrafos a seguir sintetizam as idéias de Benkler publicadas na introdução de *The Wealth of Networks*[8], lançado em 2006 e que para Lawrence Lessig – fundador do movimento "Creative Commons" e do Centro para internet e Sociedade da Universidade Stanford – é o trabalho que "mais ... convincentemente construiu a argumentação para uma mudança ... em como nós entendemos a economia da sociedade". O título faz referência à obra-prima do economista escocês Adam Smith, *A riqueza das nações*, considerado o primeiro tratado moderno no campo da economia e a primeira defesa abrangente das políticas de mercado livre.

Dialogando com Smith, Benkler argumenta que a internet desafia o modelo produtivo industrial surgido com o liberalismo por estimular a formação de uma economia baseada na cooperação e no compartilhamento de informação e conhecimento, onde o dinheiro deixa de ser o único impulsionador de relações produtivas em grande escala. Mas ao permitir que cada um se expresse, busque informações e se articule com maior independência, a rede subverte o poder das corporações que vendem entretenimento e mediam a comunicação pública. As forças do mercado não aceitarão pacificamente esse movimento de descentralização econômica e, para preservar privilégios, estão agindo com o consentimento dos governos contra os interesses da sociedade em relação à defesa da justiça e da liberdade.

Benkler abre seu livro falando sobre a oportunidade histórica que temos nos próximos dez anos de transformar para melhor a vida no planeta. Ele parte dos seguintes pressupostos:

1. A maneira como cultura e conhecimento são produzidos e trocados afeta o modo como a sociedade vê o mundo, como ele é e como poderia ser, e também quem no momento decide sobre estas questões e como a sociedade e o governo percebem o que pode ser feito a esse respeito.
2. Por 150 anos, as democracias complexas modernas, para existir, dependeram da indústria para produzir e fazer circular informação e conhecimento. Mas nos últimos 15 anos, mudanças tecnológicas aumentaram a participação da produção não-proprietária e não-comercial, permitindo que as pessoas assumissem papéis mais ativos do que era possível no modelo industrial. A nova condição do indivíduo pode ser uma plataforma para cultivar uma cultura mais críti-

ca e auto-reflexiva, aprofundar a participação democrática e trazer melhoras no desenvolvimento humano em nível mundial. Mas isso dependerá da superação de um desafio.

3. O crescimento da força de produção e de circulação da informação e da cultura, pelo indivíduo e de maneira colaborativa, fora da economia de mercado, ameaça aqueles que se beneficiam com a economia informacional* de caráter industrial. Nos próximos dez anos um desses modelos prevalecerá e isso determinará a maneira como circulará a informação e como cada indivíduo participará dos processos de mudança na sociedade.

Benkler constrói sua argumentação a partir da distinção do ponto de vista econômico entre produtos "rivais" e "não-rivais". Sementes, cimento, madeira, animais e outros objetos existem no mundo em quantidade escassa, o que induz as pessoas neles interessadas à rivalidade por sua posse exclusiva. Já o consumo de produtos não-rivais por uma pessoa não reduz sua quantidade disponível para outros. Um livro pode ser lido várias vezes e por diversas pessoas sem que isso influencie na quantidade de trabalho gasto pelo autor para escrevê-lo. Essa característica justifica que educação, artes, ciências, debate político e teológico sempre tenham estado mais ligados à difusão não-comercial. Mas o desenvolvimento da mídia durante a industrialização fez com que produtos não-rivais viessem a ser tratados como rivais e constituíssem um segmento industrial.

A infra-estrutura de um veículo de comunicação ou de entretenimento reflete no tamanho de sua audiência. O alcance de uma emissora de rádio depende de seus transmissores. A velocidade de funcionamento da gráfica influencia na hora em que o jornal fica pronto e, portanto, em sua vendagem. Informação e cultura também têm uma parcela de mérito pelo sucesso de um produto de mídia e por isso passaram a ser fabricados em escala industrial e tratados como bens escassos. E para limitar sua distribuição, as empresas do setor influenciaram a administração pública a aperfeiçoar instrumentos jurídicos como o direito autoral. Mas o tratamento da cultura e

* Economia baseada na produção e distribuição de informação.

da informação como mercadoria fez com que, para muitas pessoas, a maior parte das oportunidades para realizar coisas valiosas e importantes – como ter notícias e ouvir música – passasse a ser condicionada por requerimentos físicos e interesses comerciais.

Informação, cultura e conhecimento continuaram a ser percebidos pela sociedade como produtos não-rivais e, paralelamente, a expansão do mercado criou condições para que o modelo econômico baseado exclusivamente no comércio fosse desafiado. Para Benkler, a competitividade indiretamente fortaleceu a sociedade ao promover o desenvolvimento de uma economia centrada na produção de informação e cultura e na manipulação de símbolos, levando à transição para um ambiente de comunicação construído a partir de chips baratos com grande capacidade de processamento. Conseqüentemente, ao mesmo tempo em que informação e cultura – na forma de livros, jornais, música, programas de rádio e TV, filmes – circularam em quantidade e velocidade sem precedentes, o barateamento do chip tornou a comunicação uma tecnologia cada vez mais acessível. Essas mudanças permitiram a emergência de um novo estágio da economia da informação, que Benkler chama de "economia informacional em rede", materializada na internet e em outras tecnologias de comunicação entre pares (P2P).

O que caracteriza a economia informacional em rede é que ações individuais descentralizadas – especialmente novas e importantes ações cooperativas e coordenadas realizadas por meio de mecanismos não-comerciais altamente distribuídos e que não dependem de estratégias proprietárias – têm um papel mais importante do que tiveram ou poderiam ter tido na economia informacional industrial. Antes, indivíduos só se comunicavam com multidões por meio de organizações de mercado, filantrópicas ou governamentais. Mas a possibilidade aberta pela tecnologia levou ao surgimento de ações conjugadas onde a ação individual, mesmo inconscientemente como nas consultas ao Google, produz o efeito coordenado de um novo e rico ambiente informacional.

O modo descentralizado que caracteriza o desenvolvimento de programas livres e em código aberto está se expandindo para a produção de notícias, enciclopédias e entretenimento. É difícil perceber essas mudanças porque até pouco tempo, a única referência alternativa à economia de mercado era a comunista. Porém, trata-se de um novo modelo de produção que explica como milhares de programadores sem vínculos formais e interconectados pela rede competem com um gigante estabelecido como a Microsoft no campo de atuação dessa empresa, produzindo um sistema operacional robusto e eficiente como o GNU/Linux. Mostra ainda como em cinco anos, 50 mil autores colaboraram para produzir a Wikipedia, a alternativa mais completa à enciclopédia, e oferecem seu trabalho gratuitamente a quem quiser acessá-lo.

Ao invés de enxergar esses casos como meras curiosidades, Benkler sugere que devemos buscar um modelo analítico amplo partindo da consideração de que existem outras coisas além das compensações materiais que motivam os seres humanos a produzir. Agimos também para nos sentirmos bem psicologicamente e por oportunidades de conexão social (*ver* Capítulo 2).

Agora que a necessidade de investimento material não restringe a participação de aproximadamente 1/6 dos habitantes do planeta na economia informacional, os estímulos para o trabalho criativo e colaborativo, fora do mercado, podem ser melhores do que dentro dele, levando ao aparecimento de um esforço de larga escala para a produção de informação, conhecimento e cultura. E seus resultados, em conseqüência, não são tratados como propriedade exclusiva, estando sujeitos a uma ética de compartilhamento em expansão contínua.

Para Benkler, a propriedade não é fundamentalmente uma coisa ruim.[9] Propriedade e contrato são os elementos constitutivos das sociedades liberais. O controle exclusivo de um recurso permite que as sociedades exerçam transações por meio de mercados, como alternativa à força e às redes sociais. Mas o domínio público é outro componente institucional fundamental para que haja liberdade, permitindo que aconteçam ações fora do nível da troca proprietária. A rua é um elemento público que garante a livre circulação. Cada sistema institucional – constituído por direito de propriedade e domínio público – oferece graus diferentes de liberdade de ação e distribuição de acesso a recursos. Agora que as condições materiais e tecnológicas permitiram a expansão do escopo das ações não-proprietárias, isso deve ser preservado pela defesa de uma infra-estrutura central administrada pelo público e portanto disponível para qualquer pessoa que queira participar do ambiente informacional em rede, fora do sistema proprietário e baseado no mercado.

A mudança de modelo econômico implicará na redistribuição de poder e de dinheiro dos produtores de cultura, informação e comunicação do modelo industrial, para uma população larga e difusa e para os agentes do mercado que construirão e darão manutenção às ferramentas que usarão. Nenhum dos gigantes como os estúdios de Hollywood, as gravadoras, talvez a mídia tradicional e as prestadoras de serviço de telecomunicação irão aceitar essa mudança pacificamente. O que está em jogo é o controle da ecologia institucional do ambiente digital. Os recursos necessários para a produção e troca de informação serão considerados de domínio público, aberto a quem quiser usar e sem dar preferência a ninguém, ou estarão disponíveis apenas para ações bem financiadas dentro do contexto do mercado ou para ações filantrópicas tradicionais organizadas ou conduzidas pelo Estado?

A batalha entre os defensores do modelo industrial e os interessados pela manutenção das oportunidades abertas pela comunicação em rede está sendo travada nos três níveis do ambiente informacional:

1. Hardware e componentes físicos necessários à comunicação. A estrutura do mercado de cabos e conexões está mais concentrada e menos regulamentada, de maneira que os proprietários podem (se quiserem) controlar o fluxo de informação em suas redes. O esforço para sobrepor a concentração de mercado pelo desenvolvimento de redes municipais de ***BROADBAND*** vem sendo contestado na Justiça norte-americana. E Hollywood está pressionando os fabricantes de computadores a incluir componentes para controlar o uso de material protegido por direitos autorais.
2. No nível dos recursos lógicos, Hollywood e a indústria fonográfica querem soluções que garantam que mercadorias culturais digitais continuem sendo vendidos como produtos empacotados. O *Digital Millenium Copyright Act** e os ataques às tecnologias P2P são os exemplos mais óbvios nesse sentido.

---

* Lei norte-americana de direitos autorais que torna crime a produção e disseminação de tecnologia, produtos e serviços utilizados para desativar medidas de controle de acesso a material registrado.

3. No nível dos recursos de cultura, conhecimento e informação, a partir dos quais novos conteúdos devem ser produzidos, a liberdade de ação para indivíduos que desejam produzir informação, conhecimento e cultura está sendo sistematicamente podada para proteger os retornos financeiros exigidos pelos fabricantes da economia informacional industrial.

Até tomar contato com as idéias de Benkler, eu compartilhava – talvez ingenuamente – a perspectiva de Kevin Kelly em relação à irreversibilidade das mudanças ocasionadas pela internet. Se a indústria que empacota informação declarou guerra ao compartilhamento pela rede, a sociedade interconectada tem aliados fortes para defender as oportunidades abertas pelo modelo *open source*.

Entre outros motivos, o debate a respeito de propriedade intelectual emergiu graças à conscientização por parte das indústrias de tecnologia do impacto negativo das restrições à livre circulação de informação pela rede. A colaboração não só não é contra a propriedade como essa nova maneira de produzir tem feito maravilhas pelo mercado.

O sistema operacional Linux é robusto para rodar nos supercomputadores mais poderosos do mundo e ao mesmo tempo ágil e versátil para fazer funcionar telefones celulares. Um relatório intitulado "Tema o pingüim" (o animal é o símbolo do Linux), lançado em 2003 pelo banco de investimento Goldman Sachs, concluía ser questão de tempo para o Linux substituir o Unix como sistema operacional dominante fazendo rodar os maiores *data centers* corporativos do mundo.[10]

Fora esse tipo de motivação mercadológica para manter a rede aberta, eu avaliava que seria uma atitude arriscada para governos ou corporações entrarem em confronto direto com os interesses de eleitores/consumidores. Depois de se experimentar a liberdade proporcionada pelo convívio virtual – por meio de Wikipedia, MSN, Orkut, blogs –, será que aceitaríamos voltar à condição de consumidores dóceis, satisfeitos por controlar apenas o canal de empacotamento de informações, cultura e entretenimento pré-produzidos? Eu diria que não, mas Benkler recupera exemplos de tecnologias que provocaram efeitos democratizantes parecidos com os da internet até serem controladas pela ação corporativa. O rádio teria provocado uma desestabilização no modelo industrial nos 25 anos que passaram entre sua invenção e sua incorporação como instrumento de comunicação de massa. O novo aparelho, sem aplicação definida, transmitia e recebia mensagens de voz para grandes audiências a custo muito inferior ao das outras mídias.

Hoje a regulamentação dos governos domesticou a tecnologia de transmissão de som (e também de imagem, apesar desta depender de mais recursos) por sinais eletromagnéticos, estabelecendo formal e informalmente quem tem direito a se expressar. A mídia disponível ao brasileiro comum, por exemplo, serve para captar mas não para transmitir sinais, porque historicamente as concessões de veículos de informação servem como moeda de troca no jogo político. Apesar de ilegal,

> deputados e senadores concessionários de rádio e televisão têm participado ativamente nos trabalhos da Comissão de Ciência, Tecnologia, Comunicação e Informática (CCTCI), na Câmara dos Deputados, e da Comissão de Educação, no Senado Federal, instâncias decisivas não só na tramitação dos processos de renovação e de homologação das novas concessões, mas também na aprovação de qualquer legislação relativa à radiodifusão.[11]

Benkler acredita que a mesma coisa possa acontecer com a internet.

Para ele, a maneira como as pessoas lidam com informação, conhecimento e cultura, e com produção e consumo, decorre de um sistema de retroalimentação entre práticas sociais, organizações econômicas, disponibilidade tecnológica, e coação formal do comportamento pelas leis e instituições similares. Durante períodos de estabilidade, esses componentes se adaptam dinamicamente uns aos outros, o que dá margem a poucas e pequenas oportunidades de mudar a condição da humanidade. Mas a estabilidade está suscetível a choques. Uma guerra, uma crise econômica, uma mudança judicial ou a introdução de uma tecnologia nova podem produzir uma perturbação que por um período breve possibilita que mais elementos dentro da sociedade sejam renegociados. Benkler considera que estamos em meio a uma transformação tecnológica, econômica e organizacional que nos permite renegociar os termos da liberdade, da justiça e da produtividade na sociedade da informação. E nos pergunta: estamos prontos para viver e administrar um mundo onde as demandas do mercado e do lucro comercial não determinam as escolhas políticas?

Lendo sobre ativismo pela internet (*ver* Capítulo 13) encontrei a seguinte passagem escrita por um pastor unitarista norte-americano:

> Uma das circunstâncias mais extraordinárias ou traços da nossa era, é a energia com que os princípios da combinação, ou de ações por articulação, por associações numerosas, está se manifestando. ... A causa principal é a facilidade imensa para o intercâmbio promovida pelos desenvolvimentos modernos. ... Aquelas pessoas que têm uma grande causa, se encontram umas às outras pelo vasto território do país, se unem, coordenam sua forma de ação, e agem juntos com a uniformidade de um exército disciplinado.[12]

Ele parece se referir ao empoçamento popular produzido pela internet ao descrever as ações de pessoas espalhadas pelo vasto território que se encontram umas às outras para agir como um exército em favor de uma causa comum. Mas o texto é de 1829 e essas "perturbações na ordem", nas palavras de Benkler, decorreram da popularização do acesso ao correio e às gráficas.

As leituras de Kelly e Benkler não são incondicionalmente excludentes, inclusive porque o futuro está aberto à especulação. Uma e outra podem ser sobrepostas levando-se em consideração os cenários possíveis por elas apontados. Se Kelly estiver certo em relação à irreversibilidade do processo de formação de uma sociedade interconectada e completamente dependente da máquina e, ao mesmo tempo, a previsão mais pessimista de Benkler se configurar pela retomada de controle da esfera pública por interesses particulares, estaremos descrevendo algo parecido com o ambiente do romance *1984* de George Orwell. O mundo onde vive a personagem Winston Smith faz paralelo à União Soviética de Stalin e à Alemanha nazista de Hitler por uma lista de características: a subordinação do indivíduo ao "Partido", o favorecimento aos que são filiados a ele, o uso intensivo de propaganda institucional, o culto ao líder, e a presença do "Grande Irmão" (Big Brother) na forma de um veículo de mídia que controla e espiona a vida das pessoas.

Ficção? No dia 22 de novembro de 2006, o Diário Oficial da União noticiou a aprovação da obrigatoriedade da implantação do Sistema Nacional de Identificação Automática de Veículos (Siniav), que será capaz de identificar os 43 milhões de veículos da frota brasileira. Composto por placas eletrônicas que deverão conter as informações referentes ao número da placa do veículo, chassi e código Renavam, o sistema dará condições de implantar ações de combate a roubo e furto de automóveis e cargas, além da administração do controle de tráfego. As informações recebidas por uma antena serão repassadas a uma central de monitoramento do Siniav. Segundo o governo, o chip deverá ter um espaço na memória reservado para uso do governo, com o registro de infrações e multas pendentes, por exemplo. Também haverá a possibilidade de incentivar o uso pela iniciativa privada, por meio de parcerias, para empresas instalarem no chip um sistema de rastreamento para casos de furto. "Para a Associação Nacional dos Fabricantes de Veículos Automotores (Anfavea), a medida é positiva e terá reflexos nas esferas criminal, ambiental e fiscal."[13]

A tecnologia que faz funcionar esse sistema é designada como RFID (*Radio Frequency Identification*), e é composta de uma etiqueta eletrônica com um microchip e uma antena. Detalhe: a fonte de energia é dispensável porque a corrente elétrica induzida na antena por um sinal de rádio gera força para ativar o chip e produzir a resposta. Pense nisso como uma espécie de eco eletromagnético: o aparelho recebe, transforma e retransmite o sinal. Pelo fato de ser barata, pequena e ter um ciclo de vida infinito na medida em que dispensa bateria, essa tecnologia vem recebendo atenção da comunidade científica e de investidores interessados em explorar suas potencialidades.

Quem viaja de carro já deve ter notado a existência de um sistema chamado "Sem Parar" usado em pedágios nas estradas, que dispensa a parada do motorista para ser cobrado. Nos metrôs, os usuários não precisariam mais de cartões magnéticos para passar nas catracas. As lojas de departamento poderiam substituir os preços por código de barra pela etiqueta eletrônica, que permite o armazenamento de um número individualizado do produto – cada objeto teria uma identificação única. As companhias aéreas poderão marcar as bagagens com o RFID. São muitas as aplicações, mas nem todo mundo está feliz com essa invenção.

Durante uma auditoria que aconteceu em 2003 nos Estados Unidos, a senadora Debra Bowen perguntou: "Que tal seria descobrir um dia que a sua roupa íntima vem mandando relatórios sobre os lugares para onde você vai?" Na medida em que o RFID é minúsculo e não pára de funcionar, ele pode ser utilizado para espionagem e outras finalidades criminosas. Pessoas e organizações, principalmente nos países desenvolvidos, vêm combatendo o uso do produto, chamado pejorativamente de *spychip* (chip espião), por colocar em risco a privacidade do consumidor.

No dia 28 de novembro de 2006, praticamente uma semana depois ao anúncio do governo sobre a obrigatoriedade do uso do RFID nos carros, fiz uma busca no Google com as palavras "placa eletrônica" e "privacidade". Na primeira página de resultados, o único link sobre o assunto de um grande veículo de mídia abria uma notícia curta, redigida segundo as normas do jornalismo e com o distanciamento característico, dizendo:

> O sistema que monitora os veículos brasileiros com um chip pode ferir os princípios da liberdade de ir e vir da constitucionalidade, segundo advogados ouvidos pela reportagem do *Estado de São Paulo*. O advogado Ciro Vidal, que já foi diretor do Detran em São Paulo e hoje preside a Comissão de Assuntos e Estudos sobre Direito de Trânsito da Ordem dos Advogados do Brasil (OAB-SP), diz que a obrigatoriedade da instalação da placa eletrônica fere o direito de privacidade do motorista. ... Para ele, o país caminha para a vigilância total sem razão.[14]

Compare essa nota com os textos que apareceram a seguir na lista de resultados do Google, publicados em blogs ou em ambientes colaborativos.

Em 23 de novembro de 2006, o analista de sistemas Daniel Santos publicou em seu blog (http://www.danielsantos.org) o *post* "Big Brother sobre rodas" dizendo: "o governo saber onde o seu carro está – quando excluída a questão de segurança – pode ser sim, uma imensa violação de privacidade. Pode ser impressão da minha parte, mas estou apenas esperando que grupos direcionados a este tipo de debate comecem seus protestos... Ou será que eles não viriam?" Nos comentários do *post* de 22 de novembro de 2006 do blog do articulista da *Veja* Reinaldo Azevedo, um leitor que se identifica como Tovar Dornelles sugere:

> Reinaldo, sem observar alternativas, uso deste espaço para sugerir matéria que me parece de interesse do Blog: o aumento do estado policial brasileiro. ... O Governo, via Denatran/Contran, sob a desculpa de aumentar a segurança pública, avança em largas passadas para implantar o Grande Irmão. Você será, compulsoriamente, vigiado e localizado pelo Estado o tempo todo. Diga-se que por ele e por quem mais, como no caso Francenildo,[15] acesse as informações sigilosas que lhe caberia zelar. Sem dúvida, como as demais coisas de nosso trânsito, mais um negocinho bom para alguns, como as seguradoras no caso específico. Além da arrecadação pública, sem os ônus da oferta de melhorias ou serviço novo. E tem mais, prepare-se não somente para esse novo custo como também para a implantação do "pedágio urbano" ... Não se tem notícia de qualquer contrapartida em seu favor. Apenas irão copiar iniciativas havidas no estrangeiro, esquecendo, por mais uma vez, da implantação prévia das condições para o êxito. Transporte público razoável, por exemplo. ...[16]

Existem muitas áreas cinzentas em relação a como a utilização da tecnologia da informação interfere na privacidade dos indivíduos e quais conseqüências isso pode ter para a sociedade. Em entrevista à *Wired* a equipe responsável pelas ações de internet da News Corp, um dos maiores conglomerados de mídia do planeta, explicaram o motivo da aposta de US$580 milhões na compra do site MySpace, um portal de networking social que ocupa nos Estados Unidos o posto que o Orkut conquistou no Brasil.

De acordo com os números divulgados na matéria, o MySpace levou apenas 18 meses para se tornar o quinto site mais visitados dos Estados Unidos. "Sua plataforma gratuita inclui blog, comunicador instantâneo, área para publicar vídeos caseiros, clips, arquivos de MP3, e qualquer novidade que aparecesse, tudo isso preparado com um caldo de bandas do momento, filmes e outras coisas que adolescentes adoram."[17] Esse ambiente tinha, segundo número divulgados à imprensa, 106 milhões de usuários registrados em setembro de 2006 e uma média de crescimento de 230 mil internautas por dia.[18] O número de páginas vistas superou a marca diária de um bilhão, ficando atrás apenas do Yahoo. Mas o site tem um problema: ele é o pesadelo de qualquer anunciante. Sua principal força – deixar cada usuário decorar seu espaço como quiser – produz uma mistura de aplicativos que piscam, abrem e travam a navegação e as páginas são forradas com conteúdo que viola direitos autorais e patentes. Como fazer esse "Alien" digital dar retorno ao investimento?

Para começar, MySpace é uma solução de geração de conteúdo a custo zero. Mas a principal meta dos executivos da News Corp é tirar proveito da característica da ferramenta de aproximar pessoas e formar redes onde os usuários constituem suas identidades compartilhando entre si informações que incluem, por exemplo, arquivos de música e clipes. Por meio do MySpace, a News Corp se colocará na posição de anfitriã do debate cultural caso encontre uma maneira rápida, barata e segura de acompanhar o boca-a-boca da rede. Com uma audiência dessa magnitude, qual artista ou pessoa interessada em capturar a atenção do público não terá um perfil no MySpace? Assim, a News Corp ganha "o poder de olhar dentro e entender como os *hits* são criados – isso significa observar micronichos, acompanhar novidades desde cedo e identificar palavras-chave quentes que estejam passando pelos comunicadores instantâneos".[19]

A aposta da News Corp no MySpace, assim como os US$1,65 bilhão que custou ao Google para adquirir o YouTube, representam investimentos arriscados. É viável transformar a internet literalmente no Grande Irmão que espiona e manipula as tendências de comportamento? Até que ponto sites de realidade virtual como o Second Life – que vendem a oportunidade de se viver vidas paralelas sendo quem se quer ser e não quem se é – não sugerem de maneira sinistra a idéia do Matrix? Nós existimos para sustentar as máquinas ou elas a nós? Ou já não há diferença entre as duas coisas e a possibilidade de retorno à condição anterior não existe, como sugere Kevin Kelly? Em qual mundo escolheremos viver: no das guerras, corrupção, obesidade, desigualdades e dor, ou no simulacro digital onde não envelhecemos e também não nos tocamos com a pele?

Benkler ou Kelly? Destino ou desafio? Com qual desses projetos de internet você se identifica, considerando que não se trata de uma opção binária mas de uma transição contínua e complexa onde a sociedade seleciona elementos de cada extremo e escolhe onde parar? E até que ponto a condição e a visão do usuário como cidadão de um determinado país pode interferir nessa escolha?

Benkler considera a rede uma ferramenta útil para países em desenvolvimento. Para ele, o modelo econômico industrial, além de estar restringindo o avanço em termos de justiça e liberdade nas sociedades liberais, não conseguiu resolver problemas fundamentais de pobreza e desenvolvimento humano em termos planetários, apesar do enriquecimento mundial. Em muitos lugares a expectativa de vida diminui e o número de analfabetos permanece altíssimo. Parte da responsabilidade por esse fato está em dependermos cada vez mais exclusivamente de modelos de negócio proprietários da economia industrial para prover alguns dos componentes mais básicos do desenvolvimento humano. Já a economia informacional em rede abre caminhos novos ao fornecer acesso livre a instrumentos, como programas para gerar oportunidades econômicas e infra-estruturas de comunicação para a discussão, articulação e coordenação de projetos e ações conjuntas.

Essa perspectiva apresenta vantagens para quem imagina a internet integrada à vida *off-line*. A rede não é a única tecnologia que conecta as pessoas, elas precisam se entender e compartilhar assuntos para que a comunicação aconteça e faça sentido. Da mesma maneira como a Web reduziu o mundo a uma aldeia rompendo limitações de tempo e espaço, também produziu um fenômeno complementar de fortalecimento dos vínculos de quem compartilha o mundo imediato – rua, ambiente escolar, mercado de empregos, oportunidades de negócio, esfera pública, exposição ao perigo e o que mais vivemos diariamente junto com os nossos vizinhos. A "invasão" brasileira ao Orkut demonstra essa outra característica da rede, de aproximar quem já está próximo. Só a proximidade física e cultural pode integrar relacionamentos virtuais e presenciais.

Do universo de mais de um bilhão de pessoas que acessavam a internet em março de 2007, 32 milhões eram brasileiros.[20] É um número aparentemente pequeno em relação à cifra total – cerca de 3% – mas que representa muito em termos de audiência. A *Veja*, considerada a revista de maior circulação no Brasil, declara ter cerca de 3,7 milhões de leitores. Um texto publicado em blog ou uma mensagem de e-mail tem potencialmente um alcance quase dez vezes maior, com a vantagem de que a comunicação online permite que grupos conversem entre si.

Entre os usuários registrados do Orkut, aproximadamente 18 milhões são brasileiros. Um décimo da população do país, principalmente adolescentes e jovens, lá publicaram seus perfis e usam a ferramenta para se comunicar, trocar informações, planejar atividades, promover causas, protestar, encontrar velhos amigos e fazer novos, flertar e saber da vida e dos hábitos uns dos outros. Mas esse não é o único destino dos internautas daqui. O YouTube, a nova menina dos olhos da internet, desponta como o próximo destino preferido dos brasileiros. Uma medição do Ibope/NetRatings indicou que 2,6 milhões dos usuários únicos que acessaram o site de vídeos em julho de 2006 moram no Brasil. O crescimento de 53% em relação a junho fez dessa informação o destaque do relatório de audiência da internet residencial brasileira no fim do semestre. O Brasil assumiu a segunda colocação em proporção de usuários ativos que acessa o YouTube – perdendo apenas para a Espanha – e ocupa a primeira posição em termos de horas navegadas.[21]

Na medida em que 98% da população do país assistem programas pela TV aberta pelo menos uma vez por semana e que a distribuição de canais continua servindo aos interesses de políticos e corporações, "os serviços de compartilhamento de vídeo ... estão criando uma arena eletrônica renovada, onde não existem gargalos artificiais limitando a troca [de conteúdo]. No lugar de canais patrocinados, [o YouTube oferece] milhares de sugestões de programação gerada a partir de um fluxo multidimensional de conteúdo".[22] O curta *Tapa na pantera*, vencedor do prêmio Destaque do Júri do Gramado Cine Vídeo, caiu no YouTube a pedido de amigos dos diretores e virou febre entre os internautas do país. A história cômica de uma "maconheira na terceira idade" às voltas com problemas de memória foi baixada 1,3 milhão de vezes em menos de um mês. Já a denúncia que circulou por e-mail de que Aécio Neves, então candidato à reeleição ao governo de Minas Gerais, havia pedido a demissão de jornalistas que o criticavam, fez com que seu comitê de campanha lançasse no YouTube um vídeo ricamente documentado respondendo às acusações.

De repente, o país já não é tão grande assim. Estudantes e profissionais de todos os campos podem emprestar uns aos outros seu conhecimento e opiniões para discutir problemas comuns, fazer circular suas idéias e influenciar outras pessoas – independente de estímulos do mercado e dependendo apenas de si mesmo, de um computador e de uma conexão. E a expansão da margem de acesso à rede – impulsionada, por exemplo, por projetos como o do laptop de US$100, desenvolvido pelo MIT – e a abertura de espaços apropriados para mediar o debate dentro da sociedade criam condições para que essa experiência de aprendizado e de convívio negociado se multiplique.

Podemos até brincar com a idéia do que seria uma "*enhanced emergency*" para chegar a um cenário oposto ao da distopia orwelliana descrito nas páginas anteriores. Diferente do que acontece na emergência tradicional – que se observa em colônias de insetos sociais, onde a participação do indivíduo não transforma a própria condição –, na "emergência ampliada" a mudança de fase de um sistema induz à transformação do indivíduo. O uso da internet expande radicalmente os horizontes de cada usuário, que progressivamente encontra novos motivos e menos entraves para acessar informação e compartilhar conhecimento. É uma mudança quantitativa e qualitativa. A interlocução e a abundância de fontes conduz à melhor formação de cada participante, que aumenta o nível da troca de experiências. Da mesma maneira, o crescimento do número de usuários barateia o acesso à tecnologia e expande o alcance da rede. É um processo que se retroalimenta amplificando simultaneamente a importância do indivíduo e do conjunto. E como previu Kelly, estaria "fora do controle" dos mecanismos de poder baseados em hierarquias de comando. Junto com instituições formais como governos e empresas, que funcionam de cima para baixo, a sociedade abrirá espaço para a participação de organismos sociais descentralizados, formando a base para a construção de um mundo com muito mais justiça social do que podemos oferecer nesse momento.

Essa é uma visão tão ingênua quanto a outra é assustadora e pessimista. Ambas são produto da mesma capacidade de fantasiar que produziram as idéias de Paraíso e Juízo Final. Mas mais do que análises, elucubrações filosóficas e projeção de tendências, serão as decisões dos indivíduos nesse momento de transição que determinarão a maneira como essa oportunidade aberta pela tecnologia será aproveitada na sociedade.

Considerações finais

Não é apenas YouTube e Orkut que recebem grandes quantidades de internautas do Brasil. Estamos entre os usuários mais assíduos de comunidades e ferramentas colaborativas na Web. O número de brasileiros no Friendster, site concorrente do Orkut, está na casa dos milhões segundo informou a porta-voz da companhia Lisa Kopp. E a agência Reuters apurou que estes somam quase 211 mil dos 453,6 mil usuários da empresa de diários fotográficos Fotolog (www.fotolog.net).[1] O ICQ, comunicador instantâneo mais popular do mundo durante muito tempo, emplacou no Brasil nos primeiros anos da internet comercial e depois cedeu lugar ao MSN, atual software da preferência de jovens e adolescentes – outro *case* nacional, o MSN está posicionado em segundo lugar em termos de audiência e é a única ferramenta a superar o Orkut em tempo de uso.[2] Na Wikipedia os verbetes em português estão entre os dez mais numerosos da ferramenta – em maio de 2007 havia 257 mil artigos contra 231 mil em espanhol, apesar do número de internautas falantes deste idioma ser maior que o dobro dos falantes do português.[3] Isso sem mencionar a utilização disseminada de programas de compartilhamento de arquivos P2P como Kaazaa, SoulSeek e BitTorrent. Mas apesar do contingente de milhares de usuários familiarizados com ações colaborativas, o Brasil ainda não tem um *case* de grande porte nesse campo. As soluções chegam de fora, geralmente com interfaces em inglês, desenvolvidas pensando em usuários com um perfil genérico de atuação na rede.

O Friendster foi lançado em 2002, mas precisou o Orkut aparecer dois anos depois como serviço gratuito para os grandes portais incorporarem às pressas o networking social ao pacote de soluções oferecido aos assinantes. O mesmo havia acontecido algum tempo antes com o blog – os serviços locais surgiram após a novidade chegar, e via de regra usando soluções mais burocráticas. Essa atitude reativa caracteriza o mercado da internet no Brasil em relação às ferramentas sociais. E por que é assim?

Juridicamente, uma empresa que invista em uma plataforma colaborativa fica exposta a ataques da Justiça brasileira. Se dependesse das nossas leis, YouTube e Orkut – justamente os sites que mais deram certo – teriam saído do ar. Outra razão é a crença disseminada de que comunidades virtuais não são bons negócios. Também se argumenta que as empresas em geral, e particularmente as de mídia, resistem em abrir seus canais para a participação de suas audiências, optando por manter o modelo controlado de produção e circulação de informação.

Junto com as barreiras instituicionais, o analfabetismo e o desinteresse da população pela leitura, agravados pelo fato da Web ter chegado ao país com dez anos de atraso, dificultam o aproveitamento da internet como veículo de transformação no Brasil. Ler e escrever são condições básicas para que a comunicação em rede seja aproveitada. Um quarto dos brasileiros são analfabetos funcionais, conseqüência de 300 anos de escravidão e um histórico de descaso pela educação formal.[4] Além disso, muitos profissionais e pessoas que lêem e escrevem ainda não ganharam familiaridade com a tecnologia a ponto de aproveitá-la para além do uso tradicional: enviar e receber e-mail, ler notícias e fazer pesquisas. Este livro é endereçado particularmente a esse último público, apostando que ao descobrir e exercer seu papel de cidadão usando os recursos da internet, a sociedade poderá atacar outros problemas mais profundos do país.

Espero que este trabalho, resultado de alguns anos de observação do funcionamento de comunidades, também ajude segmentos progressistas de empresários, investidores, administradores públicos e de associações em geral a perceber a viabilidade em termos de custo de implementação, manutenção e resultados de plataformas colaborativas. Porém, é preciso ter cuidado com a empolgação. O *frisson* em torno do tema cria o risco de que essa tecnologia seja percebida ou vendida como "a solução universal para todos os problemas". Gostaria que esta coleta de experiências oferecesse critérios para os interessados no assunto avaliarem oportunidades e analisarem criticamente as vantagens do uso de ambientes colaborativos em seus negócios ou campos de atuação.

"Cultivar" comunidades virtuais utilizando ambientes colaborativos é o meu ganha-pão, a minha militância social e o meu objeto de estudo desde 1997. Espero, finalmente, que este livro contribua com a abertura e a promoção desse novo campo de atuação profissional. O interesse natural pelo uso de ferramentas colaborativas pode continuar produzindo atrito entre internautas e o poder público, ou se transformar em oportunidades de trabalho, aprendizado e desenvolvimento social no Brasil. Hoje, os profissionais atuando no mercado – inclusive nas empresas de comunicação – aprendem por si e com seus colegas a desempenhar seu trabalho e dispõem de poucos recursos para projetar softwares novos, mas uma mudança de perspectiva pode levar profissionais brasileiros a formar uma reputação no setor de desenvolvimento de soluções de software social – como acontece na engenharia aeronáutica e em alguns setores do agronegócio – pela incubação de projetos no ambiente favorável a esse tipo de tecnologia. Isso passa pela criação de cursos em nível técnico ou superior e pela distribuição de livros para apoiar a formação de especialistas no design de interfaces e na administração de comunidades e projetos colaborativos.

Desejo que este livro ajude a abrir caminho para a produção e circulação de novos textos a respeito do tema, voltados para a instrumentalização dos usuários e a discussão de casos. Se falar sobre aspectos práticos da colaboração foi o primeiro passo para formalizar uma proposta de curso, isso pede uma continuação que introduza temas como memética, "calda longa", teoria dos jogos, economia da informação, visão tunelar, lei de potência, teoria da informação e teoria dos grupos, que explicam o que levou o ser humano a desenvolver e adotar esse tipo de tecnologia.

Notas

Introdução (p.15-17)

1. L. Grossman. "Time's Person of the Year: You", in *Time*.
2. C. Stoll. "The Internet? Bah!", in *Newsweek*.
3. P. Elmer-Dewitt. "Battle for the Soul of the Internet", in *Time*.

PARTE 1 – TEORIA E TECNOLOGIA

Capítulo 1. De muitos para muitos (p.21-28)

1. C. Allen. "Tracing the Evolution of Social Software", in www.lifewithalacrity.com.
2. V. Bush. "As We May Think", in *The Atlantic Monthly*.
3. D. Englebart. *Augmenting Human Intellect: A Conceptual Framework*.
4. Atualmente se explica que a diferença entre CSCW e *groupware* é que o primeiro se refere ao estudo das ferramentas e técnicas de programas, além de seus efeitos psicológicos, sociais e organizacionais, e o segundo implicaria apenas na infra-estrutura tecnológica.
5. C. Allen. Op.cit.
6. Idem.
7. H. Rheingold. *The Virtual Community: Homesteading on the Electronic Frontier*.
8. E-mail de Clay Shirky para Chris Allen, no *post* "Tracing the Evolution of Social Software".
9. T. O'Reilly. *What is Web 2.0*.

Capítulo 2. Economia da colaboração (p.29-38)

1. P. Kollock. "The Economies of Online Cooperation: Gifts and Public Goods in Cyberspace", in *Communities in Cyberspace*.
2. Idem.
3. J.L.B. da Fonseca. "Vizinhos de antes e de agora".
4. P. Kollock. Op.cit.
5. K. Kelly. "We are the Web", in *Wired*.
6. P. Kollock. Op.cit.

Capítulo 4. Fóruns e listas de discussão (p.46-51)

1. chromatic. "Building Online Communities".

Capítulo 5. Blog e wiki (p.52-61)

1. Segundo a medição de tráfego informada pela empresa Alexa Internet (Alexa.com), a Wikipedia recebeu em 15 de abril de 2007 a visita de pouco mais de 6% de todos os 1,15 bilhão de usuários da internet no mundo.

Capítulo 6. Agregadores de conteúdo, folksonomia e networking social (p.62-74)

1. A utilização desses artifícios se revela, por exemplo, nas chamadas "Googlebombs", resultado da associação intencional de uma ou mais palavras com uma página específica. Até janeiro de 2007 o primeiro item que aparecia após a busca no Google por "*miserable failure*" ("fracasso miserável") era a biografia do presidente George W. Bush no site da Casa Branca. Na mesma época a palavra "*liar*" ("mentiroso") levava ao site do premier britânico Tony Blair. Mas uma modificação no algoritmo de busca reduziu o impacto de muitas dessas bombas virtuais.
2. Em fevereiro de 2007 a padaria Grão Mestre, em Brasília, abriu um espaço para a "liberação" de livros. A divulgação foi feita no cardápio e em dois meses o acervo ultrapassava 500 títulos. Talvez a solução para a criação no Brasil de uma biblioteca livre usando sites como o Bookcrossing passe pelo engajamento do comércio local ou de redes como Frans Café. O proprietário cede uma estante e recebe em retorno um atrativo a mais para sua clientela, sem se preocupar com a manutenção do acervo. O local, inscrito em um site criado para esse propósito, se torna uma referência para quem quiser liberar alguns livros.

Capítulo 7. Algoritmos sociais e automoderação (p.75-82)

1. Kevin Rose, sócio-fundador da empresa, publicado no *Digg the Blog*.

PARTE 2 – PRÁTICA

Capítulo 8. Cultivando comunidades virtuais (p.85-95)

1. chromatic. "Building Online Communities".
2. Idem.
3. Idem.
4. Idem.
5. Idem.

6. Idem.
7. Idem.
8. Idem.
9. Idem.
10. Idem.
11. Idem.
12. Idem.
13. Idem.
14. Idem.
15. Idem.
16. Idem.
17. Idem.
18. M.A. Barbosa de Souza. "Indústria calçadista de Birigui (1958-2001): um caso de aglomeração industrial", in www.abphe.org.br.
19. A. Chassot. In www.leialivro.sp.gov.br.
20. Segundo resumiu Marisa Lajolo, professora titular do Departamento de Teoria Literária da Unicamp: "O Leia Livro é dos raros projetos que dá voz a leitores reais, de carne o osso, que pela palavra falada ou escrita comentam suas leituras. Assim o projeto consegue reproduzir – com auxílio das mídias da contemporaneidade – o 'boca-a-boca' que as histórias da leitura apontam estar na base da formação de comunidades de leitores." Essa informação coincide com os resultados apresentados pela pesquisa do Office of National Statistics do Reino Unido, apresentada em 2002, segundo a qual a recomendação pessoal é a maneira mais eficiente de promoção de livros. Dois em cada cinco adultos decidem ler um livro depois de receber dicas de amigos, contra apenas 6% que declararam comprar livros em decorrência de campanhas publicitárias.

Capítulo 9. Breve introdução à "ciência oculta" da produção de sites (p.96-106)

1. O artigo "Who killed the newspaper?" publicado em 24 de agosto de 2006 na edição impressa da *The Economist*, registra como os veículos de imprensa têm o costume de manter os melhores profissionais para o jornalismo "de verdade", deixando para os inexperientes o trabalho de dar manutenção aos sites.

Capítulo 10. *Cross-mídia* – conectando rádio e internet (p.107-15)

1. P. Auster. *Achei que meu pai fosse Deus*.

Capítulo 11. Sugestões para projetos colaborativos (p.116-19)

1. N. Gainman. *Os filhos de Anansi*.

PARTE 3 – CASOS E DEBATES

Capítulo 13. Causas sociais, ativismo e governança (p.132-45)

1. M. Walch. "A Complaint Box Turns Frustration Into Fun", in *The New York Times*.
2. T. Kuntz. "Word for Word/Internet Complaint Sites; How Come Pizza Hut Doesn't Deliver To My Trailer Park?", in *The New York Times*.
3. R. Balarin. "Dolly publica anúncio nos EUA contra a Coca-Cola", in *Valor Econômico*.
4. L.B. Glickman. "Boycott mania: As business ethics fall, consumer activism rises", in *The Boston Globe*.
5. C. Kimby. "O Potencial da internet como Facilitador do Fortalecimento de Clientes de Serviços de Saúde".
6. "U.S. intelligence unveils spy version of Wikipedia", in site da Reuters.
7. Idem.

Capítulo 14. Negócios em rede (p.146-66)

1. A. Harmon. "Amazon Glitch Unmasks War of Reviewers", in *The New York Times*.
2. B.M. Carney. "Zen and the Art of Classified Advertising", in *The Wall Street Journal*.
3. A.R. Sorkin. "Craigslist Meets the Capitalists", in *The New York Times*.
4. Idem.
5. B.M. Carney. Op.cit.
6. "The rise of the creative consumer", in www.economist.com.
7. F. Werchowsky. "La nueva generación de cazadores de tendencias", in *El Clarín*, http://www.clarin.com/suplementos/economico/2006/01/29/n-00701.htm.
8. S. Draffan. "Tastemaker Q&A: Yvan the Face Hunter", in *WGSN*.
9. J. Bosman. "Hey, Kid, You Want to Buy a Toyota Scion?", in *The New York Times*.
10. J. du Pré Gauntt. "Blood and bytes", in *The Economist*.
11. L. Story. "SuperBowl Glory for Amateurs With Video Cameras", in *The New York Times*.
12. F. Manjoo. "The virtual moneylender", in Salon.com.

Capítulo 15. Existe educação colaborativa? (p.167-85)

1. C. McGrath. "Outsourcing Homework: At $9.95 a Page, You Expected Poetry?", in *The New York Times*.
2. Y. Benkler. *The Wealth of Networks: How Social Production Transforms Markets and Freedom*.
3. U.A. Mejias. "Teaching Social Software with Social Software: A report", in http://ideant.typepad.com.
4. T. Goetz. "Open Source EveryWhere", in *Wired*.

Capítulo 16. Impactos da rede na mídia (p.186-99)

1. "Wikipedia: a enciclopédia aberta da rede", in *Veja*.

2. R.P. de Toledo. "Victor Civita: a história de um empreendedor", in www.abril.com.br.
3. S. Schiff. "Know it all: Can Wikipedia conquer expertise?", in *The New Yorker*.
4. "His Space" por Spencer Reiss, publicado na edição de julho de 2006 da revista *Wired*.
5. Y. Benkler. *The Wealth of Networks: How Social Production Transforms Markets and Freedom*.
6. L.L. Leal Filho. "De Bonner a Homer", in *Carta Capital*.
7. K. Kelly. "We are the web", in *Wired*.
8. Idem.
9. "The Future of Newspapers: Who killed the newspaper?", *The Economist*.
10. Idem.
11. C. Arthur. "What is the 1% rule?", in *The Guardian*.
12. D. Gillmor. *We the Media: Grassroots Journalism by the People, for the People*.
13. J.M. Junior. "Mommy Bloggers Achieve Community and Empowerment in the Lusosphere", in www.globalvoiceonline.org.
14. "The Future of Newspapers: Who Killed the Newspaper?", in *The Economist*.
15. FAQ, pergunta número 2, no site www.gawker.com.
16. Anúncio publicado no Digg The Blog em 7 de março de 2007, http://blog.digg.com/?p=67.
17. L. Lawley. "Thoughts on twitter", in http://many.corante.com.
18. R. Mayfield. "Twitter Tips the Tuna", in http://many.corante.com.
19. A. Lavalle. "Friends Swap Twitters, and Frustration: New Real-Time Messaging Services Overwhelm Some Users With Mundane Updates From Friends", in *The Wall Street Journal*.

Capítulo 17. Efeitos colaterais da sociedade interconectada (p.200-12)

1. Em 1991 o programador finlandês Linus Tovalds lançou pela rede a semente para a construção em código aberto de um novo sistema operacional, o Linux, que já conquistou espaço institucional como uma alternativa eficiente à utilização de programas proprietários como o Windows da Microsoft. Quinze anos depois, em janeiro de 2006, o sueco Rickard Falkvinge, ex-funcionário da Microsoft, publicou uma página na internet propondo a criação de um partido radical, o Partido Pirata, para defender no parlamento do país a liberdade de troca de arquivos. Ele achava que ninguém fosse dar importância àquilo, mas no dia seguinte o assunto foi notícia na mídia nacional e, em seguida, jornalistas de todas as partes do mundo começaram a telefonar para ele. O partido não conseguiu votos suficientes para ter uma representação efetiva no congresso sueco, ainda assim a discussão resultante desses eventos pode servir para se antecipar os lances da disputa entre os defensores dos direitos de propriedade intelectual e os interessados na manutenção do direito à privacidade e à liberdade para a distribuição de informação na rede. Em 31 de maio de 2006, a ação da polícia que apreendeu os servidores de um site ligado à pirataria provocou efeito contrário ao esperado. A acusação de que o governo estava sendo manipulado pelos interesses de Hollywood fez o número de filiados ao Partido Pirata quase dobrar em dois dias, chegando a 3.611 pessoas segundo dados publicados na Wikipedia.
2. Q. Norton. "A Nation Divided Over Piracy", in *Wired News*.
3. T. Ney. "Tecnobrega alia-se a mercado pirata", in *Folha de S.Paulo*.
4. K. Eichenwald. "Dark Corners: On the Web, Pedophiles Extend Their Reach", in *The New York Times*.

5. Idem.
6. P. Sayer. "France bans citizen journalists from reporting violence", in *IDG News Service*.
7. "Vídeo de Cicarelli pode tirar YouTube do ar", in *O Estado de São Paulo*.
8. "Operadoras Bloqueiam YouTube", in *O Estado de São Paulo*, p.C-5.
9. Descrição publicada na rede: "Bom, primeiro vou ensinar a furar o bloqueio sem precisar configurar proxy... Basta acessar: http://www2.youtube.com/. Afinal a decisão judicial dizia claramente que era para bloquear o www.youtube.com, não diz nada sobre o www2.youtube.com. Update: Algumas pessoas conseguem, outras não, depende do provedor. Outra solução é usar o Google Accelerator. Eu recomendo o Google Accelerator em detrimento de outras soluções porque é mais seguro e privativo (afinal, tudo que vc passa por um proxy fica lá arquivado, incluindo senhas de sites) e depois porque tem maior capacidade de suportar carga." Difundido por comunidades do Orkut em janeiro de 2007.
10. "Na web, ameaça de boicote ao programa de apresentadora", in *O Estado de São Paulo*, p.C-5. A página www.boicoteacicarelli.com publicou um vídeo ensinando como modificar a configuração dos aparelhos televisores para retirar da lista de opções o canal da MTV.
11. O site www.boicoteacicarelli.com, com um domínio registrado nos Estados Unidos para evitar atritos com a Justiça brasileira, reuniu uma lista de e-mails dos programas da MTV para os interessados mandarem mensagens se manifestando. O site, alimentado pela participação de usuários que simpatizam com a causa, coletam material de todo tipo, desde informações íntimas sobre Daniella Cicarelli, a lista de produtos que ela anuncia, até críticas aos responsáveis pela decisão de tirar o YouTube do ar: "O que um desembargador entende de internet? Que habilitações acadêmicas na área de informática e/ou conhecimentos técnicos que esse desembargador tem para cagar sentenças sobre o funcionamento da rede no Brasil?"
12. G. Rivlin. "Hate Messages on Google Site Draw Concern", in *The New York Times*.
13. R. Nicaretta. "Google in Brazil May Face Criminal Probe Over Orkut", in Bloomberg.com.
14. S. Kugel. "A Web Site Born in U.S. Finds Fans in Brazil", in *The New York Times*.
15. Idem.
16. D. Remnick. "Nattering Nabobs", in *The New Yorker*.
17. Rodrigo Álvares publicou e cruzou informações sobre o caso no blog Nova Corja (www.insanus.org/novacorja): "Exclusivo: Bradesco financiou Eduardo Azeredo: Banco brasileiro é um dos principais interessados em identificação na internet." No texto do Departamento Intersindical de Assessoria Parlamentar intitulado "As Cabeças do Congresso", de 2003, o senador Eduardo Azeredo (PSDB/MG) é descrito da seguinte forma: "É especialista em tecnologia da informação, tendo sido presidente da Empresa de Processamento de Dados do Estado de Minas Gerais, superintendente da Datamec, da Empresa de Processamento de Dados de Belo Horizonte, além de presidente do Serviço Federal de Processamento de Dados – Serpro." O senador teve o financiamento de R$150 mil para sua campanha de 2002 da Scorpus Tecnologia S.A. Pois bem. Veja o que uma pesquisa de cinco minutos descobre sobre a terceira maior financiadora da campanha de Azeredo em 2002. No documento estratégico "Building an Information Society", de janeiro de 2003, está escrito na página 221 que: "Ao estabelecer links diretos com os provedores de Telecomunicações do Brasil (ao invés de comprar assinaturas de ISPs e distribuí-los entre os clientes do banco, embutindo os custos da assinatura na forma de tarifas mais altas), o Bradesco pôde evitar negociações com intermediários e estruturar o crescimento de uma rede de dados a um custo baixíssimo.

Com sua base de usuários em crescimento, o Bradesco avançou em direção ao comércio online. O Scorpus é o braço eletrônico do banco e desenvolveu estrategicamente uma carteira online. Resumindo: onde ficam os dados de transações online, número de cartão de crédito etc."

18. Segundo matéria publicada em 6.11.2006 pela jornalista Elvira Lobato da *Folha de S.Paulo*: "Principais alvos do cibercrime, os bancos e os administradores de cartões de crédito querem a identificação prévia dos internautas. O diretor de Cartões e Negócios Eletrônicos da Febraban (Federação Brasileira de Bancos), Jair Scalco, diz que não adianta criar leis para punir as fraudes na internet se não houver a identificação obrigatória de todos os internautas. Ele defende que os registros de todas as conexões sejam preservados por pelo menos três anos."
19. F. Madureira e D. Pinheiro. "Projeto de lei quer 'provedor dedo-duro' e permite justiceiros virtuais na web", in UOL Tecnologia.
20. Sandra Carvalho, diretora do Núcleo de Tecnologia da Editora Abril, publicou o *post* "Esqueça a internet, senador" em seu blog: "Se é fraude em banco do crime organizado ou P2P de um adolescente, não importa: delação obrigatória, por lei. O projeto do senador está para ser votado no Congresso. Se for aprovado, muita gente de TI vai ganhar uma estrela de xerife. ... É uma pena que projetos de lei tão necessários como esse, contra o crime digital, comecem, em primeiro lugar, por ameaçar as liberdades mais básicas."

21 E. Lobato. "Senado retoma projeto de controle da web", in *Folha On-line*.

Capítulo 18. Internet – destino ou desafio? (p.213-31)

1. K. Kelly. *Out of Control: The New Biology of Machines, Social Systems and the Economic World*.
2. K. Kelly. "We Are the Web", in *Wired*.
3. Idem.
4. D. Sims e R. Dornfest. "Emergence", entrevista com Steven Johnson, in *O'Reilly Network*.
5. D. Gordon. *Formigas em ação: como se organiza uma sociedade de insetos*.
6. K. Kelly. "We Are the Web", op.cit.
7. J. Gleick. *Caos: a criação de uma nova ciência*.
8. Y. Benkler. *The Wealth of Networks: How Social Production Transforms Markets and Freedom*.
9. Benkler não condena a propriedade de objetos escassos e nem mesmo de objetos não-rivais. Ele aponta, sim, as ineficiências e injustiças em que incorremos ao tornar artificialmente escasso, através de propriedade exclusiva, algo que é inerentemente abundante.
10. G. Rivlin. "Leader of the Free World", in *Wired*. Oracle, IBM, Intel e Sun abraçaram o Linux pela seriedade dos responsáveis pelo desenvolvimento do programa. "Se você é comercial demais," explica o criador do Linux, Linus Torvalds, "termina ficando míope. Tendo uma mentalidade do tipo 'isso é o que precisamos', você detona [positivamente]. Mas você quer o lado comercial, porque forças comerciais sempre ouvem clientes diferentes e servem a finalidades diferentes comparadas àquelas de se fazer [o código] apenas por diversão." E ele mesmo combate o confronto maniqueísta entre Linux e Windows da Microsoft. "Quando você começa a pensar sobre onde quer chegar em vez de fazer o melhor produto, você está ferrado."

11. V.A. de Lima. "As bases do novo coronelismo eletrônico", in www.observatoriodaimprensa.com.br.
12. W.E. Channing. "Remarks on Associations", in *The Christian Examiner*.
13. "Veículos serão identificados por placas eletrônicas", in *Estadao.com.br*.
14. P. Baraldi. "Para advogados, sistema de chip pode ferir a Constituição", in *Estadao.com.br*.
15. Francenildo era o caseiro que passou de testemunha contra o então ministro Antonio Palocci a investigado pela Polícia Federal. Segundo notícia veiculada pela *Folha de S.Paulo* em 21 de março de 2006, uma pessoa com posição de chefia dentro da Caixa Econômica Federal ordenou a quebra ilegal do sigilo bancário de Francenildo.
16. Comentário no *post* "FHC já!" no blog http://veja.abril.com.br/blogs/reinaldo, do colunista da *Veja* Reinaldo Azevedo, de 22 de novembro de 2006.
17. S. Reiss. "His Space", in *Wired*.
18. Faultline. "MySpace music deal poses multiple threats", in www.theregister.co.uk.
19. S. Reiss. Op.cit.
20. Segundo a empresa Internet World Stats (www.internetworldstats.com), aproximadamente 1,11 bilhão de pessoas acessavam a internet em março de 2007.
21. R. Manzoni Jr. "YouTube cresce 53% e atinge 2,6 milhões de usuários no Brasil em julho", in IDG Now!
22. J.M. Junior. "TV Still Reigns in Brazil, but Here Comes YouTube", in Global Voices On-line.

Considerações finais (p.232-34)

1. J. Meskill. "Brazilians Dominate Orkut, By The Numbers", in *The Social Software Weblog*.
2. O relatório da Nielsen/NetRatings para novembro de 2006 registrou 11,5 milhões de usuários únicos acessando o MSN, contra 11,9 milhões do Google, mas o tempo médio de uso do MSN é de 4:21h contra 0:57h do Google.
3. Segundo a pesquisa de 2006 da Global Reach (http://global-reach.biz/globstats/index.php3), 65,6 milhões de internautas falam espanhol e 25,7 milhões falam português. Leandro Meirelles Pinto, um amigo e também usuário ativo da internet, especula que um dos motivos dessa diferença seja a disponibilidade dos falantes do espanhol para participar de comunidades internacionais em inglês, enquanto o brasileiro tem uma postura mais bairrista, chegando a rechaçar mensagens em outras línguas publicadas em murais e listas de discussões em português.
4. "Brazil, a nation of non-readers", in *The Economist*.

Glossário

banda – Em comunicação digital, é a quantidade de informação que pode ser transferida de uma ligação à internet. Banda larga ou *broadband* se refere às soluções de conexão que permitem a transferência rápida de grandes quantidades de dados do computador para a rede e vice-versa.

Bolha da internet – Surgiu na segunda metade dos anos 1990, com a valorização excessiva das ações das empresas de internet e de áreas relacionadas. Novos empreendedores apostaram em modelos alternativos de negócio e tiveram sucesso temporário em razão do otimismo do mercado em relação à nova economia e à disponibilidade de capital para investimento. O estouro da bolha em 2000 marcou o começo de um período de recessão leve, mas relativamente prolongado, nos primeiros anos do novo milênio, quando muitas empresas faliram.

bottom-up e ***top-down*** – Literalmente *bottom-up* quer dizer "de baixo para cima" e *top-down*, "de cima para baixo". Ambas são estratégias de processamento e organização de informação, aplicadas à comunicação e à computação, entre outras áreas. Nas estratégias *top-down*, os líderes de uma organização definem o plano de ação geral e suas equipes se encarregam da execução. Em um jornal, por exemplo, há uma hierarquia de comando onde os proprietários estabelecem a linha editoral, os editores escolhem as pautas e repórteres e redatores produzem o conteúdo. Nas ações *bottom-up* a ordem aparece pela relação direta dos participantes. Na internet, por exemplo, milhares de pessoas publicam informações, e a difusão direta, boca-a-boca, leva o conteúdo mais interessante a se espalhar pela rede.

broadband – *Ver* banda.

capital social – Termo cunhado pela urbanista norte-americana Jane Jacobs e desenvolvido pelo sociólogo francês Pierre Bourdieu. Parte da idéia de que existem três formas de capital: econômico, cultural e social. Este último se refere ao valor das redes de contatos de um indivíduo, dentro de organizações ou da própria sociedade. Uma pessoa que cultiva muitos relacionamentos tende a ter mais facilidade para resolver problemas do que um desconhecido. Igrejas, irmandades, vizinhanças e também comunidades virtuais são exemplos de capital social.

código-fonte – É qualquer seqüência de instruções escritas por extenso na forma de linguagem de programação.

ferramentas sociais ou colaborativas – São os programas de computador usados para grupos ou indivíduos se comunicarem. Ficam instalados em servidores e fazem funcionar fóruns, listas de discussão, salas de bate-papo, blogs, wikis, entre outras soluções.

internet comercial – Representa o período iniciado no final da década de 1980 em que o acesso à internet deixou de ser exclusivo a pessoas vinculadas a agências governamentais e universidades, sendo estendido a usuários comuns e aberto a empreendimentos comerciais. Em 1989 surgiu o primeiro provedor de acesso via conexão telefônica e, em 1995, o lançamento de ações da empresa Netscape na bolsa de valores abriu de vez a rede para a oferta de produtos e serviços online.

mark-up language ou **linguagem de marcação** – Em informática, é um conjunto de códigos aplicados a um texto ou a dados com o fim de adicionar informações particulares a eles. A mais conhecida e usada atualmente é o HTML, que é uma das bases de fundação da internet. Os comandos HTML, por exemplo, podem ser usados em uma página para adicionar informações como links e formatação.

mash-up – É um site ou aplicativo que combina conteúdo de mais de uma fonte para produzir uma experiência integrada. Geralmente são iniciativas baratas e desenvolvidas nas horas vagas por motivos particulares e que acabam sendo adotadas por outros usuários. Por exemplo, um programador norte-americano cruzou o serviço de mapas do Google com o localizador por satélites da empresa de transporte público da cidade de Seattle para ver em tempo real a circulação dos ônibus. Seu objetivo era não ficar perdendo tempo no ponto, mas o projeto acabou sendo adotado por outros usuários e se transformou no Seattle Bus Monster (http://busmonster.com).

moderação – É um meio de se coordenar a participação de usuários em ambientes colaborativos de modo a selecionar as porções mais significativas da comunicação. Para a realização de chats com convidados, por exemplo, as perguntas enviadas pelos usuários não são publicadas automaticamente, elas aparecem apenas para o administrador ou moderador do evento, que escolhe as melhores participações e determina o ritmo de condução do evento. Também é possível moderar outras ferramentas como wikis e fóruns.

netiqueta – Termo formado pela associação das palavras "net" (rede) e etiqueta. Refere-se às convenções em relação a respeito e comportamento entre participantes de comunidades online. Cada comunidade estabelece as regras de conduta social que favorecem a interação agradável e eficiente. Exemplos de procedimentos geralmente considerados inadequados são: escrever em caixa-alta, responder para todos um assunto que é de interesse particular e publicar mensagens comerciais.

nova mídia ou *new media* – Designa novas tecnologias e métodos de comunicação em relação àqueles usados pela mídia convencional.

open source – Termo que se traduz literalmente para "código aberto", uma referência a programas de computadores com pouco ou nenhum registro de propriedade, permitindo que qualquer pessoa faça modificações no código. Atualmente representa um conjunto de princípios e práticas para promover o acesso, sobretudo, a informação. O modelo *open source* é o que garante o desenvolvimento do sistema operacional Linux e também a redação dos verbetes da Wikipedia.

P2P – Se refere ao termo inglês *peer-to-peer* ou par-a-par. Descreve redes de computadores onde os participantes usam seus próprios recursos para compartilhar arquivos e informação. Difere da forma de distribuição cliente-servidor, onde alguns computadores ficam dedicados a servir dados a outros. Pelas redes P2P, os custos referentes à transferência de informação ficam distribuídos entre os usuários, o que torna mais viável o compartilhamento de dados.

programas-robô, *internet bots, web robots* ou apenas ***bots*** – São softwares que realizam tarefas automáticas pela internet, ao mesmo tempo simples e repetitivas, em uma velocidade muito superior à capacidade de um ser humano. Entre as aplicações estão vasculhar a Web em busca de endereços de e-mail para envio de spam e publicação de conteúdo comercial em ambientes colaborativos como chats e fóruns.

Slashdot – É um site colaborativo para publicação de conteúdo relacionado a ciência, ficção científica e tecnologia. Funciona como um fórum de mensagens que permite aos usuários avaliarem a qualidade da informação compartilhada pela comunidade.

spam – São as propagandas não-solicitadas enviadas pela internet. O mais conhecido é o transmitido por e-mail, mas também é comum esse tipo de promoção comercial acontecer em salas de chat, comunicadores instantâneos, nas áreas de comentários dos blogs, nos fóruns, entre outros.

User Generated Content (UGT) – Refere-se a vários tipos de conteúdo informativo produzido pela audiência, e não por profissionais da comunicação. Reflete a difusão de novas tecnologias de produção e distribuição de conteúdo como vídeo digital, blogs e podcasts, acessíveis ao público geral.

WELL – É uma das comunidades virtuais mais antigas ainda em funcionamento e que, nos anos 1980, serviu para muitos norte-americanos terem suas primeiras experiências em ambientes colaborativos interligando grandes audiências. Várias dessas experiências foram relatadas e analisadas em livros como *The Virtual Community*, de Howard Rheingold (1994); *My Two-Year Odyssey in Cyberspace*, de John Seabrook (1997); *The WELL: A Story of Love, Death and Real Life in the Seminal Online Community*, de Katie Hafner (2001); e *From Counterculture to Cyberculture: Stewart Brand, the Whole Earth Network, and the Rise of Digital Utopianism*, de Fred Turner (2006).

Sugestões de leitura

Artigos

ANDERSON, Chris. "The rise and fall of the hit" e "The long tail". Apresentam o conceito de "Long tail", em que a economia de nicho viabilizada pela internet se impõe frente a indústria do entretenimento, na *Wired*.

CLAY SHIRKY, "A group is its own enemy". Sobre as implicações da nova mídia, em shirky.com

GROSSMAN, Wendy. "New tack wins Prisoner's Dilemma". Nova solução para Dilema do Prisioneiro explorado em competições entre programas, na *Wired*.

HAFNER, Katie. "The epic saga of The Well". Narra a história de uma das primeiras comunidades emergentes em ambientes colaborativos, na *Wired*.

PAQUET, Sebastian. "Personal knowledge publishing and its uses in reserch". Apresentação acessível e inteligente sobre blogs aplicados a pesquisas, em http://radio.weblogs.com.

SIMS, David e Rael Dornfest. "Steven Johnson on Emergence". Entrevista com o autor de *Emergência*, na O'Reilly Network.

Livros sobre internet e mídia

BRIGGS, Asa e Peter Burke. *Uma história social da mídia*. Os autores mostram onde, como e por que aconteceu a disseminação das tecnologias de impressão, e discutem sua contínua interação com outros tipos de mídia como a comunicação oral, documentos escritos a mão e registros visuais. Fartura de documentos, de informação, que proporciona *insights* a respeito de fenômenos aparentemente novos da internet.

CAVALILINI, Ricardo. *A arte de desperdiçar energia*. Leitura divertida e instrutiva sobre a criação em menos de 100 dias do site pornô mais visitado do Brasil. Apresenta experiências com marketing viral, e-mail marketing, análise de modelos de negócio e estatísticas de acesso, constituindo uma aula de comunicação online.

GILLMOR, Dan. *We the Media*. O jornalismo no século XXI será fundamentalmente diferente da oligarquia da Grande Mídia que existe hoje. O autor explica como os jornalistas podem participar dessa nova era mudando do controle da notícia para o engajamento à comunidade de cidadãos-repórteres.

POWAZEK, Derek. *Design for Community*. O autor apresenta histórias pessoais de sucesso e fracasso, e soluções testadas para o cultivo de comunidades online. Analisa *cases* e entrevista os responsáveis por sites modelares como Metafilter, Plastic, Slashdot, Citizenx, Amazon e Rheingold.

Livros para estimular a curiosidade e a criatividade

BARASH, David. *The Survival Game*. O autor apresenta as idéias mais recentes no campo da Teoria dos Jogos, que amalgama lógica, psicologia, economia e biologia, para explicar como os seres, em geral, tomam decisões entre confrontamento e trabalho em conjunto.

DAWKINS, Richard. *O gene egoísta*. Este clássico da ciência popular serve como introdução ao Dilema do Prisioneiro, tema que faz parte da Teoria dos Jogos, um campo da matemática que estuda os estímulos para cooperação e competição entre seres vivos. Dawkins cunhou o termo "meme" para se referir a unidades de informação cultural que se reproduzem passando de uma mente para outra, se espalham pela sociedade, induzindo a formação de hábitos e costumes. O marketing viral se baseia em memes para fazer propaganda boca-a-boca.

GLADWELL, Malcolm. *O ponto de desequilíbrio*. Este livro busca explicações para "epidemias sociais", que são mudanças bruscas e geralmente caóticas de um estado para outro. Essas epidemias acontecem quando um produto, uma banda de rock, um programa de TV ou um livro se tornam conhecidos quase instantaneamente sem a utilização de promoção paga, apenas pela propagação boca-a-boca.

GLEICK, James. *Caos*. O autor foi editor científico do *The New York Times* e nesse livro, de 1987, conta a história de uma nova teoria científica aplicada a sistemas que são ao mesmo tempo aleatórios e determinados. Além de sistemas do mundo físico, como a atmosfera e o movimento de placas tectônicas, a Teoria do Caos ajuda a entender as variações do mercado de capitais e do crescimento populacional.

GORDON, Deborah. *Formigas em ação*. Se a formiga rainha não comanda e nem administra a colônia, como os milhares de insetos se organizam para realizar tarefas complexas como construir o formigueiro, procurar e armazenar comida? A mesma lógica serve para explicar a construção coletiva da Wikipedia.

JACOBS, Jane. *Morte e vida das grandes cidades*. Este clássico do urbanismo lançado em 1961, demonstra como a ordem e a vitalidade das cidades dependem das interações livres e improvisadas dos indivíduos que passam pelas ruas. As cidades, segundo a autora, não são criadas pelo planejamento centralizado, mas são sistemas emergentes.

JOHNSON, Steven. *Emergência*. Ponto de partida para entender o funcionamento de sistemas descentralizados como os formigueiros, os sistemas neurais do cérebro, o desenvolvimento de programas em código aberto e as comunidades virtuais.

WRIGHT, Robert. *Não zero*. O principal argumento deste livro é que a seleção natural resulta no aumento da complexidade dentro do mundo e em maiores incentivos por cooperação, comunicação e formação de vínculos de confiança, e que consideramos ser a inteligência humana apenas um longo passo no processo evolucionário de organismos aprendendo a processar melhor a informação.

Referências bibliográficas

ALI MEJIAS, Ulises. "Teaching Social Software with Social Software: A report", in http://ideant.typepad.com, 28.12.2005.

ALLEN, Chris. "Tracing the Evolution of Social Software", www.lifewithalacrity.com, 13.10.2004.

ANDERSON, Chris. "The Rise and Fall of the Hit", in *Wired*, 2006.

______. "The Long Tail", in *Wired*, 2006.

ARTHUR, Charles. "What is the 1% rule?", in *The Guardian*, 20.7.2006.

AUSTER, Paul. *Achei que meu pai fosse Deus*. São Paulo, Companhia das Letras, 2005.

AZEVEDO, Reinaldo. "FHC já!", in http://veja.abril.com.br/blogs/reinaldo, 22.11.2006.

BALARIN, Raquel. "Dolly publica anúncio nos EUA contra a Coca-Cola", in *Valor Econômico*, 19.12.2003.

BARALDI, Paulo. "Para advogados, sistema de chip pode ferir a Constituição", in Estadao.com.br, 23.11.2006.

BARASH, David. *The Survival Game*. Nova York, Times Books, 2003.

BENKLER, Yochai. *The Wealth of Networks: How Social Production Transforms Markets and Freedom*. Yale University Press, 2006.

BRIGGS, Asa e Peter Burke. *Uma história social da mídia*. Rio de Janeiro, Jorge Zahar, 2004.

BOSMAN, Julie. "Hey, Kid, You Want to Buy a Toyota Scion?", in *The New York Times*, 14.6.2006.

"Brazil, a Nation of Non-Readers", in *The Economist*, 6.3.2006.

BUSH, Vannevar. "As We May Think", in *The Atlantic Monthly*, jul 1945.

CARNEY, Brian M. "Zen and the Art of Classified Advertising", in *The Wall Street Journal*, 17.6.2006.

CAVALILINI, Ricardo. *A arte de desperdiçar energia*. São Paulo, Bookmakers, 2002.

CHANNING, William Ellery. "Remarks on Associations", in *The Christian Examiner*, 1829.

CHROMATIC. "Building On-Line Communities", in www.oreilynet.com, 2002.

DAWKINS, Richard. *The Selfish Gene Oxford*, Oxford University Press, 1989.

DRAFFAN, Susie. "Tastemaker Q&A: Yvan the Face Hunter", in *WGSN*, 20.4.2007.

EICHENWALD, Kurt. "Dark Corners: On the Web, Pedophiles Extend Their Reach", in *The New York Times*, 21.8.2006.

ELMER-DEWITT, Philip. "Battle for the Soul of the Internet", in *Time*, 25.7.1994.

ENGLEBART, Doug. *Augmenting Human Intellect: A Conceptual Framework*. Stanford Research Institute, 1962.

FAULTLINE. "MySpace music deal poses multiple threats", in www.theregister.co.uk, 8.9.2006.

FONSECA, José Luiz Batista da. "Vizinhos de antes e de agora", in www.vivasp.com, 2005.

GAINMAN, Neil. *Os filhos de Anansi*. São Paulo, Conrad, 2006.

GAUNTT, John du Pré. "Blood and bytes" de John du Pre Gauntt, in anuário Intelligent Life, *The Economist*, 2006.

GILLMOR, Dan. *We the Media: Grassroots Journalism by the People, for the People*. O'Reilly Media, 2006.

GLADWELL, Malcolm. *O ponto de desequilíbrio*. Rio de Janeiro, Rocco, 2002.

GLEIK, James. *Caos: a criação de uma nova ciência*. Rio de Janeiro, Campus, 14ª edição, 1989.

GLICKMAN, Lawrencw B. "Boycott mania: As business ethics fall, consumer activism rises", in *The Boston Globe*, 31.7.2005.

GOETZ, Thomas. "Open Source EveryWhere", in *Wired*, 11.11.2003.

GORDON, Deborah. *Formigas em ação: como se organiza uma sociedade de insetos*. Rio de Janeiro, Jorge Zahar Editor, 2002.

GROSSMAN, Lev. "Time's Person of the Year: You", in *Time*, 13.12.2006.

GROSSMAN, Wendy. "New Tack wins Prisioner's Dilemma", in Wired.com, 2004.

HAFNER, Katie. "The Epic Saga of The Well", in Wired.com, 1997.

HARMON, Amy. "Amazon Glitch Unmasks War of Reviewers", in *The New York Times*, 14.2.2004.

JACOBS, Jane. *Morte e vida das grandes cidades*. São Paulo, Martins Fontes, 2003.

JOHNSON, Steven. *Emergência*. Rio de Janeiro, Jorge Zahar, 2003.

KELLY, Kevin. "We are the web", in Wired.com, agosto 2005.

______. *Out of Control: The New Biology of Machines, Social Systems and the Economic World*. Cambridge MA, Perseus Books, 1994.

KIMBY, Charlotte. "O Potencial da Internet como Facilitador do Fortalecimento de Clientes de Serviços de Saúde". Centro de Estudos de Mídia e Democracia da Sociedade em Rede do Departamento de Ciências Políticas da Universidade de Kopenhagen, 2003

KOLLOCK, Peter. "The Economies of Online Cooperation: Gifts and Public Goods in Cyberspace", in Marc Smith e Peter Kollock (orgs.), *Communities in Cyberspace*. Londres, Routledge, 1999.

KUGEL, Seth. "A Web Site Born in U.S. Finds Fans in Brazil", in *The New York Times*, 10.4.2006.

KUNTZ, Tom. "Word for Word/Internet Complaint Sites; How Come Pizza Hut Doesn't Deliver To My Trailer Park?", in *The New York Times*, 1.7.2001.

LAVALLE, Andrew. "Friends Swap Twitters, and Frustration: New Real-Time Messaging Services Overwhelm Some Users With Mundane Updates From Friends", in *The Wall Street Journal*, 16.3.2007.

LAWLEY, Liz. "Thoughts on twitter", in http://many.corante.com, 6.3.2007.

LEAL FILHO, Laurindo Lalo. "De Bonner a Homer", in *Carta Capital*, nº371, ed. 7.12.2005, ano XII.

LIMA, Venício A. de. "As bases do novo coronelismo eletrônico", in Observatório da Imprensa (www.observatoriodaimprensa.com.br), 8.8.2005

LOBATO, Elvira. "Senado retoma projeto de controle da web", in *Folha On-line*, 23.5.2007.

MADUREIRA, Francisco e Daniel Pinheiro. "Projeto de lei quer 'provedor dedo-duro' e permite justiceiros virtuais na Web", UOL Tecnologia, 20.5.2007.

MANJOO, Farhad. "The virtual moneylender", in Salon.com, 22.5.2006.

MANZONI JR., Ralphe. "YouTube cresce 53% e atinge 2,6 milhões de usuários no Brasil em julho", in *IDG Now!*, 21.8.2006.

MAYFIELD, Ross. "Twitter Tips the Tuna", in Many2Many (http://many.corante.com), 10.3.2007.

MC GRATH, Charles. "Outsourcing Homework: At $9.95 a Page, You Expected Poetry?", in *The New York Times*, 10.9.2006.

MESKILL, Judith. "Brazilians Dominate Orkut, By The Numbers", in The Social Software Weblog, 18.7.2004.

MURILO JUNIOR, José. "Mommy Bloggers Achieve Community and Empowerment in the Lusosphere", in www.globalvoiceonline.org, 11.8.2006.

______. "TV still reigns in Brazil, but here comes YouTube", in Global Voices On-line, 8.9.2006.

"Na web, ameaça de boicote ao programa de apresentadora", *O Estado de São Paulo*, Cidades, 9.1.2007.

NEY, Thiago. "Tecnobrega alia-se a mercado pirata", in Ilustrada, *Folha de S. Paulo*, 27.3.2007.

NICARETTA, Romina. "Google in Brazil May Face Criminal Probe Over Orkut", in Bloomberg.com, 17.5.2006.

NORTON, Quinn. "A Nation Divided Over Piracy", in *Wired News*, 17.8.2006.

"Operadoras Bloqueiam YouTube", *O Estado de São Paulo*, Cidades, 9.1.2007.

O'REILLY, Tim. *What is Web 2.0*, in www.oreillynet.com, 2005.

PAQUET, Sebastian. "Personal Knowledge Publishing and Its Uses in Research", in http://radio.weblogs.com, 2002.

POWAZEK, Derek. *Design for Community*. Indianapolis, New Riders, 2002.

REISS, Spencer. "His Space", in Wired.com, 14.7.2006.

REMNICK, David. "Nattering Nabobs", in *The New Yorker*, 10.7.2006.

RHEINGOLD, Howard. *The Virtual Community: Homesteading on the Electronic Frontier*. Nova York, Addison-Wesley, 1993.

RIVLIN, Gary. "Leader of the Free World", in *Wired*, 2003.

______. "Hate Messages on Google Site Draw Concern", in *The New York Times*, 7.2.2005.

SAYER, Peter. "France bans citizen journalists from reporting violence", in *IDG News Service*, 6.3.2007.

SCHIFF, Stacy. "Know it all: Can Wikipedia conquer expertise?", in *The New Yorker*, 31.7.2006.

SHIRKY, Clay. "A Group is its own enemy", in shirky.com, 2003.

SIMS, David e Dornfest, Rael. "Steven Johnson on Emergence", in O'Reilly Network, 2002.

SORKIN, Andrew Ross. "Craigslist Meets the Capitalists", in "DealBook", *The New York Times*, 8.12.2006.

SOUZA, Marco Aurélio Barbosa de. "Indústria calçadista de Birigui (1958-2001): um caso de aglomeração industrial", in www.abphe.org.br.

STOLL, Clifford. "The Internet? Bah!", in *Newsweek*, 27.2.1995.

STORY, Louise. "SuperBowl Glory for Amateurs With Video Cameras", in *The New York Times*, 27.9.2006.

"The Future of Newspapers: Who Killed the Newspaper?", *The Economist*, 24.8.2006.

"The rise of the creative consumer", in www.economist.com, 10.3.2005.

Toledo, Roberto Pompeu. "Victor Civita: A história de um empreendedor", in www.abril.com.br, s.d.

"U.S. intelligence unveils spy version of Wikipedia", in site da agência Reuters, 31.10.2006.

"Veículos serão identificados por placas eletrônicas", in Estadao.com.br, 22.11.2006.

"Vídeo de Cicarelli pode tirar YouTube do ar", in *Metrópole, O Estado de São Paulo*, 4.1.2007.

Walch, March. "A Complaint Box Turns Frustration Into Fun", in *The New York Times*, 18.9.2003.

Werchowsky, Florencia. "La nueva generación de cazadores de tendencias", *El Clarín*, Marketing y Publicidad, http://www.clarin.com/suplementos/economico/2006/01/29/n-00701.htm, 29.1.2006.

"Who killed the newspaper?", in *The Economist*, 24.8.2006.

"Wikipedia: a enciclopédia aberta da rede", in *Veja*, nº1.889, 26.1.2005.

Wright, Robert. *NonZero*. New York, Vintage Books, 2000.

Agradecimentos

Minha experiência como usuário e profissional da internet serviu apenas para mapear os temas que poderiam fazer parte deste livro. Pesquisei muito para unir o pontilhado com argumentos e colorir as idéias com descrições de casos até alcançar o resultado final.

A Web e a tecnologia de informação permitiram que as últimas versões dos meus rascunhos estivessem continuamente acessíveis nas horas livres. Google e Wikipedia conectaram meu computador à biblioteca mais rica e completa da história da humanidade. Por isso sou devedor de todas as pessoas que contribuíram e contribuem para o funcionamento da rede mundial de computadores. Este livro é ao mesmo tempo sobre a internet e produto dela.

Quando voltei dos Estados Unidos ao Brasil com a proposta de desenvolver projetos colaborativos, José Luiz Goldfarb me convidou para conceber e depois dar manutenção ao site Leia Livro, que faz parte, desde 2003, do programa de estímulo à leitura do Governo do Estado de São Paulo. Graças ao Zé, tive infra-estrutura, uma pequena equipe e muito apoio, confiança e liberdade para trabalhar. Dois anos depois, ele me estimulou a registrar essa experiência para que outras iniciativas pudessem conhecer o funcionamento de uma ação colaborativa e de mídia cruzada. Ali brotou a semente deste livro.

Em parte graças à internet, conheci e me tornei amigo de Gabriela Dias. Seu conhecimento e experiência em projetos na Web foram decisivos para o lançamento do site Viva São Paulo, meu primeiro "vôo solo", que na seqüência serviu de base para o desenvolvimento do Leia Livro. Posteriormente, fez quatro observações pontuais que me levaram a identificar as melhores porções do primeiro manuscrito e depois redigir a maior parte dos capítulos da segunda e da terceira partes. Quando o livro ficou pronto, ela garimpou "contatos quentes" em editoras para que eu submetesse os originais à apreciação no menor prazo.

Meu pai Marcos Wilson é um leitor exigente e há vários anos vem me estimulando a escrever. Tive mais confiança para lançar o livro (aos tubarões) depois de ele ter aprovado dois dos capítulos finais – que considero os mais delicados por serem predominantemente opinativos e reflexivos, ao contrário do restante do livro.

Também sou grato aos professores Attico Chassot da Unisinos e Imre Simons do IME-USP, por terem lido com atenção e me enviado comentários detalhados a respeito do capítulo Internet – destino ou desafio? Esse empurrãozinho final ajudou a pôr fim à maratona de pesquisa e redação iniciada em outubro de 2004.

Estou em débito com Clarisse Barreto, Rubens Kuhl Jr., Jeff Paiva e Fábio Chilá por compartilharem comigo suas experiências relacionadas à internet. Claudia Castro Val, Lídia Walder, Sandra Leite, Tatiana Bello e Dina Suggs leram e mandaram observações úteis sobre capítulos específicos. Agradeço ainda ao apoio e ao estímulo dado por Pedro Galé, Paulo Pisano, Sandra Chemin, Lucas Freitas e especialmente Flávio Britto, leitor do primeiro manuscrito. Pablo Spyer Requena pacientemente conferiu comigo todos os endereços de sites citados.

Venho cultivando ao longo dos anos conversas sobre *open source*, internet, colaboração e tecnologia em geral com um grupo de "manos" antenados e perigosamente criativos. Muitas informações e idéias aproveitadas no livro chegaram por intermédio deles ou foram debatidas inicialmente com eles. São: Carlos Estigarribia, André Passamani, Cláudio Melqui, Luli Radfaher, Vicente Tardin, Eduardo Acquarone, Leandro Meirelles Pinto, Bruno Abner, além da "mana" Fernanda Fontes e do recém incorporado André Avório.

Agradeço também a Rafael Mumme, responsável operacional e segundo pai dos sites Viva São Paulo e Leia Livro.

Tive uma experiência particularmente gratificante com a equipe da Jorge Zahar. Foram meses de trabalho intenso para corrigir e revisar o texto, antes de ele seguir para a gráfica. Cumprimos o cronograma e, ao longo do processo, senti que estava cercado de pessoas competentes e realizadas. A qualidade do produto que você tem nas mãos agora reflete o zelo e o profissionalismo que eles dedicam aos livros e aos autores.

Thais Rocha fez muitas coisas práticas por este livro. Foi a única pessoa que leu e comentou detalhadamente o primeiro manuscrito e, graças a isso, mantive em perspectiva as limitações e necessidades do leitor não-especialista. Ela apontou problemas e indicou soluções para eu transformar idéias confusas no capítulo a respeito de internet e educação. Mas isso não foi o principal. Sua presença alegre, amorosa e companheira me impediram de sucumbir à tentação de só trabalhar sem dar atenção aos amigos, à família e à nossa vida pessoal. Não fosse por isso, provavelmente eu teria sido consumido pela ansiedade muito antes de chegar ao fim.

Muitas pessoas colaboraram para que este livro se materializasse, mas sou o único responsável pelos eventuais erros contidos nele.

Este livro foi composto em
Fairfield, Myriad Pro e OCRB e
impresso por Geográfica Editora
em agosto de 2007.